本书系教育部人文社会科学重点研究基地中央民族大学中国少数民族研究中心重大项目
"少数民族地区综合社会调查数据库建设关键问题研究"项目
（项目编号：16JJD840016）的结项成果。

文化敏感的
社会调查：
理论与实践

焦开山　著

重庆大学出版社

图书在版编目(CIP)数据

文化敏感的社会调查：理论与实践 / 焦开山著 .
重庆：重庆大学出版社, 2025. 1. -- (万卷方法).
ISBN 978-7-5689-5019-0

Ⅰ. C915

中国国家版本馆 CIP 数据核字第 2025AQ3286 号

文化敏感的社会调查：理论与实践

WENHUA MINGAN DE SHEHUI DIAOCHA: LILUN YU SHIJIAN

焦开山　著
策划编辑：林佳木
责任编辑：李桂英　　版式设计：林佳木
责任校对：王　倩　责任印制：张　策

*

重庆大学出版社出版发行
出版人：陈晓阳
社址：重庆市沙坪坝区大学城西路 21 号
邮编：401331
电话：(023)88617190　88617185(中小学)
传真：(023)88617186　88617166
网址：http://www.cqup.com.cn
邮箱：fxk@cqup.com.cn(营销中心)
全国新华书店经销
重庆华林天美印务有限公司印刷

*

开本：890mm×1240mm　1/32　印张：8.5　字数：227 千　插页：12 开 1 页
2025 年 1 月第 1 版　2025 年 1 月第 1 次印刷
ISBN 978-7-5689-5019-0　定价：48.00 元

作者简介

焦开山，男，中央民族大学社会学系教授、博士生导师。2016年和2019年两次入选学校高层次人才计划，2019年入选国家民委中青年英才计划。先后毕业于厦门大学、中国人民大学和北京大学。研究领域包括民族人口学、健康社会学和定量研究方法。主持2项国家社科基金及1项教育部人文社会科学研究基地重大科研项目。出版3部学术专著，并在《社会学研究》《民族研究》《人口研究》等权威学术刊物发表多篇论文，参与多部教材的编写和翻译工作。

前　言

　　随着中国式现代化的不断推进，社会变革的深度与广度前所未有。这一进程不仅推动了中国经济的迅猛发展，也深刻改变了社会的各个层面。在这样的背景下，如何科学地设计和实施社会调查，尤其是在多民族、多文化背景下的社会调查，成为学术界和政策制定者亟待解决的核心课题。

　　中国作为一个统一的多民族国家，铸牢中华民族共同体意识是新时代民族工作的纲领性任务。这一任务要求我们在社会调查中，不仅要关注经济和社会发展，更要深入了解各民族的文化认同、社会行为以及对中华民族共同体的认同感。通过科学的社会调查，收集和分析来自不同民族、不同地区的真实数据，是建设和完善中华民族共同体理论体系的基础工作。

　　本书的撰写，正是基于我多年来在民族地区开展社会调查的经验与思考。随着中华民族共同体意识的日益增强，我深刻体会到，只有将文化敏感性融入社会调查的全过程中，才能准确反映民族地区的真实状况，才能为铸牢中华民族共同体意识提供科学依据。中国式现代化的推进，需要我们在社会调查中既保持现代科学方法的严谨性，又要融入中华文化的深厚底蕴，确保调查结果不仅能反映现状，更能助力未来的发展。

　　书中系统地探讨了如何在文化多样性背景下，构建一套具有高度文化适应性的社会调查方法和理论体系。通过结合中国式现代化的实践和铸牢中华民族共同体意识的需求，本书从调查设计、问卷开发、抽样策略到数据收集和分析的各个环节，提出了一系列适应民族地区特殊性的科学方法。希望这本专著能够为推进中华民族共同体理论体系的建设，为新时代中国社会调查方法的创新提供一些有益的理论支持和实践指导。

在未来的社会调查工作中，在尊重各民族文化差异的基础上，科学、客观地进行调查，已成为维护国家统一、促进民族团结的重要保障。我希望，本书能够成为这一领域的指引，帮助学者和实践者们更好地理解和推动中国式现代化进程中的社会调查工作，为铸牢中华民族共同体意识贡献力量。

目　录

第1章/

引言

1.1 新时代背景下的民族地区发展

习近平总书记在全国脱贫攻坚总结表彰大会上的讲话指出："脱贫攻坚战的全面胜利，标志着我们党在团结带领人民创造美好生活、实现共同富裕的道路上迈出了坚实的一大步。同时，脱贫摘帽不是终点，而是新生活、新奋斗的起点。解决发展不平衡不充分问题、缩小城乡区域发展差距、实现人的全面发展和全体人民共同富裕仍然仼重道远。"（习近平，2021）客观上，由于历史和现实等诸多因素的影响，民族地区①与其他地区尤其是东部地区的发展差距仍然较大。如图 1-1 所示，从 1995 年至 2019 年，与全国总体水平相比，民族地区的人均国内生产总值相对较低，民族地区的人均国内生产总值大概是全国总体

---

①民族地区包括了 5 个民族自治区、30 个民族自治州和 120 个民族自治县（旗）的全部民族自治范围，且不重复计算。

水平的60%到70%。需要指出的是，从2010年到2019年，民族地区的人均国内生产总值与全国总体水平的差距有所增大（国家统计局，2020）。由此可见，民族地区经济发展水平不仅落后于全国总体水平，而且与全国总体水平的差距还有逐渐增大的趋势。

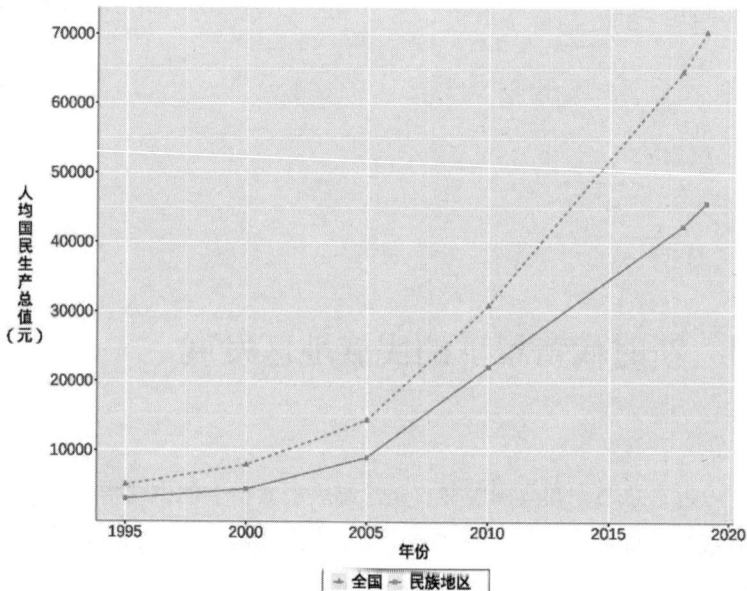

图1-1　全国、民族地区人均GDP增长情况
数据来源：《中国统计年鉴2020》

习近平总书记强调："我们要切实做好巩固拓展脱贫攻坚成果同乡村振兴有效衔接各项工作，让脱贫基础更加稳固、成效更加持续。"（习近平，2021）这一重要论述不仅为我国乡村振兴战略的实施指明了方向，也为民族地区经济社会发展的长远规划提供了坚实的理论基础。如图1-2所示，在居民人均可支配收入上，除内蒙古自治区与全国水平接近外，其他民族自治区的居民人均可支配收入一直明显低于全国水平，并且这种差距并没有缩小反而有扩大的趋势。这种现象表明，

尽管脱贫攻坚战取得了显著成效，但民族地区的经济发展仍面临诸多挑战。而且，农村居民和城镇居民在人均可支配收入上的差距十分明显。因此，未来工作的重点应放在提高民族地区农村居民的收入水平上，这不仅是巩固脱贫成果的必然要求，也是实现乡村振兴的核心目标之一。乡村振兴战略的实施不仅关系到农村地区的经济发展，也对维护民族团结和国家统一具有重要意义。在此过程中，必须高度重视民族地区的特殊性，因地制宜地制定政策，确保脱贫攻坚成果能够有效转化为长期可持续的乡村发展动力，从而实现共同富裕的目标。

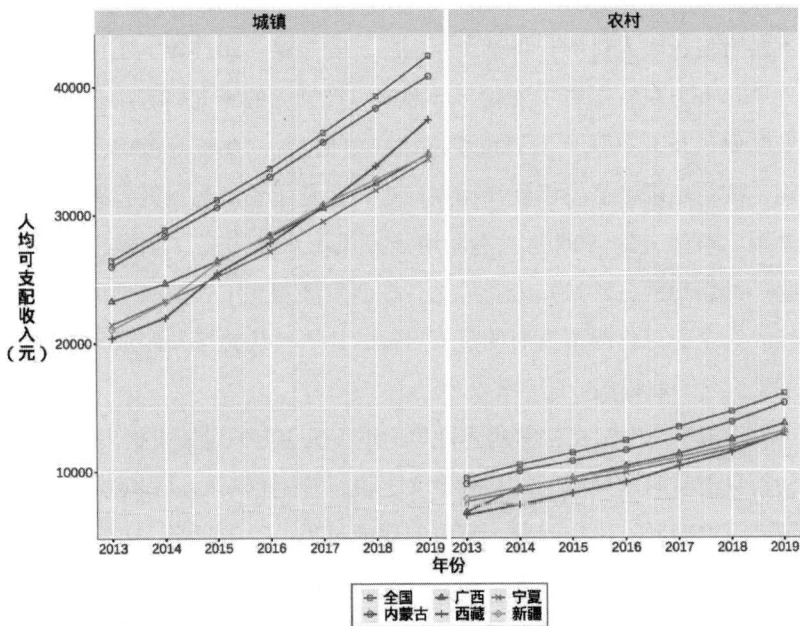

图1-2　全国和民族自治区人均可支配收入增长情况（2013—2019）
数据来源：《中国统计年鉴2020》

党的十九届四中全会审议通过的《中共中央关于坚持和完善中国特色社会主义制度 推进国家治理体系和治理能力现代化若干重大问题

的决定》指出："全面深入持久开展民族团结进步创建，加强各民族交往交流交融。支持和帮助民族地区加快发展，不断提高各族群众生活水平。这为今后一段时期内的民族工作指引了方向。"为了深入学习贯彻党的十九届四中全会精神，就需要立足实际开展工作，创新推动新时代民族工作，进一步加快民族地区的发展，夯实民族团结进步的物质基础。正如习近平总书记2019年9月27日在全国民族团结进步表彰大会上的讲话指出的那样："没有民族地区的全面小康和现代化，就没有全国的全面小康和现代化。"（习近平，2019）为此，我们需要正视民族地区与全国总体发展水平之间的差距，不断加快民族地区发展，不断增强各族人民的获得感、幸福感、安全感。2021年1月11日，习近平总书记在省部级主要领导干部学习贯彻党的十九届五中全会精神专题研讨班开班式上发表重要讲话，他指出："要统筹考虑需要和可能，按照经济社会发展规律循序渐进，自觉主动解决地区差距、城乡差距、收入差距等问题，不断增强人民群众获得感、幸福感、安全感。"（新华网，2021）由此可见，在新发展理念下，解决地区差距已经成为全面深化改革发展的重要目标，能否解决地区差距成为衡量改革发展是否取得成效的重要标准。

习近平总书记在哲学社会科学工作座谈会上的讲话中指出："理论创新只能从问题开始。从某种意义上说，理论创新的过程就是发现问题、筛选问题、研究问题、解决问题的过程。"（习近平，2016）这一论述为我国民族工作的理论和实践创新提供了明确的指导。对于民族地区的发展问题，习近平总书记的讲话凸显了理论创新的迫切性和重要性。在我国的民族工作中，不断推动民族地区的经济社会发展是工作的主要目标之一，其发展情况是评估民族政策成效的重要标准。经济社会发展作为民族政策的核心内容，不仅直接影响各族群众对国家和中国特色社会主义制度的认同，还关系到铸牢中华民族共同体意识的重要任务。然而，当前民族地区的发展与全国其他地区相比，仍存在明显差距。这种差距不仅表现为经济指标的落后，更体现在社会福利、教育水平、医疗服务等多方面的不足。这种多维度的不平衡影响到国家认同和中华民族共同体意识的深化。在此背景下，如何缩小民族地区与其他地区之间的发展差距，成为民族研究领域中的一个基础性理论问题。解决这一问题，不仅仅是为了实现区域经济的均衡发展，更是为了巩固和增强中华民族共同体的凝聚力。加强这一领域的研究，对推动中华民族共同体理论创新具有重要的学术价值和现实意义。

习近平总书记指出，中华民族共同体理论体系的构建和创新必须"以我们正在做的事情为中心，从我国改革发展的实践中挖掘新材料、发现新问题、提出新观点、构建新理论"（习近平，2016）。这意味着，民族工作理论的创新，必须立足于当前的实践，特别是民族地区的发展实践。从这些实践中挖掘问题，才能提出符合实际的新观点和新理论。这一过程不仅有助于理论体系的丰富和完善，也有助于指导实际工作的开展，从而形成理论与实践的良性互动。通过这种理论与实践的结合，可以更有效地指导民族地区的发展，逐步缩小区域发展差距，实现共同富裕的目标。同时，这种理论创新也将为国家整体发展战略提供更为坚实的理论支撑，有助于增强中华民族的整体凝聚力和向心力，从而推动铸牢中华民族共同体意识。

1.2 铸牢中华民族共同体意识与社会调查的关系

在党的十九大报告中，习近平总书记提出"铸牢中华民族共同体意识"的重要论断。党的二十届三中全会通过的《中共中央关于进一步全面深化改革、推进中国式现代化的决定》进一步强调"健全铸牢中华民族共同体意识制度机制，增强中华民族凝聚力"。铸牢中华民族共同体意识就是要引导各族人民牢固树立休戚与共、荣辱与共、生死与共、命运与共的共同体理念。中华民族共同体意识的核心是对中华民族共同体的认同，即个体在认知上认为自己属于中华民族共同体的感受以及在心理、情感上对中华民族共同体的依恋感和归属感。中国作为统一的多民族国家，铸牢中华民族共同体意识极其重要。习近平总书记强调，铸牢中华民族共同体意识是新时代党的民族工作的"纲"，所有工作要向此聚焦。因此，铸牢中华民族共同体意识成为新时代民族研究的核心议题。近年来，铸牢中华民族共同体意识的相关研究日益增多。

为了全面考察近年来中华民族共同体研究现状及其趋势，在中国知网以"中华民族共同体"为主题词搜索CSSCI期刊上发表的相关研究论文，总共1259篇①。如图1-3所示，在2015年以前，相关研究非常少，每年发表的论文数量都没有超过10篇；2015年和2016年发表的相关论文数量在20篇左右；2017年发表数量在50篇左右；2018年以来，相关论文数量大幅增加，2018年发表100多篇，2019年发表200多篇，2020年发表300多篇，2021年发表400多篇。如此快速的增长与习近平总书记提出的"铸牢中华民族共同体意识"的重要论断有关。此外，当前有关中华民族共同体的研究大多发表在民族类学术刊物上，在非民族类学术刊物上发表的数量相对较少。

---

① 数据统计时间截至2021年11月4日。

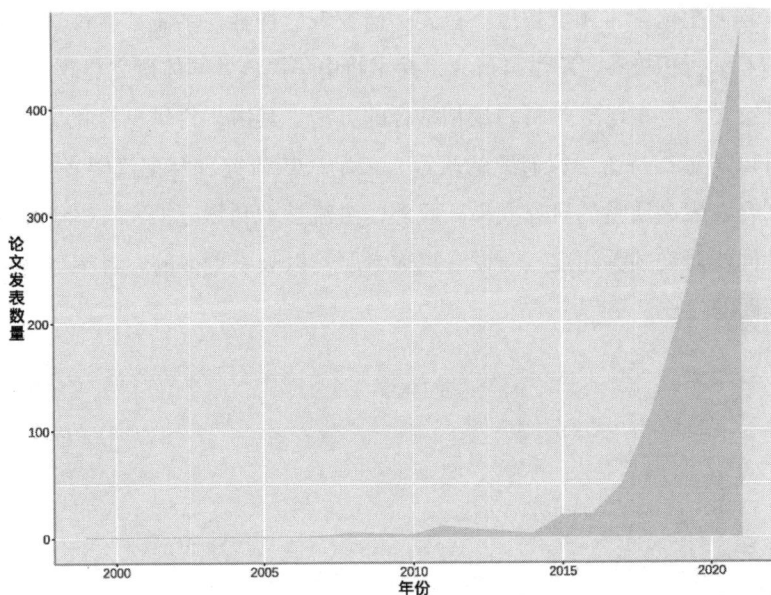

图1-3 "中华民族共同体"相关研究论文发表趋势

　　如图1-4所示，在2018年以前，相关论文在民族类学术刊物与非民族类刊物上发表的数量并无显著差别，然而从2019年开始，相关论文在民族类学术刊物上发表的数量大幅增加，增速明显高于非民族类学术刊物。近年来，在民族类学术刊物上发表的相关论文数量几乎是非民族类学术刊物的一倍左右。在CSSCI来源期刊中，民族类期刊所占比重非常少，却发表了大部分的相关论文。由此可见，当前有关中华民族共同体的研究主要集中在民族研究领域，主要来自民族类的科研机构。这种现象揭示了中华民族共同体研究在当前学术格局中的局限性，即研究主要集中在民族研究领域，未能有效突破该领域的界限。这种学术隔离性不仅限制了相关研究的传播和影响，也可能导致研究议题在更广泛的社会科学领域中不能得到充分的关注和讨论。为扩大中华民族共同体研究的影响力，亟须采取一系列措施以促进这一研究

文化敏感的社会调查：理论与实践

议题向主流学术领域拓展。首先，研究者应加强与主流社会科学领域的互动，积极参与跨学科研究，探索将中华民族共同体研究与政治学、社会学、经济学等学科领域相结合的方法。其次，科研机构和基金会可以制定支持跨学科研究的政策，鼓励民族研究者与主流学者合作，联合发表高质量的研究成果。此外，主流学术刊物应扩大对中华民族共同体研究的关注度，开设专栏或专题，以吸引更多的学者参与这一议题的讨论。

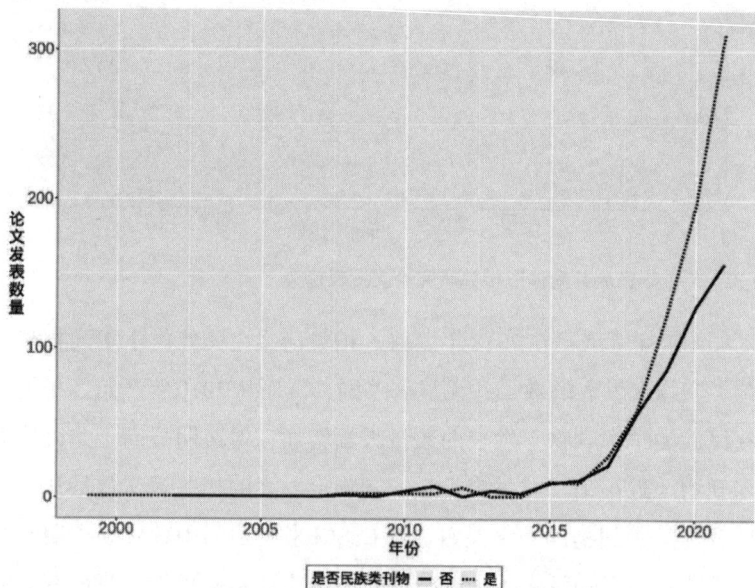

图1-4　不同类型学术刊物"中华民族共同体"研究论文的发表情况

　　进一步考察发现，当前的研究大都侧重于理论讨论和历史文献探讨，而较少进行社会调查研究。如图1-5所示，虽然近年来社会调查研究的数量有所增加，但是所占比重仍然非常低。在我们分析的论文样本中，来自社会调查的研究论文总共不到100篇，还不到总数的10%。这是一个需要我们特别关注的问题。理论研究固然重要，但是大部分研究的目标或者重点都是理论阐释或者文献解读，必然缺少对实际生活的考察，缺乏对铸牢中华民族共同体意识相关因素进行的全面而深入的分析。此外，以往相关研究的分析单位通常是政治和文化精英、国家政策和历史事件，而非微观层次上的个体，缺乏对铸牢中华民族共同体意识的微观机制的深入考察。由于以往文献研究或者理论研究多侧重于社会转型的特殊历史时期，比如现代民族国家的崛起和民族主义运动，而在很大程度上忽视了在已经建立了统一多民族国家中的人们的日常生活实践中，所表现出来的中华民族共同体意识及其相关的因素。

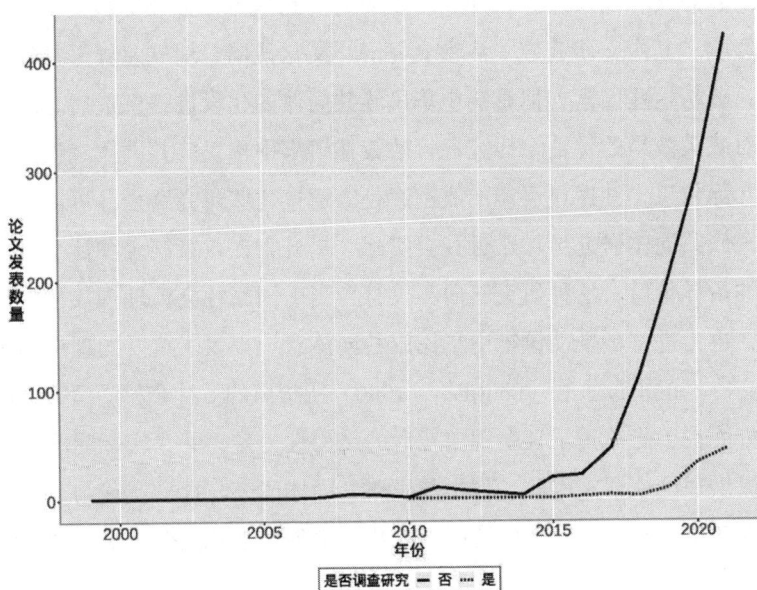

图1-5 "中华民族共同体"研究方法现状

如图1-6所示，通过分析当前中华民族共同体研究中作者关键词的分布情况，可以看出，现有研究往往集中于对抽象概念的解读和理论讨论。这种研究倾向虽然有助于深化对中华民族共同体意识的理论理解，但在一定程度上忽视了对具体人群和实际问题的深入探讨。这种局限性削弱了研究成果在政策和实践层面的应用价值。在学术研究中，概念解读和理论分析固然重要，但若要使研究具有更广泛的社会影响力和实用性，就必须将研究视角从宏观理论层面延伸至微观实践层面。这意味着研究者需要深入到社会群体的日常生活背景中，考察与铸牢中华民族共同体意识有关的实际因素。这种研究取向不仅有助于将理论与实践结合，还能为政策制定者提供更加具体和可操作的建议。具体而言，未来的研究可以考虑从以下几个方面入手：首先，开展针对不同社会群体的实地调查，了解不同人群对中华民族共同体的认知和态度，以及这些认知和态度如何受到具体社会环境和文化背景的影响；其次，研究应关注社会经济、文化认同、地域差异等具体因素，分析这些因素如何影响中华民族共同体的建设进程；最后，应加强对政策效果的评估，研究现行政策在铸牢中华民族共同体意识方面的实际效果，并探讨可能的改进途径。通过这些研究路径，可以使中华民族共同体研究更加贴近社会实际，提升它在政策制定和社会治理中的指导价值。这种研究转向不仅符合当前国家社会治理现代化的需求，也为进一步推动铸牢中华民族共同体意识提供了重要的理论和实践支持。正如布迪厄（Bourdieu，1990）所指出的，社会科学研究的最大价值在于能够揭示社会现象背后的结构性力量，并为实际问题的解决提供理论依据。因此，将中华民族共同体研究与社会实践结合，既是推动这一研究领域发展的必然趋势，也是增强其社会影响力的关键路径。

习近平总书记在哲学社会科学工作座谈会上指出："社会总是在发展的，新情况新问题总是层出不穷的，其中有一些可以凭老经验、用老办法来应对和解决，同时也有不少是老经验、老办法不能应对和解决的。如果不能及时研究、提出、运用新思想、新理念、新办法，理

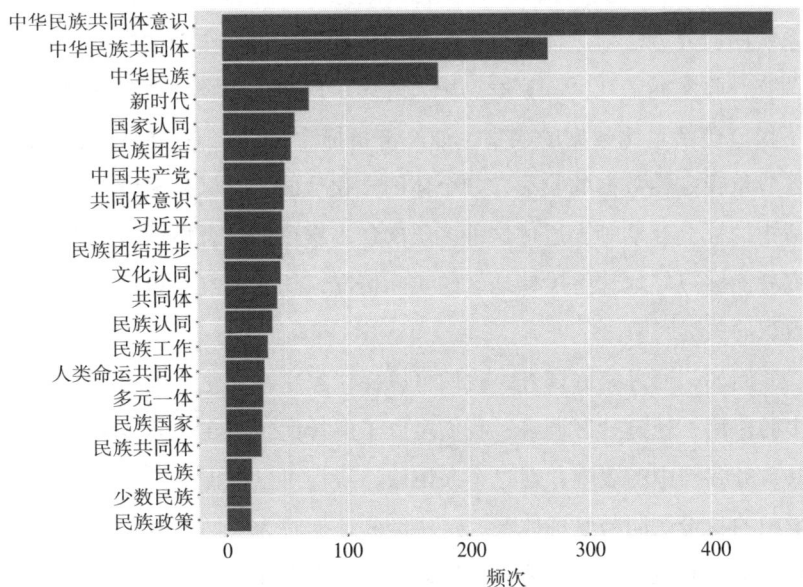

图1-6 "中华民族共同体"研究的作者关键词分布情况

论就会苍白无力，哲学社会科学就会'肌无力'。"（习近平，2016）之后，习近平总书记在经济社会领域专家座谈会上又指出，要"从国情出发，从中国实践中来、到中国实践中去，把论文写在祖国大地上，使理论和政策创新符合中国实际、具有中国特色……深入调研，察实情、出实招，充分反映实际情况，使理论和政策创新有根有据、合情合理"（习近平，2020）。

习近平总书记的重要讲话为新时代的中华民族共同体研究指明了方向：应当扎根于全面深入的调查研究，以全面了解各民族群体的日常生活情况。这种研究导向强调，只有通过实际的社会调查，获取丰富、真实的数据资料，才能为政策制定提供有力支持，并有效推进铸牢中华民族共同体意识的工作。新时代，民族地区的发展问题仍然复杂，既涉及经济发展、社会变迁，也包括文化传承和民族认同等多方面的内容。为了更全面、准确地了解这些问题，必须采取更加科学、系统的研究方法。具体而言，需要对民族地区进行全面的综合性社会调查，收集涵盖社区、家庭、个人等多个层次的数据资料。这种调查不仅应包括量化数据的收集，如经济指标、教育水平、健康状况等，还应重视定性数据的收集，如个体的文化认同、社区凝聚力、日常生活中的社会互动等。通过这种多层次、多维度的综合性社会调查，研究者能够更好地理解民族地区的实际情况，识别影响中华民族共同体意识的关键因素。

例如，通过家庭调查，我们可以探讨家庭在文化传承和民族认同中的作用；通过社区调查，我们可以了解社区组织在社会凝聚力和公共事务参与中的表现；通过个人访谈，我们可以捕捉个体在多民族环境中的身份认同与互动体验。这些经验证据将为我们的研究提供坚实的基础，避免研究和决策陷入纯粹的逻辑推理和想象。通过系统的社会调查和数据收集，不仅能够更准确地把握民族地区的发展现状，还能为推进铸牢中华民族共同体意识的政策制定提供科学依据。这种基于实证的研究路径，不仅是学术研究的一项基本原则，也是实现民族团结和社会稳定的重要保障。总的来说，新时代的中华民族共同体研究，必须在习近平总书记关于加强和改进民族工作的重要思想的指引下，重视实际调查，注重实证分析，以确保研究成果和政策决策的科学性、可靠性和有效性。这不仅是对研究方法的深化和拓展，也是对中华民族共同体建设工作的重要推进。

1.3 综合社会调查的兴起及其影响

　　许多国家都非常重视综合性、追踪性社会调查。1972年，美国开始实施定期的综合社会调查（General Social Survey，简称 GSS），到2021年为止已经进行了33届调查。GSS 是美国国家科学基金会（National Science Foundation，简称 NSF）迄今为止所支持的最大的社会科学研究项目，被视为重要的国家资源。GSS 数据在美国仅次于美国人口普查局的人口普查资料，在社会科学领域的引用率居第2位。GSS 的宗旨是采集当代美国社会的数据，以监测和解释美国民众在态度、行为以及社会属性方面的现状和变化趋势，向政策制定者、学者和学生等以最小的成本、最快的速度提供高质量的、易于获取的数据。可以说，GSS 调查是被引用最多、影响最广泛、社会效果巨大的社会科学数据库之一（王卫东，2006）。除了美国，其他一些国家也纷纷开展了本国的综合社会调查，比如德国的综合社会调查开始于1980年，至今已经开展了21次，加拿大的综合社会调查从1985年开始，日本和韩国的综合社会调查分别从2000年和2003年开始。

　　中国的综合社会调查项目（Chinese General Social Survey，简称 CGSS）开始于2003年，是我国最早实施的全国性、综合性、连续性学术调查数据库建设项目。CGSS 由中国人民大学中国调查与数据中心负责执行。遵照国际标准，CGSS 全面、系统地收集社会、社区、家庭、个人多个层次的数据，为总结我国社会变迁趋势、探讨具有重大科学和现实意义的议题提供经验数据。CGSS 已成为我国社会科学学术研究和政策咨询研究不可缺少的数据库资源。按照 CGSS 的章程，CGSS 的数据在每次年度调查结束两年后，向全社会开放原始数据和所有资料，是我国第一个完全开放的大型社会调查。CGSS开创了我国社会调查数据开放共享的先河，在CGSS的推动下，建成了中国第一家向全社会开放的社会科学调查数据库——中国社会调查开放数据库，并在其基础上建设国家自然科学基金重点项目"中国学术调查数据资料库"。

综合社会调查在不同国家的兴起有力地推动了本国的社会科学研究，同时也推动了社会科学的国家比较研究。以 Web of Science 核心数据库（Core Collections）的 Social Sciences Citation Index（简称SSCI）数据库中搜索基于综合社会调查数据的英文论文发表为例，截至2020年底，总共发表了1697篇英文论文，其中利用CGSS发表的论文数为148篇[①]。如图1-7所示，自1990年以来，国际上利用综合社会调查数据发表的SSCI期刊论文数量呈现出持续增长的趋势。这一增长反映了学者们对实证数据的重视程度不断提升，以及综合社会调查数据在揭示社会现象、验证社会理论方面的巨大潜力。相比之下，利用CGSS数据发表的英文论文起步较晚，自2010年才开始出现相关成果。自2016年起，基于CGSS的数据研究进入了快速发展期，至2020年年度发表数量已超过30篇，显示出国内外学界对CGSS数据价值的认可度显著提升。与此同时，图1-8展示了利用CGSS数据在中文期刊上发表论文的情况。自2006年以来，相关论文总数已超过1200篇，并且呈现出逐年递增的态势。这一现象体现了CGSS作为中国首个全国性、综合性的社会调查项目，其数据在国内社会科学研究中的广泛应用和重要影响。大量学者利用CGSS数据对中国社会的各个领域进行了深入细致的研究，为理解和解决中国社会转型过程中出现的问题提供了宝贵的实证

①本项目仅分析以英语发表的并且论文摘要、作者关键词和出版年份等信息没有缺失的研究论文和评论论文。通过这种过滤过程，最终的论文数量为1697篇，其中利用CGSS发表的英文论文数量为148篇。

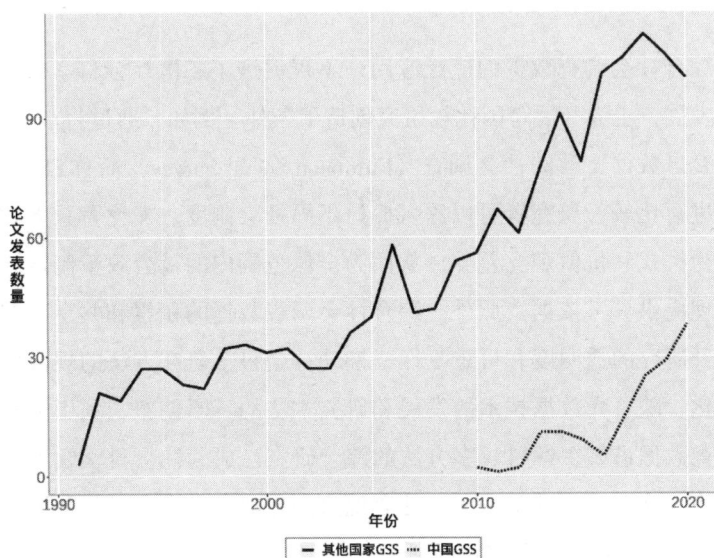

图1-7 基于综合社会调查数据的SSCI期刊论文发表情况

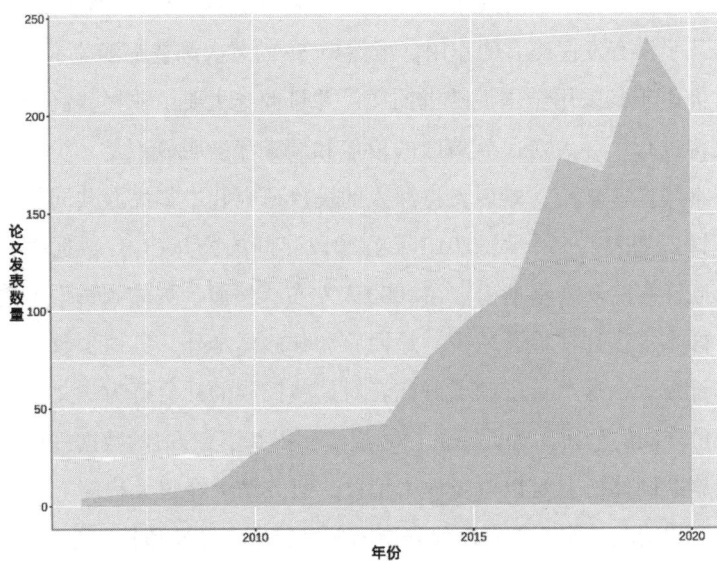

图1-8 基于中国综合社会调查（CGSS）的中文期刊论文发表情况

依据。

综合社会调查数据的广泛应用，不仅促进了各国社会科学研究的深入发展，也为开展跨国比较研究创造了条件。例如，通过将 CGSS 数据与 GSS 数据、欧洲社会调查（European Social Survey，简称 ESS）数据等进行比较，研究者可以深入探讨不同社会制度、文化背景下的社会行为模式和价值观念差异，从而为全球范围内的社会政策制定和社会治理提供参考依据。此外，综合社会调查数据的积累和共享，有助于提升研究的透明度和可重复性，推动社会科学研究方法的规范化和科学化。随着大数据技术的发展和研究方法的不断创新，利用综合社会调查数据进行多学科、多方法的综合研究已成为社会科学领域的重要趋势。这不仅有助于深化对社会现象的理解，也为应对复杂的社会问题提供了更加全面和多元的视角。

尽管基于 CGSS 的数据产生了大量的学术成果，但在民族研究领域的应用却极为有限。尤其在涉及中华民族共同体研究时，基于 CGSS 的数据几乎没有发挥应有的作用。虽然 CGSS 的每次调查都涵盖了民族地区，但由于其采用全国性随机抽样，并且调查主要由非民族高校和科研机构进行，导致对民族地区的覆盖和调查深度明显不足，少数民族的样本规模非常小，难以支持深入的民族研究和中华民族共同体意识的探讨。如表 1-1 所示，2010 年至 2017 年间的公开 CGSS 数据中，少数民族样本的规模基本稳定在 1000 人左右。然而，具体到每个少数民族，样本规模往往显著减少。除回族和壮族样本外，其他少数民族的样本量极少，这严重限制了研究者对这些民族的社会行为、文化特征和身份认同的分析。如此小的样本规模使得基于 CGSS 的数据进行的中华民族共同体研究难以避免样本偏差，研究结果在很大程度上只能反映汉族的情况，而不能全面代表中国各民族的多样性和复杂性。

表1-1 CGSS包含少数民族样本情况

民族	样本数				
	2010年	2012年	2013年	2015年	2017年
汉族	10662	10751	10458	10097	11636
蒙古族	38	30	43	24	48
回族	232	239	263	216	261
藏族	77	2	4	6	10
维吾尔族	92	93	0	1	2
壮族	134	149	149	136	140
满族	97	84	84	90	94
其他少数民族	429	408	425	378	391
少数民族合计	1099	1005	968	851	946

这一问题的产生不仅反映了调查设计中的局限性，也凸显了当前民族研究在综合社会调查中的弱势地位。虽然CGSS的研究成果多达1000多项，但其中极少涉及中华民族共同体的研究。这意味着，CGSS作为中国最具代表性的社会调查项目之一，尽管其数据为社会科学研究提供了广泛的基础，但在民族研究方面，特别是在中华民族共同体意识的研究中，仍然存在显著不足。首先，CGSS在设计之初主要侧重于全国性、整体性的社会现象调查，未能充分考虑少数民族群体的特殊性和多样性。这导致少数民族的样本规模较小，难以反映其内部的社会、文化差异，从而在民族研究中产生了样本代表性不足的问题。其次，CGSS的调查主要由非民族高校和科研机构承担，这些机构在民族地区的社会文化背景知识和调查经验相对有限，进一步影响了数据的有效性和精确性。此外，这种现状也反映出民族研究在更广泛的社

会科学研究中的边缘化。中华民族共同体意识的研究，需要充分考虑各民族群体在社会经济、文化认同、政治参与等方面的具体表现和需求。然而，当前基于CGSS的研究往往缺乏对这些问题的深入探讨，难以提供有针对性的政策建议。

鉴于CGSS在少数民族和民族地区调查上的不足，中国社会科学院民族学与人类学研究所启动了"21世纪初中国少数民族地区经济社会发展综合调查"项目（王延中，2018）。该项目于2013年启动，旨在弥补全国性综合社会调查对民族地区覆盖不足的问题，计划在4~5年的时间内，对50~70个县级民族自治地方进行深入调查。通过大规模的实地调查，该项目不仅填补了以往社会调查中民族地区数据的空白，也为新时代民族地区的发展研究提供了宝贵的第一手数据资料。2013年，这一调查项目首次实施，覆盖了6个省区的16个县市，共计6536人参与调查。2014年，调查范围扩大至10个省区的18个县市，调查人数增加至7341人。2015年和2016年的调查分别覆盖了7个省区的12个县市和8个省区的8个县市，调查人数分别为4732人和3204人。该项目的调查内容广泛，涵盖了经济发展状况、资源环境与生态保护、公共服务与政府管理、文化、民族关系、个人感受、政治与小康社会建设、廉政建设等多个方面。这些调查内容不仅反映了民族地区的综合发展状况，也揭示了当地居民在经济、社会和文化等方面的真实体验和需求。

该项目的开展在多个层面上具有重要意义。首先，它弥补了以往社会调查对民族地区覆盖不足的缺陷，为社会科学研究提供了丰富的实证数据。相比于CGSS的全国性随机抽样，该项目更具针对性，特别关注民族地区的特殊性和多样性。因此，调查所得的数据在反映少数民族地区的社会经济发展、文化变迁以及民族关系等方面具有更高的精确性和代表性。其次，该项目为研究新时代背景下的民族地区发展问题提供了坚实的基础。随着中国社会经济的快速发展，民族地区面临的挑战日益复杂。该项目通过收集和分析大规模的第一手数据，不仅为学术研究提供了可靠的基础，也为政府制定有针对性的政策提供了科学依据。例如，在生态环境保护、公共服务优化、文化传承与发展等领域，该项目的数据能够揭示出民族地区的实际需求和发展瓶颈，从而为政策制定者提供更加精准的指导。最后，该项目的实施标志着我国民族地区社会调查的重要进步。作为我国对民族地区进行的首次大规模综合性社会调查，该项目不仅拓宽了民族研究的视野，也为未来的社会科学研究提供了新的方法论和数据资源。在新时代中国特色社会主义背景下，该项目无疑将对铸牢中华民族共同体意识、促进民族团结进步产生深远的影响。

尽管"21世纪初中国少数民族地区经济社会发展综合调查"项目填补了我国民族地区社会调查的许多空白，并为研究提供了宝贵的数据资源，但该项目仍存在一些显著的限制，影响了其数据的代表性和质量。

第一，该项目的初级抽样单位（县市）并非依托全国性抽样框随机抽取，而是基于项目目标的主观立意抽样。例如，从2013年到2016年，项目分别在16个、18个、12个和8个县市进行调查。这种非随机的抽样设计使得调查样本的代表性受到限制，难以全面反映中国民族地区的整体状况。此外，为了"配合实地田野调查，县市内的调查社区以能代表当地特色并结合课题组的意见加以筛选"（王延中，2018），这种筛选过程进一步偏离了随机抽样的原则，可能导致样本的系统性偏差，影响数据的普适性和研究结论的外推性。

第二，该项目在每个地方的调查由一些院校具体实施，由于缺乏统一的规划和实施标准，整个调查过程缺乏有效的监测和控制。不同院校在调查方法、执行标准、数据记录等方面存在差异，这些差异可能导致数据质量的不一致，从而影响整体数据的可靠性和研究结果的准确性。如此大规模的社会调查，缺少统一的质量控制和实施规范可能会带来数据偏差和误差的累积，这对学术研究的科学性和政策制定的实效性都是不利的。

第三，该项目在数据收集过程中并未采用当前社会调查中广泛使用的计算机辅助调查系统，而是继续使用传统的纸质问卷调查方式。尽管这种传统方法在田野调查中具有一定的灵活性，但其数据质量面临挑战。纸质问卷容易出现人为错误，如数据记录不准确、信息遗漏或不一致等问题，且后期的数据输入和整理过程也容易引发进一步的错误。此外，传统的调查方式在数据收集效率和数据管理上也无法与计算机辅助调查系统相比。计算机辅助调查系统通过即时的数据校验和自动化流程，有效减少了数据录入错误，并且能够提供实时的监测和分析功能，显著提高了数据质量和调查效率。

综上所述，尽管"21世纪初中国少数民族地区经济社会发展综合调查"项目为我国民族地区的研究提供了重要的数据资源，但其在抽样设计、调查实施和数据收集方式上的限制，可能对数据的代表性、可靠性和科学性产生负面影响。未来的调查项目应在这些方面进行改进，以提高调查数据的质量，从而为学术研究和政策制定提供更加可靠的依据。例如，在抽样设计上，可以采用更加严格的随机抽样方法，确保样本的代表性；在调查实施上，应加强统一的规划和质量控制，确保数据的一致性和可靠性；在数据收集方式上，可以逐步引入计算机辅助调查系统，提高数据收集的准确性和效率。通过这些改进措施，社会调查的结果将更为科学、可信，将会为推动民族地区的经济社会发展提供更加坚实的基础。

1.4 文化敏感的社会调查

中国当前的一些主流社会调查项目，如中国综合社会调查和中国家庭追踪调查（China Family Panel Studies，简称CFPS），确实在抽样设计、问卷内容、调查实施和数据监测等方面达到了国际标准，这使得它们在全国范围内的社会、经济、文化研究中发挥了重要作用。然而，这些项目在覆盖民族地区的调查方面存在明显不足，特别是在抽样代表性和文化适应性方面，难以完全反映中华民族共同体的全貌。比如，CGSS和CFPS等项目虽然在全国范围内具有较高的代表性，但在少数民族聚居区，由于样本量的限制，往往难以提供足够的样本来反映这些地区的真实情况。民族地区通常地理分散、人口密度低，且文化差异显著。单纯依靠现有的抽样方法，无法充分捕捉这些地区的多样性和独特性。此外，当前社会调查的问卷设计大多基于汉族社会的文化背景，缺乏对民族地区的文化、语言和社会结构的充分理解与考虑。例如，涉及宗教信仰、家庭结构、经济活动等方面的问卷内容，可能无法准确反映民族地区的实际情况。这不仅影响了数据的质量和准确性，还可能导致对民族地区社会经济状况的误解。在调查实施过程中，还面临着文化语言差异、地域交通不便等诸多挑战。这些挑战增加了数据收集的难度，同时也可能导致调查员在调查过程中无法有效与被调查者沟通，从而影响数据的可靠性。

因此，需要利用现代社会调查技术，对民族地区进行全面的、综合性的社会调查，力求完整地、客观地展现我国不同地区经济社会发展的全貌。一方面，构建统一标准的社会调查体系，在调查理念、抽样设计、问卷内容、调查实施和数据库建设等方面引入现代社会调查技术，制定统一的操作标准，以确保数据的科学性、代表性和可比性，使民族地区社会调查成为中国社会调查的重要组成部分，从而构建起完整的、能够反映中华民族共同体现实的综合性社会调查数据库。另一方面，也需要把文化因素全面融入现代社会调查的整个生命周期。文化敏感是指在多文化背景研究中，能够识别和理解不同文化背景及其特性，避免因文化差异而引发误解或冲突的能力。这种能力要求研究者尊重文化多样性，关注文化内涵在具体情境中的重要性，并采取适应性策略以确保跨文化互动的顺畅。文化敏感的社会调查是指在社会调查的全过程中，将文化敏感的原则贯穿于调查理念、设计和实施中，确保调查方法和内容能够尊重并适应目标群体的文化背景。它不仅关注调查对象的语言习惯和社会习俗，还强调通过文化适应性的方式获取真实、有效的数据，避免因文化偏差影响调查结果。在抽样设计阶段，应针对民族地区的特殊性，设计具有高度代表性和文化适应性的抽样方案，结合地理分布、人口密度和文化差异，采用多种抽样技术，以保证样本的多样性和覆盖面。在问卷设计时，应融入文化敏感性，专门开发适用于民族地区的问卷内容，充分考虑各地的文化背景、社会习俗和语言习惯，避免使用可能引起误解或敏感的词汇和问题，以全面反映民族地区的实际情况。此外，在调查实施过程中，应组建由当地人组成的调查团队，增强调查的文化适应性和信任度。这些团队可以更好地与当地居民沟通，并根据实际情况灵活调整调查方法。

进一步在民族地区开展文化敏感的现代社会调查，对于推动中华民族共同体建设具有深远的意义。从学术层面来看，传统的以意见为主、意识形态化的思辨式讨论逐渐失去了市场，实证研究成为社会科学研究的重要方法。对民族地区进行全面的社会调查，有助于推动中华民族共同体的实证研究，提供扎实的数据基础，形成中国特色的社会科学研究。正如习近平总书记所指出的："我们的哲学社会科学有没有中国特色，归根到底要看有没有主体性、原创性。跟在别人后面亦步亦趋，不仅难以形成中国特色哲学社会科学，而且解决不了我国的实际问题。"（习近平，2016）要推动具有中国特色并致力于解决实际问题的民族研究，迫切需要建立针对民族地区的社会调查数据库。这一数据库将为实证研究提供科学依据，推动学术界在民族问题上达成更为精准和客观的共识，进而助力中华民族共同体建设。此外，开展民族地区的社会调查对加强中华民族共同体理论体系和话语体系建设具有重要意义。通过采用国际通行的社会调查规范，积累科学、系统的数据，可以提升中华民族共同体研究在国际学术界的影响力。这不仅有助于打造新的学术概念、范畴和表述，增强国际社会对中华民族共同体研究的理解与接受，也有利于中国在国际学术讨论中发出自己的声音，影响全球民族研究的议程设置。这种国际话语权的增强，对中华民族共同体建设具有战略性意义，因为它有助于塑造国际社会对中国民族问题的认知，维护国家统一和民族团结的核心利益。

此外，从国际经验和国内相关经验来看，社会调查数据被视为一个国家的重要学术资源，数据的收集和积累是学术研究的重要基础。通过不断积累的综合社会调查数据，可以全面反映民族地区的经济社会发展状况，为理论和政策的创新提供可靠的依据，使政策制定和学术研究更具科学性和前瞻性。同时，数据的积累也为中华民族共同体建设提供了坚实的基础，通过数据反映出的社会经济变化，可以为政府决策提供及时、精准的信息支持，有效指导政策的调整和优化，确保政策的实施能够促进各民族共同繁荣和发展。从实践层面上看，对民族地区开展综合社会调查能够为相关政策的制定提供更准确的信息支持，确保决策的理性与科学性。这对解决我国民族问题、促进民族地区的发展具有重要作用。通过科学的数据支持，政府能够制定出更加符合实际需求的政策，从而有利于铸牢中华民族共同体意识。科学的政策不仅能促进民族地区经济社会的全面发展，还能增强各民族之间的凝聚力，推动中华民族共同体的巩固。

1.5　文化敏感的调查实践尝试

　　鉴于以上考虑，教育部人文社会科学重点研究基地中央民族大学中国少数民族研究中心在2016年设立了重大项目"少数民族地区综合社会调查数据库建设关键问题研究"。项目于2023年结项。项目基于我国统一多民族国家的基本国情和在新形势下民族地区面临的发展机遇和挑战，利用现代社会调查技术，对民族地区进行全面的、综合性的社会调查，力求完整地、客观地展现我国民族地区经济社会发展的全貌。项目对如何在民族地区开展科学的现代社会调查以及文化因素在其中发挥怎样的作用进行了理论和实践研究。如图1-9所示，项目对五个关键问题进行了理论和实践研究。

　　（1）民族地区综合社会调查理念。此部分的研究目标是从理论上厘清如何把现代社会调查技术应用于民族地区的综合社会调查。研究内容主要是解决以下几个理论问题：第一，民族地区特殊的地理位置、居住安排、文化特色、语言风俗、民族政策等因素对开展综合社会调查会有哪些影响，以及如何克服这些影响；第二，如何把一般综合社会调查的理念与民族地区的特殊性结合，设计民族地区开展综合社会调查的基本框架，包括研究范围如何划定，研究对象如何确定，如何进行科学抽样以及问卷设计；第三，在民族地区实施社会调查时可能面临哪些障碍，访问员的选取有哪些特别要求，如何有效地组织和实施，等等。

（2）民族地区综合社会调查问卷设计。此部分的研究目标是在借鉴国内外综合社会调查问卷设计的基础上，结合民族地区的实际情况，设计一套能够适用于我国民族地区综合社会调查的问卷。研究内容主要包括以下几个方面：第一，在问卷设计上，如何恰当地把民族因素、语言因素和民族地区特殊情况考虑进来，设计出标准化但又能兼顾文化适应性的调查问卷；第二，问卷内容涵盖范围要广，而且要收集社区、家庭和个人等多维数据资料；第三，计算机辅助的数字化、网络化问卷调查系统设计探索；第四，设计出一套在内容上既能与国内外主流的综合社会调查数据库有效对接，又能客观反映民族地区社会经济发展特殊性的综合性的调查问卷。

（3）民族地区综合社会调查抽样设计。此部分的研究目标是设计一套能够适用于民族地区综合社会调查的抽样方案。研究内容主要包括以下几个方面：第一，回顾和借鉴当前国内外综合社会调查的抽样方案和技术；第二，研究确定民族地区综合社会调查抽样设计的基本原则、样本覆盖范围、样本比例等问题；第三，研究提出民族地区综合社会调查抽样的具体方法和技术。

（4）民族地区综合社会调查执行（试调查）。此部分的目标是选择有代表性的民族地区作为试点，开展一次中等规模的试调查，调查访问4000户家庭，共计4000人左右。具体内容包括：第一，招募和培训访问员；第二，实地调查的组织和实施；第三，调查过程的督导和评估。试调查既是对前面三个子课题研究成果的一次社会实践，也为未来进行全面的民族地区综合社会调查提供经验和奠定基础。

（5）民族地区综合社会调查（试调查）数据库建设。此部分的目标是以试调查收集的数据为基础，初步建立一个试用数据库，供学术界和政府使用。具体内容包括：第一，试调查数据的录入、清理、整理；第二，依据人口普查数据和已有的中国大型社会调查数据，对试调查的数据进行评估，以确保数据的质量；第三，数据网站建设和最终数据发布。根据相关规定和保密性原则，确定数据使用的基本原则、人群范围、申请方式以及相关的义务责任等。

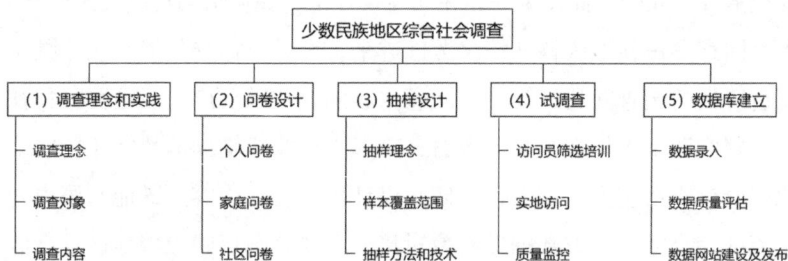

少数民族地区综合社会调查

（1）调查理念和实践	（2）问卷设计	（3）抽样设计	（4）试调查	（5）数据库建立
调查理念	个人问卷	抽样理念	访问员筛选培训	数据录入
调查对象	家庭问卷	样本覆盖范围	实地访问	数据质量评估
调查内容	社区问卷	抽样方法和技术	质量监控	数据网站建设及发布

图1-9　文化敏感的社会调查关键问题

项目的主要研究成果有三个方面：（1）开发了用于少数民族地区综合社会调查的问卷及其计算机辅助访问系统和数据管理系统。借鉴国内外综合社会调查问卷设计的思路，设计了包括村（居）问卷、家庭问卷和成年个人问卷的三个层级问卷，以便收集多层次数据。同时考虑到民族地区的异质性，问卷设计在主题模块，即一般综合社会调查问题的基础上增加专题模块。村（居）问卷主要用来考察社区的基本情况，设计7个模块共116个问题；家庭问卷设计7个模块共331个问题；成年人个人问卷包括了11个模块共278个问题。为了提升调研的效率和质量，项目利用开源的问卷调查系统LimeSurvey和本地服务器软件XAMPP搭建了计算机辅助调查系统。此外，项目还开发了用于民族问题研究的数据管理系统，该系统能够综合使用移动互联网、社会调查、大数据等多维先进技术手段，进行信息收集、聚类、编码、审核、统计、分析、建模、报告编辑等相关科研辅助工作。项目开发的少数民族地区社会调查系统和数据管理系统，是国内首个专门针对民族研究开发的系统，为日后相关的学术调查研究提供了技术支撑，获得了学界的广泛肯定。（2）构建了用于民族研究的专题数据库。项目在云南民族地区和宁夏地区进行了大规模的综合社会调查，从社区、家庭和个体三个层面收集了大量的一手数据资料，初步构建了用于民族问题研究的数据库。利用数据库撰写了两本研究报告、五篇高水平的研究论文，同时数据库已经供学术界免费申请使用，产生了初步的学术影响力。（3）以云南和宁夏为例，利用调查数据资料，全方面考察了新时代背景下我国民族地区的经济社会发展状况，包括收入与消费、住房状况、贫困与扶贫、通婚、受教育程度、健康、医疗服务、社会交往、社会态度、文化传承与发展、宗教信仰、中华民族共同体意识、乡村社会治理以及生态环境等诸多方面。同时，重点研究了铸牢中华民族共同体意识的几个关键问题，相关成果发表在《民族研究》等权威学术期刊上，为相关的研究提供了新视角和新方法，在学术界产生了一定影响。

　　项目自立项以来，得到中央民族大学和云南、宁夏地区兄弟院校的大力支持，总体上取得了不少成绩。首先，项目在理论层面对现代社会调查方法和技术如何应用于新时代背景下的民族地区进行了深入探讨，初步建立起新时代背景下民族调查的方法论体系。项目把一般综合社会调查的理念与民族地区的特殊性相结合，设计出民族地区开展综合社会调查的调查工具和实施框架。其次，初步构建了民族地区综合社会调查数据库。收集了云南地区和宁夏地区的近6500份个体数据，目前已经整理完成，对学术界开放使用。再次，利用调查数据，对铸牢中华民族共同体意识问题进行了实证研究，提出一些新观点。最后，搭建了用于民族综合社会调查的问卷调查系统和数据管理系统，为日后面向全国民族地区的大规模社会调查和数据管理奠定了技术基础。

本书是在该项目研究和实践的基础上写作而成的。基于项目所取得的研究成果，本书不仅总结了民族地区综合社会调查的理论与方法，还深入探讨了文化敏感性在社会调查中的重要性和应用策略。本书的内容涵盖了从调查理念的提出到问卷设计、抽样方案的制订，再到实地调查的执行与数据的整理分析等各个关键环节。每一部分都致力于解决在民族地区开展社会调查过程中可能遇到的实际问题，力求提供科学、系统、可操作的指导方案。本书是对"少数民族地区综合社会调查数据库建设关键问题研究"项目成果的系统总结与深化，旨在为学术界、政策制定者以及社会调查从业人员提供理论依据与实用工具，为推动中华民族共同体建设和民族地区的发展贡献力量。

第2章

文化视角下的社会调查

近一个世纪以来，社会调查方法作为了解社会现象的重要工具和实践获得了飞速发展。社会调查方法不仅在社会科学领域得到了广泛应用，而且逐渐发展成为一门独立的学科，被称为调查方法学（R. M. Groves et al., 2009）。在调查方法学发展的早期，认知心理学对其影响尤为显著。认知心理学通过研究个体在信息处理和决策过程中的心理机制，为社会调查方法的设计和实施提供了重要的理论基础。例如，调查方法学家关注调查问题的设计如何影响受访者的回答，以及如何减少由理解、记忆和判断等认知过程引起的误差。然而，随着跨国和跨文化调查的兴起，调查方法学逐渐超越了单纯的认知视角，开始重视调查过程中的社会文化因素和社会互动现象。调查不仅是一个信息收集的过程，更是一个社会互动的过程，社会文化背景对受访者的认知和行为有着深刻的影响。这种转向意味着，在应用主流的社会调查方法于不同文化群体时，研究者必须考虑到社会文化背景的差异以及由此产生的潜在影响。

在民族地区进行社会调查时，这些挑战更加突出。首先，民族地区的文化多样性要求调查设计能够敏感地反映当地的社会文化特征。例如，问卷中的措辞、问题的顺序，以及调查方式的选择都可能影响受访者的回答行为。在一些文化背景中，直接询问个人或家庭的经济状况可能被视为不礼貌或冒犯，这就要求研究者在问卷设计时考虑到这些文化禁忌，以避免数据收集过程中的文化冲突。其次，社会调查在民族地区的实施还可能面临地理分散、语言多样性和信任缺失等实际困难。这些因素不仅增加了调查的成本和复杂性，也可能影响数据的代表性和可靠性。因此，在民族地区开展社会调查不仅是一个标准化的调查实践问题，更是一个如何与当地社会文化背景相融合的问题。要克服这些困难，研究者需要在调查设计和实施过程中充分考虑文化敏感性，采取灵活且具有适应性的策略，以确保数据的准确性和有效性。这种文化适应性的要求不仅体现了调查方法学发展的新趋势，也为社会科学研究提供了更加全面和深入的视角。

2.1 调查方法学的转向

自 20 世纪 40 年代以来，社会学在现代调查方法的诞生与发展中扮演了极其重要的角色。诸如拉扎斯菲尔德（Paul Lazarsfeld）和斯托弗（Samuel Stouffer）等著名社会学家，是第一批社会调查方法学家，同时也是美国公共舆论研究协会（American Association for Public Opinion Research，简称 AAPOR）的早期主席（Brenner，2020）。虽然社会学家在早期的调查人员和方法学者中占据了重要地位，但在推动调查方法学作为一门学科发展方面，心理学的影响力更为显著。尤其是认知心理学，通过研究影响调查误差的认知过程，形成了调查方法学的认知方面(Cognitive Aspects of Survey Methodology)。该领域主要考察了调查响应过程的各个阶段,如理解调查问题、回忆相关信息、估计与判断以及报告答案时,访问者和受访者如何有意或无意地造成调查误差。换言之,调查方法学家关注的核心问题是影响调查估计的各种误差来源,这被称为总调查误差(Total Survey Error,简称TSE)方法(Weisberg,2005; R. M. Groves & Lyberg,2010)。总调查误差方法特别关注非抽样误差的来源和影响,如测量误差、无响应误差、覆盖误差、处理误差和调整误差等。在调查方法学领域,大多数研究都探讨了这些误差的后果以及如何修正或避免它们。

虽然识别和理解受访者在回答问题时的认知逻辑可以改进调查的测量内容和方式,从而减少调查误差,但过度关注认知层面使得调查方法学在研究和构建与社会文化及社会互动相关的理论时存在不足。调查方法学与社会学理论之间的关系长期以来被过度简化,通常仅被视为一种技术工具。然而,调查方法学在社会学及其他社会科学中的作用远不止于改进调查实践和提高数据质量。事实上,调查方法学不仅通过研究调查误差揭示了更深层次的人类行为,还在理论层面上为社会学研究提供了重要的支持和洞见(Brenner,2020)。这种关系的复杂性不仅体现在方法的改进上,更体现在调查方法学对社会学理论发展的推动作用上。例如,调查中的误差不仅仅是估计的问题,它也是一种社会现象,为我们理解人类行为和社会互动提供了一个窗口(Schuman,1982)。通过分析这些误差,研究者可以发现传统社会学理论所忽视或未充分解释的行为模式,从而推动理论的拓展和深化。因此,调查方法学家也可以作为社会科学家,通过深入研究调查误差产生的社会根源,丰富对人类行为和社会互动的理解。正如拉扎斯菲尔德所言,调查方法学有助于理解人类行为,对方法论的敏感性对一般性社会分析也是非常重要的(Lazarsfeld,1962)。

　　反过来，社会学理论也在很大程度上影响并强化了调查方法学。社会学理论为调查方法学提供了广泛而深入的理论背景，使调查方法学家能够更好地理解调查过程中遇到的复杂社会文化现象（Brenner，2020）。例如，在设计问卷或进行访谈时，社会学理论可以帮助解释不同文化背景下受访者的反应模式及其背后的动机，这不仅有助于改进调查设计，还能提高数据收集的有效性。理论的指导使得调查方法学不仅停留在技术层面，更上升到理解和解释社会行为的高度，从而增强调查的整体效力。

　　由此可见，调查方法学和社会学理论相互促进。调查方法学为社会学理论提供了对社会现象的严格测量，并有助于检验、拓展和发展社会学理论，而社会学理论通过其广度和深度帮助调查方法学家理解调查过程中遇到的社会文化现象（Brenner，2020）。基于此，调查方法学的视角正在从认知心理学的个体视角转向更广泛的社会文化视角。这一转向对在不同文化群体中开展调查具有重要的实践意义，并为调查方法学的发展开辟了新的路径。

　　首先，从认知心理学视角转向社会文化视角，意味着调查方法学不再仅仅关注个体的认知过程和信息处理方式，而是更加重视文化、社会环境以及集体意识对受访者行为和反应的影响。传统的认知心理学视角通常将受访者视为独立个体，假设他们的回答主要受其内部认知过程的支配。然而，这种视角忽略了文化背景、社会规范和集体意识等外部因素对个体行为的深刻影响。例如，在不同文化背景下，受访者可能因社会期待、集体价值观或语言习惯的差异而表现出不同的回答模式。在这种情况下，仅依赖认知心理学视角进行调查设计和数据解释，可能无法全面捕捉受访者的真实想法和社会行为。

　　其次，转向社会文化视角可以帮助调查方法学更有效地应对现代化背景下日益多样化的调查环境。在中国式现代化进程中，社会科学研究越来越多地涉及不同文化群体的调查。不同文化背景下的受访者在回答问题时，往往会受到文化的规范、价值观和社会关系的影响。这种影响不仅体现在具体的回答内容上，还可能影响受访者对问题的理解方式和回答策略。社会文化视角强调文化情境和社会结构对个体行为的塑造，因此，在不同文化群体的调查中采用这一视角，可以更好地设计适应不同文化背景的调查工具，减少文化偏见和误差，提升数据的准确性和代表性。

最后，社会文化视角还为理解和解释调查数据提供了新的理论框架。调查数据不仅是个体认知活动的产物，更是社会互动和文化交流的反映。通过引入社会文化视角，调查方法学家可以更深入地探讨社会结构、权力关系和文化差异如何在调查过程中发挥作用。例如，在一些文化中，受访者可能因权威的存在或集体主义倾向给出符合社会期望的答案，而不是他们内心的真实想法。这种现象在认知心理学视角下可能被视为"噪声"或"误差"，但从社会文化视角来看，它反映了文化与社会规范对个体行为的深刻影响。因此，社会文化视角不仅能够解释这些所谓的"误差"，还可以利用这些信息为社会学理论的发展提供新的见解。

调查方法学从认知心理学视角转向社会文化视角，对调查实践具有重要的现实意义。这一转向促使调查方法学家在设计调查工具、选择抽样方法和解释数据时，更加关注文化敏感性和社会背景。这种转向不仅提高了调查的有效性，还为处理复杂的社会现象提供了更为全面的分析工具。在实际操作中，这意味着调查设计者需要考虑不同文化群体的独特需求，开发适应性强的调查问卷，培训具有文化敏感性的调查员，并在数据分析中引入社会文化因素。通过这一转向，调查方法学能够更好地服务于多元文化社会，推动社会科学研究的创新与发展。

当然，强调社会调查背后的社会文化因素也不能完全忽略调查过程中的个体认知心理因素，平衡认知视角和社会文化视角同样重要。通过将这两种视角结合，研究者能够更全面地理解受访者如何看待和回答调查问题，从而提升调查的有效性和数据的可信度。例如，在设计调查问题时，认知视角帮助研究者理解受访者在回答问题时的心理过程，包括对问题的理解、信息的处理以及最终的回答选择。在这一视角下，调查问题被设计得简单明了，尽量减少受访者的认知负担，以避免理解困难或信息处理复杂性导致的回答错误或偏差。然而，认知视角往往忽视了文化和社会背景对受访者回答过程的影响，此时，社会文化视角的重要性就凸显出来了。研究者不仅需要关注问题的认知负担，还要考虑其文化适应性，以确保问题在不同文化背景下具有一致的理解和可比性。

2.2　比较研究和社会调查

在社会科学研究中，比较研究对社会理论的产生和检验具有重要价值（Kohn，1987）。比较研究不仅有助于揭示不同文化群体之间的差异，还能够揭示从单一文化群体的数据中难以或无法发现的特征。正如涂尔干（Émile Durkheim）所认为的，比较社会学不是社会学的一个分支，它是社会学本身。随着时间的推移，越来越多的学科为比较研究创造了专门的术语，如比较社会学、比较政治学、比较教育学、跨文化精神病学和跨文化心理学等。这凸显了比较研究的重要性。无论在哪个学科领域，比较研究的共同目标都是增进对某一研究领域或主题的普遍模式和特殊性的理解。同时，这也使研究人员意识到，他们的观点在本质上受社会文化背景的影响。因此，提供有效且可靠的调查数据对于开展比较研究至关重要。

从事比较研究时，面临的一个重要挑战是如何将源自单一文化群体的调查研究方法应用到不同文化背景中。即使在特定文化背景中发展起来的调查方法（通常基于西方发达国家的文化背景）被证明可靠有效，它们仍可能面临文化局限性的问题（Harkness，van de Vijver，& Mohler，2003）。众所周知，不同国家或文化群体在语言、风俗习惯、价值观和社会结构等方面存在差异。即便在相同条件下使用相同的调查工具，也无法确保来自不同文化群体的受访者对问题有相同的理解，或是访问员收集到的回答（数据）在本质上意味着"相同的事情"。换句话说，同一个概念在不同文化群体中可能具有不同的意义，这为比较调查方法带来了挑战。

例如，用参加宗教服务的频率来测量宗教信仰的强度。在土耳其（一个穆斯林占多数的国家），这个问题的含义完全不同，因为在伊斯兰教中，女性参加宗教仪式是不常见的。如果研究人员忽视了这个问题的非等效性，他们可能会严重低估土耳其女性的宗教参与程度，并得出错误的结论，即土耳其是欧洲唯一女性宗教信仰低于男性的国家（Billiet，2013）。这种非等效性在跨文化研究中尤为重要。不同文化对宗教信仰的表达方式各不相同，例如，在某些宗教中，家庭或工作场所的宗教仪式可能比公共宗教服务更为重要（Harkness，van de Vijver，& Mohler，2003）。因此，研究人员需要根据具体文化背景调整其衡量指标，以确保数据的准确性和可比性。另一个例子是用于测量民主态度的量表，在不同国家可能并不具有相同的内涵。这些量表在某些情况下可以进行一定程度的比较，但并非适用于所有国家或地区。在一些发展中国家，这些问题的含义可能与西欧不同，因此这些国家的量表得分与西方国家的得分不具备可比性（Ariely & Davidov，2011）。

或许有人认为，为了提高可比性，比较研究应该在不同文化群体中采用同一套最佳的调查设计、工具和策略。然而，某一文化背景下开发的标准化调查方法和实践能否适用于其他文化群体？存在多大的文化障碍？它们是否仍然可靠和有效？因此，调查方法应根据每个文化群体的具体情况进行相应调整或重新设计，以确保在不同文化背景下进行的调查和研究具有可比性、有效性和可靠性（Harkness et al.，2003）。我们既不能简单地假设一种文化中的标准技术可以在新的文化环境中自动取得成功，也不能轻易断言任何调查工具在新的文化环境中都不可行。比如，一项使用世界价值观调查（World Values Survey）数据的研究表明，信任得分可以进行跨文化比较（Freitag & Bauer，2013）。还有一项使用国际社会调查项目（International Social Survey Programme，简称ISSP）数据的研究表明，民族主义、建设爱国主义和其他相关理论概念之间的关系在ISSP国家之间可以进行比较（Davidov，2009）。

因此，在进行比较研究时，我们应深入思考并重视以下几个关键方面，以确保研究的严谨性和科学性。

首先，要进行多维度因素的综合考量。高质量的比较研究不仅依赖于单一因素，而是多种因素共同作用的结果。这些因素包括适当的理论框架、精心设计的工具、合理的抽样框架、科学的数据收集模式以及有效的数据分析方法。仅依赖某一既定的工具设计或试图通过统计分析修复潜在问题，是远远不够的。研究的每个环节都必须经过严格的检验和调整，以确保最终数据的可靠性和有效性。例如，在数据收集模式上，调查者应根据目标文化群体的特定社会背景、语言习惯、信仰体系等因素，选择最合适的方式进行数据收集，而不是简单地沿用其他研究中的成功模式。各个因素之间的协同作用是确保比较研究获得高质量成果的关键所在。

其次，要考虑质量的动态属性与情境依赖性。调查工具、抽样设计和访谈技术的质量并非固有属性，而是在具体应用场景中得以表现和验证的。在特定文化背景下，一项工具或方法可能表现出高度的可靠性和有效性，但在另一种文化或情境下，可能无法达到同样的效果。因此，研究工具的可靠性和有效性应视为动态属性，它们可能在不同的文化和社会情境中发生变化。在研究设计阶段，必须针对目标文化群体进行细致的情境分析，以确保所采用的工具能够真实反映目标群体的实际情况，从而提升数据的科学性。

最后，实施基于文化基础的"最佳研究实践"。所谓的"最佳研究实践"并非普遍适用的固定准则，而是基于特定文化背景的灵活策略。每个文化都有其独特的社会规范、价值观和认知方式，因此在制定和实施研究实践时，必须充分考虑这些文化特性。比较研究尤其需要注意，某些被视为"最佳"的方法和工具在一个文化中可能表现出色，但在另一个文化中则可能导致偏差或误解。例如，一些在西方社会中广泛使用的调查方法，在中国社会中可能由于不同的社会期望和互动规则而无法产生预期效果。因此，在实施比较研究时，研究者需要根据不同文化的实际情况，灵活调整研究策略，确保其科学性和实践性（Harkness et al.，2003）。

2.3　社会调查作为一种社会互动过程

在大多数社会调查中，为了避免访问员行为的随意性和可变性，通常采用标准化的访谈程序进行数据收集，并在访谈前对访问员进行严格的标准化培训。最常见的标准化访谈程序包括：访问员逐字阅读书面问题，受访者作答，访问员记录回答结果且不作评论（Fowler &

Mangione，1990）。如果调查问题清晰且适合目标人群，标准化访谈程序通常不会出现问题。然而，社会调查本质上是一个在特定社会文化背景下，访问员和受访者通过访谈工具进行互动的过程。受访者对调查问题的回答是这一社会互动的结果（Krosnick，2011; Schaeffer & Dykema，2011）。访问员和受访者的背景特征、认知水平及问题含义等诸多因素都可能影响这一互动过程，因此调查访谈不是总能严格按照标准化程序进行。

　　针对访问员和受访者之间的社会互动，迪克玛等人提出了一个问答序列交互模型（Interactional Model of the Question-Answer Sequence）（Schaeffer & Dykema，2011; Dykema，Garbarski，Schaeffer，Anadon，& Edwards，2020; Dykema，Schaeffer，Garbarski，& Hout，2020）。如图2-1所示，该模型将社会调查看作一系列复杂的社会和认知过程，并将标准化实践、问题特征、调查参与者的认知过程以及调查答案的产生等因素整合在一个统一框架中。问答序列交互模型将社会调查看作一个标准化访谈实践过程。标准化访谈实践通过影响访问员对访谈程序的理解，进而影响其认知过程，并对其行为产生直接影响。该实践还会影响调查问题的特征，例如如何编写和组织调查问题，而这些问题特征也可能反过来影响标准化访谈实践，例如在受访者提供无法编码的答案时，访问员如何跟进。此外，模型还将社会调查视为一种日常对话实践，其中的潜在规范可能影响访问员和受访者的行为。

　　此外，模型考虑了访问员特征、问题特征和受访者特征对认知过程的影响。一方面，访问员的认知过程受到个人特征（如经验、能力、社会人口特征）、问题特征和受访者行为的影响；另一方面，受访者的认知过程则受到其个人特征（如认知能力、动机水平、社会人口特征）、问题特征和访问员行为的影响。随后，访问员和受访者的认知过程又会影响他们各自的行为。最后，该模型还考虑了访问员和受访者之间的社会互动，即每一方的行为都可能引发另一方的反应。通常情况下，这种互动的结果就是受访者的回答，其有效性和可靠性部分取决于互动的过程。此外，受访者的实际情况也可能会影响其认知过程和回答结果。

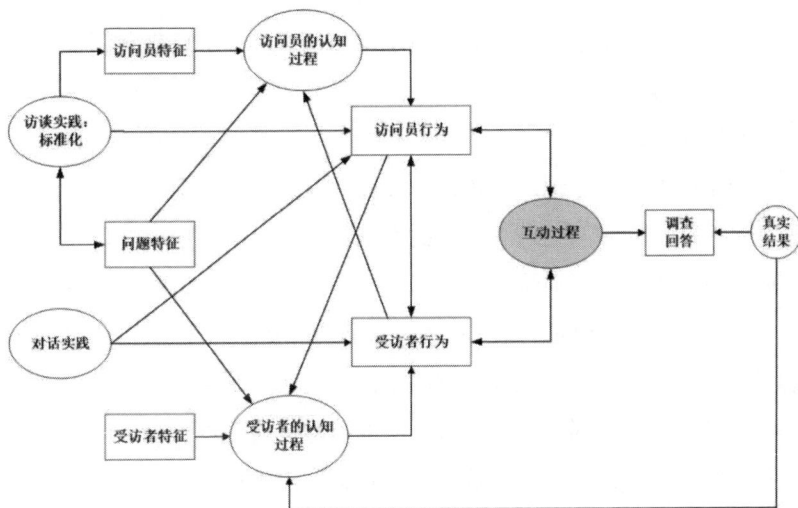

图2-1 问答序列的交互模型

除了迪克玛等人提出的问答序列交互模型，布拉德本（Bradburn，2016）从陌生人之间互动的视角理解社会调查，特别是如何邀请陌生人参与社会调查。他认为，我们的关注点应从个体的认知过程转向受访者所处的社会环境及其交流方式。在不忽视调查方法认知层面的情况下，我们必须重视调查的社会心理基础。与所有社会互动一样，访问员和受访者之间的互动也基于一些隐含的社会规范，如尊重受访者隐私、提供真实答案等。在关注访问员与受访者互动的过程中，尤其需要重视受访者如何决定参与互动。受访者必须相信他们不会因参与调查而受到伤害，并且他们的参与是有意义的，同时愿意接受参与调查的时间成本。如果受访者不信任访问员的说法或不愿意承担成本，他们可能会拒绝参与调查。

以往大多数关于调查访谈的研究都假设受访者已经接受了受访者的角色，因此关注点集中在互动过程中发生的事情，特别是影响问答过程的认知因素。然而，对如何招募个人参与调查的研究相对较少。从陌生人之间互动的视角来看，请求参与调查实际上启动了陌生人之间的互动过程。为了更有效地邀请人们参与社会调查，我们需要深入了解这种互动过程。

基于以上社会互动的视角，在民族地区进行社会调查时，我们不仅需要关注访问员与受访者之间的互动，还需要深刻理解这种互动对数据收集过程和数据质量的深远影响。访问员与受访者的互动不仅是简单的信息传递，而是一个复杂的社会行为，受文化背景、社会规范、语言差异及彼此认知模式等多重因素的共同影响。在民族地区，由于文化差异显著，访问员与受访者之间的互动可能表现出与其他地区截然不同的特征。因此，研究这些互动特征对于确保数据的准确性和完整性尤为重要。

在不同文化背景下进行社会调查时，研究者应意识到，受访者对调查问题的反应不仅取决于问题的内容，还受到其文化背景、社会身份以及与访问员互动方式的影响。因此，在未来的研究中，有必要对这些互动过程进行更加细致和深入的分析。这种分析应包括如何在特定文化背景下设计和提出问题，如何处理文化敏感性问题，以及如何在实际操作中确保受访者能够理解并准确回答问题（Dykema et al., 2020b）。例如，在某些文化背景中，受访者可能倾向于给出符合社会期望的答案，而非其真实想法，这种现象需要通过细致的文化分析和互动研究加以识别和调整。

通过对访问员与受访者互动的深入分析，我们可以制定出更为精准和有效的调查工具和方法，确保调查在不同文化背景下的适应性。例如，调查问题的设计应考虑受访者的社会文化背景，避免使用可能引起误解或文化冲突的词汇和表达方式。同时，调查模式的设计应灵活适应不同文化群体的沟通习惯和信息处理方式，以最大限度减少误差并提高数据的可信度。此外，这种分析也为访问员培训提供了宝贵的指导。例如，访问员应了解在何种情境下需要对受访者的问题理解进行适当干预，并且在不影响受访者回答真实性的前提下，引导他们给出准确且可编码的答案（Garbarski，Schaeffer，& Dykema，2016）。这些干预策略不仅有助于提升数据质量，还能增强访问员在复杂社会互动中的应对能力，确保在文化多样性较高的调查环境中取得最佳实践成果。

2.4 民族地区开展社会调查的困难

在当前社会调查响应率逐渐下降的背景下（Williams & Brick，2018），少数民族群体的社会调查面临着比一般社会群体更为严峻的挑战。图朗若等人（Tourangeau，Edwards，Johnson，Wolter，& Bates，2014）在《难以调查的群体》（*Hard-to-Survey Populations*）一书中系统阐述了当代社会调查中难以调查的群体，这些挑战包括难以抽样、难以识别群体成员、难以找到或联系群体成员、难以说服群体成员参与以及难以进行访问等问题。在这些群体中，文化和语言上的少数民族群体被认为是最具挑战性的群体之一。因此，了解并研究少数民族群体在社会调查中面临的挑战，进而评估和解决调查设计和实施过程中可能引起的调查误差，成为确保数据质量的重要任务。

在少数民族社会调查中，首先面临的重大挑战是目标总体的识别。一些少数民族群体的定义可能并不明确，尽管官方身份登记系统明确了每个人的民族身份，但特定少数民族内部可能存在极大的多样性。此外，自我认同的民族身份与官方登记身份之间也可能存在不一致的情况。如果社会调查中采用一个过于广泛的民族定义，可能无法准确反映具体文化群体的特征（Harkness，Stange，Cibelli，Mohler，& Pennell，2014）。因此，在实际操作中，通常需要通过一组筛选问题来确定目标总体的成员。在家户调查中，筛选问题通常由家庭中的知情人员或户主提供，他们报告自己和其他家庭成员的信息，如民族身份。这种筛选方法的准确性极大程度上依赖于受访者愿意提供真实信息的意愿。当筛选问题对受访者造成较大的认知负担时，他们可能选择少报或漏报（Tourangeau，Kreuter，& Eckman，2012），导致目标总体的识别不足。此外，对于一些群体来说，民族身份可能是一个敏感问题，如果问题措辞不当或使用了不恰当的术语，可能导致受访者拒绝回应或跳过相关题目（Garland，Spalek，& Chakraborti，2006）。

在确定了目标总体后，确定一个可靠的抽样框架是另一个挑战。与一般社会群体相比，少数民族群体调查往往缺乏可靠的抽样框架（Faugier & Sargeant，1997），或者在确定抽样框架时面临一些特殊困难。理想情况下，少数民族群体社会调查需要一个完整且最新的成员列表，并从中抽取样本。遗憾的是，这种理想在实践中很少实现。要确定一个完整的少数民族成员列表框，可能需要从广泛的社会人口总体中进行筛选。由于少数民族人口规模只占国家或地区总人口规模的一小部分（如5%），从总人口中筛选少数民族成员将耗费大量的人力和时间，这无疑大大增加了调查的总成本（Tourangeau，2014）。如果一些少数民族群体在某一区域内聚集，用筛选方法确定抽样框架的成本可能会相对较低；但如果少数民族群体分布较为分散，筛选成本就可能非常高。另一个给少数民族群体样本覆盖带来挑战的是流动性，尤其是一些少数民族群体的家庭性质和"流动的"居住模式可能会带来特殊问题（Lindenberg，Solorzano，Munet Vilaro，& Westbrook，2001）。在这种情况下，传统的以家庭为单位的抽样技术可能不适用或不恰当。

除了目标总体的识别和抽样，民族地区社会调查还面临调查问卷编制的困难。开发适用于少数民族群体的调查问卷，首先必须遵循一般问卷开发的最佳实践建议（De Leeuw，Hox，& Dillman，2012），同时还须考虑相关的语言和文化问题。这涉及如何改编和翻译问卷内容，以确保问卷在不同文化背景下的适应性。在设计问卷时，研究者需要认识到，不同文化群体在理解和回答问题的方式上可能存在系统性差异，这些差异可能导致测量误差。因此，研究者不能简单地将用于一般人口群体的调查问卷直接应用于少数民族群体的调查，而必须经过一个精心的问卷改编过程。问卷改编涉及对问题内容、格式、回答选项和呈现方式的调整，以确保问卷具有文化相关性（Harkness，Villar，& Edwards，2010）。例如，某些少数族裔女性在描述身体活动时，可能与大部分白人女性有显著不同（Eyler et al.，1998）；拉丁裔美国人与英语为母语的美国人在健康评价上也可能存在差异（Lee & Schwarz，2014）。这些文化差异促使研究者为不同文化群体设计不同的问题。此外，少数民族群体通常教育和识字水平相对较低，这要求研究者在问卷设计时对问题结构和指导语进行相应简化和调整，以便受访者更好地理解问题（Lavelle，Larsen，& Gundersen，2009）。

在少数民族地区的数据收集过程中，文化相关性同样至关重要。在目标群体的接触、访问员的招募和培训以及调查的具体实施中，文化因素都可能对调查的成功与否产生直接影响（Harkness et al.，2014）。由于历史和社会背景的原因，少数民族群体可能对外来调查人员，特别是来自外民族的调查员持怀疑态度，甚至抵触社会调查。鉴于许多社会调查由政府或学术机构发起，那些对政府或外来研究人员抱有敌意的少数民族群体，通常合作意愿较低。为此，研究人员可能需要采取特殊措施，如寻求社区领袖的认可或在当地媒体上发布广告，以获得受访者的信任和合作。此外，由于少数民族群体往往缺乏电话服务或居住在偏远地区，这限制了调查人员与受访者的联系方式。在初次接触中，研究人员通常通过当地知情人士或社区领袖进行联系，但这无疑增加了调查的人力成本。在访问员的招募和培训中，以往研究表明，与目标群体民族身份一致的访问员往往能显著提高受访者的合作率（Han，Kang，Kim，Ryu，& Kim，2007）。因此，在招募访问员时，研究人员需要重视文化敏感性的提升。然而，招募与目标群体民族身份一致的访问员并非易事，特别是在规模较大的调查中。此外，如何使用文化相关和适当的激励措施鼓励少数民族群体参与调查，确保收集的信息符合文化接受度以及如何遵守当地风俗，都是少数民族社会调查中需要克服的重要难题（Pennell，Harkness，Levenstein，& Quaglia，2010）。

2.5 小结

人们越来越认识到，社会调查不仅仅是一个科学意义上的标准化实践过程，更是在特定社会文化背景下的社会互动过程。这一认识在民族地区的社会调查中尤为重要。民族地区的社会调查不仅涉及现代社会调查方法的应用，还要求研究人员和访问员具备高度的文化敏感性。在这些地区，社会调查的各个阶段——从目标群体的识别、抽样设计、问卷开发到调查执行——都需要将文化关联性和适当性融入其中。

首先，目标群体的识别和抽样设计在民族地区面临独特的挑战。少数民族群体通常具有复杂的社会结构和文化背景，地理分布也往往较为分散，这使得标准化的抽样方法可能无法充分反映其多样性和特殊性。为了确保样本的代表性，研究人员可能需要采用分层抽样、多阶段抽样等灵活的抽样策略，甚至在某些情况下结合非概率抽样方法，以更好地捕捉目标群体的多样性。这些调整不仅是为了获得科学有效的数据，也是为了尊重和反映调查对象的文化背景，从而提升数据的准确性和调查的接受度。

其次，调查问卷的设计也必须高度重视文化敏感性。在民族地区，语言、习俗、价值观等文化因素对受访者的认知过程和回答方式有着深远的影响。例如，一些标准化问卷中的问题可能在某些文化背景下被误解或产生歧义，从而导致回答的偏差。为了避免这种情况，研究人员需要对问卷进行本地化处理，确保问题的措辞、顺序和内容符合受访者的文化认知，并可能需要开发特定的问卷模块，以适应不同文化群体的特殊需求。此外，采用双语问卷或雇用熟悉当地语言和文化的访问员，也是提高调查准确性的重要策略。

最后，调查执行阶段同样面临着挑战。民族地区的社会调查通常涉及复杂的社会互动过程，访问员的文化背景、语言能力以及与受访者之间的互动方式都可能影响数据的收集质量。标准化的调查方法可能无法完全适应这些复杂的社会互动情境，因此，访问员必须具备高度的文化敏感性，能够灵活调整访谈策略，以应对各种文化特异性。这不仅有助于提高受访者的合作意愿，还能增强数据的真实性和可靠性。

然而，尽管少数民族地区社会调查的复杂性和重要性日益凸显，针对这些群体的社会调查方法研究还相对较少。这种研究的缺乏限制了我们对少数民族群体的社会行为、文化特征以及社会变迁过程的深度理解。为了填补这一研究空白，未来的研究应当加强对少数民族社会调查方法的系统探讨，特别是在如何设计和实施具有高度文化适应性的社会调查方面进行深入研究。这不仅有助于提升民族地区社会调查的科学性和有效性，也为社会科学研究提供了重要的理论创新机会。

在这一领域的研究和实践中，必须坚持将文化敏感性与社会调查方法论紧密结合，推动调查方法的本土化与创新，以更好地服务于多民族国家的社会科学研究需求。通过这种努力，我们不仅能够更全面地理解民族地区的社会现象，还能够为政策制定者提供更加精准的数据支持，从而推动民族地区的经济社会发展和中华民族共同体的建设。

第3章

文化适用的问卷设计

如果将社会调查看作是一种日常对话实践，那么调查问卷就是这场对话的脚本。调查问卷由一系列需要受访者回答的问题组成，其设计直接影响到访谈的顺利进行和数据的质量。在设计问卷时，研究人员通常假设调查人员和受访者会以类似的方式理解问题。然而，对于受访者来说，参与问卷访谈与日常对话并无太大区别，他们通常会假定访问员遵循一般的日常对话规则，并在互动中使用常见的语言和表达方式。对于调查人员而言，问卷访谈的首要目的是信息收集，而不是单纯的日常交流。为了确保收集到的数据准确反映受访者的真实想法，问卷的问题格式和措辞需要非常精确和一致。然而，问题在于，如果问卷中的问题设计破坏了日常对话的惯例或违反了受访者的预期，受访者可能会感到困惑，甚至产生误解。这种误解可能导致数据偏差，影响研究结果的有效性。例如，过于复杂或晦涩的措辞可能让受访者感到困惑，而不符合文化背景的表达方式则可能引起误解，导致受访者提供不准确的回答。

尤其是在不同文化背景下的社会调查中，这种风险更为显著。不同文化背景下的人们在语言使用、交流方式和社会期望上存在显著差异。受访者在回答问题时，不仅会依赖于其日常语言习惯，还会根据他们对社会交往规则的理解来推测访问员的意图。如果问卷的问题设计不符合他们的文化预期，受访者可能会误解问题的真实含义，甚至按照自己的理解重新构建问题。这种重新构建可能会偏离调查人员的初衷，导致数据失真。因此，在问卷设计中，研究人员不仅要考虑信息收集的有效性，还必须确保问卷在文化适应性上能够符合受访者的预期。问卷设计不仅是一个技术性的问题，更是一个文化敏感性的问题。只有在文化适应性和信息收集有效性之间找到平衡，才能确保问卷在不同文化背景下的社会调查中发挥其应有的作用，从而获得高质量的数据。随着社会调查方法的不断发展和多元文化研究的日益增加，问卷设计的文化适应性将成为社会科学研究中一个不可或缺的重要环节。

3.1　问卷设计策略

　　问卷设计往往反映出研究人员特定的信仰和价值观，这些信仰和价值观通常与科学界和主流文化所持有的信念一致。然而，在不同文化背景下，语言障碍和文化信仰会影响人们对主流调查问卷的理解和响应，从而限制所收集数据的意义。因此，设计适用于不同文化背景群体的调查问卷是一项重要挑战。

　　根据以往研究，在设计社会调查问卷时，通常采用三种策略：直接采纳现有问卷、改编现有问题、重新开发新的问卷（Harkness，Edwards，Hansen，Miller，& Villar，2010）。在问卷设计的初期，研究者应首先评估是否可以直接采纳已有的问卷或题目。当前，关于社会各方面的调查问卷已经在全球范围内广泛使用，直接采纳这些现有的问卷或题目能够节省大量时间和精力，特别是在资源有限的情况下。这种策略的另一个显著优势是，它有助于促进不同调查之间的数据比较，使得研究者能够更容易进行跨时间、跨地点的分析，进而获得更为广泛和有力的研究结论。然而，直接采纳现有问卷或题目也存在明显的局限性。首先，这些问卷或题目通常源自西方发达国家或反映主流文化群体的社会现实，其背后的假设、文化背景和社会语境可能与其他文化群体存在显著差异。例如，一些在西方背景下常见的社会概念和问题设定，可能并不适用于非西方文化或少数民族群体。在这种情况下，直接采纳这些问卷可能导致数据的有效性受到质疑，因为受访者可能会误解问题的意图，或者其回答与问卷设计者的预期不一致。

即使现有的问卷经过了严格的语义翻译，也可能无法避免文化上的语用问题。语用问题涉及语言在实际交流中的使用方式，包括语境、语调、言外之意等。不同文化背景下的人们对这些语言元素的理解和应用可能存在显著差异。例如，一些文化中可能更倾向于使用委婉的表达方式，而其他文化则可能更直接。在这种情况下，尽管问卷的问题在语义上已被准确翻译，但受访者对问题的解读可能会因文化差异而产生偏差，从而影响调查结果的准确性和可靠性。因此，尽管直接采纳现有问卷或题目在理论上能够节省时间和成本，但在实际应用中，这种策略往往较少被采用，尤其是在不同文化背景的研究中。研究者需要谨慎评估现有问卷的文化适应性，考虑是否需要进行必要的改编或重新开发新的问卷，以确保问卷能够准确捕捉目标文化群体的社会现实。

改编现有问题和重新开发新的问卷是另外两种常见的策略。改编现有问卷的问题可以通过调整措辞、增加文化背景说明或调整问题顺序等方式，使其更好地适应目标文化群体的特点。这种策略能够在一定程度上保留原有问卷的科学性和可比性，同时增强其文化适应性。然而，改编现有问卷仍然需要经过严格的测试和验证，以确保改编后的问卷能够有效地应用于不同文化背景下。例如，研究人员可能想测量受访者家庭的水、电和取暖燃料等资源的使用情况。为了在不同文化背景下询问家庭能源使用情况，研究人员需要根据具体情况改编相关问卷题目。如果受访者家庭没有水表或使用井水而非自来水，那么与水费相关的题目就变得毫无意义。因此，调查研究人员在采用现有问卷时，需要对问卷及其题目中涉及的生活用品和文化元素进行全面考察，以提升问卷在不同文化背景下的适用性。

重新开发新的问卷是一种更加彻底的方法，特别适用于现有问卷完全不适用或不适合特定文化背景的情况。新问卷的开发需要从零开始，这不仅仅是一个设计过程，更是一个深刻理解目标群体文化背景、社会现实和研究需求的过程。通过将这些因素纳入问卷设计，研究者能够最大限度地确保问卷的文化适应性和数据的准确性。开发新问卷的过程通常包括多个关键步骤。首先，研究者需要进行广泛的文献综述和背景调查，了解目标群体的社会文化特征、价值观、语言习惯以及与研究主题相关的背景信息。这一阶段的研究为问卷的初步设计提供了理论依据和实际参考。其次，研究者在设计问卷时必须充分考虑文化敏感性。问卷的问题措辞、结构、长度以及问题顺序都需要根据目标群体的文化特征进行精心调整。例如，在某些文化背景下，询问个人或家庭收入可能被视为敏感问题，这就需要研究者采用更加委婉和间接的方式来获取相关信息。此外，研究者还应注意避免使用可能引发文化误解的词汇或概念，确保问卷在语义和语用上都能被受访者准确理解。接下来，问卷设计完成后，测试是确保问卷有效性的关键步骤。通过测试，研究者可以收集受访者对问卷的反馈，发现潜在的问题和不足之处。例如，某些问题可能在特定文化背景下难以理解，或者受访者可能对某些问题的回答方式感到不适。在测试阶段收集到的反馈能够帮助研究者进行必要的调整和修正，进一步提高问卷的文化适应性和数据收集的有效性。在反复测试和调整的基础上，研究者最终能够开发出一份高效性和可靠性兼具的新问卷。这份问卷不仅能够准确捕捉目标群体的社会现实，还能在不同文化背景下成功应用。这一过程虽然耗时耗力，但其成果往往是不可替代的。特别是在复杂的跨文化研究中，新问卷的开发能够为研究提供更精确的数据支持，减少因文化差异带来的误差，进而提升研究的科学性和普遍性。

3.2　测量的等效性

所谓测量的等效性，指的是"在不同的条件下观察和研究现象时，测量操作能够对同一属性进行一致的测量"（Horn & McArdle，1992）。测量的等效性在跨文化研究和比较研究中具有关键意义，因为它确保了不同群体在使用同一测量工具时，测量结果具有可比性。如果测量工具在不同条件下不具备等效性或不变性，那么基于该测量工具得出的结论，尤其是比较研究中的结论，可能是无效的，甚至是错误的。测量等效性的重要性在于它能够确保研究者在不同文化群体或不同条件下测量同一属性时，所得的数据反映的是真实的属性差异，而非由于测量工具本身的局限性或文化差异所引发的系统性偏差。例如，在跨文化调查中，不同文化群体对问卷中某些问题的理解和反应方式可能不同，这种差异既可能是真实的文化差异的反映，也可能是由于测量项目的不同响应模式所导致的偏差。若未能识别和调整这些偏差，研究结果可能会误导研究者，导致不准确甚至错误的结论。

如图 3-1 所示，研究人员在科学研究中常常基于现有的理论概念，专门"创造"一些抽象层次较高的概念，以解释特定的社会现象。这些抽象概念通常被称为"构造"（Construct），例如民族主义、社会资本或文化认同等。在科学研究中，精确的构造和清晰的定义至关重要，因为它们不仅指导研究的理论框架，还为研究中的经验测量提供依据。构造的有效研究需要经历一个从抽象到具体的过程，即概念化（Conceptualization）和操作化（Operationalization）。概念化指的是明确某个构造在研究中的确切含义，确定其核心内容和边界。研究者通常基于理论文献的回顾和分析，通过对现有研究的理解和整合，为构造赋予一个明确的理论定义。例如，在讨论"民族主义"时，研究者可能会从政治、文化、社会心理等多角度考虑，定义民族主义的内涵和外延（Gellner，1983）。操作化则是将构造的理论定义转化为可测量的经验指标的过程。在这一过程中，研究者需要确定构造的不同维度，并为每个维度选择合适的测量指标（Indicators）。这些指标可以是具体的问卷问题、行为观察、社会经济数据或其他可以量化的变量。例如，对"民族主义"的构造，可能会通过问卷调查中的态度问题、政治参与的行为数据，或者媒体报道的分析来衡量。操作化的成功与否直接关系到构造的测量有效性和研究结果的科学性。

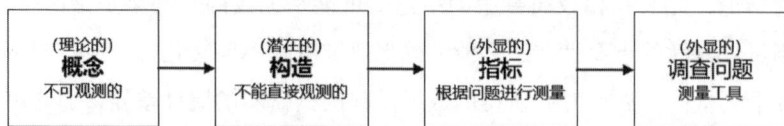

图3-1 概念、构造、指标和问题

在确定测量指标后，研究者还需要选择具体的测量方法。这可能包括定量方法，如问卷调查、实验设计，或者定性方法，如深度访谈、内容分析等。测量方法的选择应与构造的性质和研究的具体目标相适应。例如，如果研究目的是量化民族主义在不同群体中的程度，问卷调查可能是最适合的测量方法；如果研究目的是深入理解民族主义的形成过程和影响因素，定性访谈可能更为合适。此外，研究者在构造的操作化过程中，还需要考虑测量工具的信度和效度。信度指的是测量工具的一致性，即在相同条件下重复使用该工具是否能得到相同的结果；效度则指的是测量工具的有效性，即它是否能够准确测量所要测量的构造（Carmines & Zeller，1979）。在操作化的过程中，研究者通常会进行预试验和修正，以确保最终的测量工具能够精确地捕捉构造的各个维度。

由于在不同文化背景下，人们对构造及其相应测量指标的理解可能存在显著差异，这可能会严重影响测量的等效性问题。也就是说，对不同文化群体的同一个构造的测量结果，可能无法实现可比性。因此，在对不同文化背景群体的研究中，确保测量工具的等效性至关重要，否则得出的结论可能无法准确反映不同文化群体的实际情况。在问卷设计阶段，尤其需要注意改编后的题目与原有题目是否仍然具有等效性（Harkness et al.，2003）。我们不能假设在一个文化群体中有效的调查题目在其他文化群体中也同样适用。一些社会调查题目可能与特定文化群体无关或不具代表性，这会导致受访者无法提供有意义的回答，或者某些题目在一种文化背景下无害，但在另一种文化背景下可能成为禁忌。因此，当某种文化背景中容易表达的概念在另一种文化背景中没有对应的概念时，测量的等效性就难以实现。例如，在中国彝族地区的"家支"概念在其他民族地区可能没有对应的概念。

即使在不同文化背景下存在相同的概念，来自不同文化背景的受访者也可能会做出不同的解释。这种文化差异可能对调查结果产生显著影响。例如，有研究发现，问美国女性如果怀孕了是否会有问题，她们可能会说"是"，因为她们可能考虑到家庭规模扩大对经济和生活方式的潜在影响；然而，在哥斯达黎加，女性可能会说"否"，因为在当地文化背景下，这个问题可能被视为对是否计划堕胎的间接询问，而非关于家庭规模扩大的问题（Bollen，Entwisle，& Alderson，1993）。这一例子清楚地表明，即使问卷中的问题在表面上是相同的，不同文化背景下的受访者也可能会基于他们的社会文化环境和个人经历，对这些问题做出完全不同的解释。这种差异既可能源于语言翻译的语义变化，也可能是不同文化背景下的社会规范、价值观或个人经历所导致的不同解读。在对不同文化背景群体的研究中，理解和应对这些文化差异是确保研究有效性的重要因素。如果研究者未能识别并调整问卷中可能会引发文化误解的问题，所收集的数据可能会不准确甚至导致误导性的结论。这种情况下，研究者可能会错误地将文化间的测量差异解释为真实的行为或态度差异，而实际上这些差异仅仅是由于测量工具在不同文化背景下的解释差异所导致的。

此外，受访者的社会现实和文化框架以多种方式影响他们对社会调查的认知和响应，并显著影响他们对问题的感知和处理方式（Uskul，Oyserman，& Schwarz，2010）。这可能极大地增加不同文化背景群体对调查问题和备选项的理解和响应的非等效性问题。在设计具有可比性的调查问卷时，虽然在调查问题的概念内涵和实质上建立对等关系非常重要，但这只是成功的一部分。在不同文化背景下，调查问卷设计还需要考虑响应等效性问题。当前关于这一问题的研究仍然相对较少。为了确保不同文化群体对调查问题和备选项有相同的理解和响应，通常的做法是尽可能地让备选项的格式和措辞保持一致。然而，即使对调查问题和备选项进行了详细的解释和限定，不同文化背景群体对一些主观问题的响应也可能存在等效性问题。在问卷中，一些主观问题的测量通常采用等级量表的方式。例如，问"你认为你的健康状况如何"时，通常的备选项是"非常健康""健康""一般""不健康"和"非常不健康"。即使不同文化背景下的受访者对"健康"的理解一致，对"非常""一般"等强度的理解可能也存在差异。如果不仔细考察这些强度词汇在不同文化背景下的理解一致性，可能导致同样回答"非常健康"的两个人在健康程度上存在差异。

尽管调查问卷的等效性问题是不同文化背景下的社会调查面临的重大挑战，这一问题在过去的大部分研究中却常被忽略（Bollen et al.，1993）。虽然大量文献讨论了问卷的有效性和可靠性问题，但关于如何设计具有可比性的调查问卷的研究却相对较少。设计具有可比性的调查问卷需要考虑概念的覆盖范围、指标的选择、问题的措辞和格式、响应类别的设计等多个方面（Harkness et al.，2010a），还需借鉴其他学科的知识，如比较语言学、社会语言学、语义学、语用学和视知觉等。这意味着，仅仅了解一般的问卷设计方法和策略不足以帮助我们设计成功的、具有可比性的调查问卷。此外，我们不能简单地将用于一个文化背景群体的问卷通过复制或简单改编直接用于其他文化背景群体。

在问卷设计的初始阶段，就应纳入文化因素。例如，确保问卷设计小组的成员具有多文化背景，不同文化群体对问卷题目提出建议，并在问卷预测试时考虑多语言和多文化背景。这些措施可以确保在概念化、问卷起草和测试阶段引入足够的多元文化要素。有研究表明，通过一种综合方法可以有效增强多文化调查的等效性。这种方法强调研究人员与社区成员的紧密合作，共同开发适用于多文化背景的调查问题。具体而言，该方法包括五个阶段，并涉及两个专家组：一方是研究人员，另一方是目标社区的居民。在整个过程中，研究人员根据需要与社区居民就文化和语言问题进行持续的咨询和反馈（Sidani，Guruge，Miranda，Ford-Gilboe，& Varcoe，2010）。

第一阶段，研究人员必须选择适合进行文化适应和翻译的测量工具。选择的核心标准是工具在不同文化背景中的概念等效性及其在目标文化中的适用性和有效性。这一步骤的成功与否直接影响后续阶段的顺利进行。

第二阶段，研究人员与社区专家合作，评估所选工具的概念等效性。这一评估过程至关重要，涉及对测量工具内容的深入讨论，以确保这些工具在目标文化中具有准确性和相关性。通过这种合作，研究人员能够识别出工具中的潜在文化差异并做出相应调整。

第三阶段，研究人员与社区专家共同生成一组在文化和语言上适宜的调查项目。这确保测量工具能够准确反映目标社区的实际情况和价值观。通过这种合作，研究人员能够开发出更为贴切的调查问题，使调查结果更具代表性和可信性。

第四阶段，研究人员进行前向翻译和回译（Back-translation），以验证翻译的准确性和一致性。具体而言，项目内容首先从源语言翻译成目标语言，然后再翻译回源语言。尽管回译步骤是可选的，但它通常被认为是确保翻译质量的重要手段，这一过程有助于发现和纠正翻译中的误差。

第五阶段，研究人员对生成的项目集进行预测试，以评估在目标社区中的适用性和有效性。预测试的结果提供了宝贵的反馈，使研究人员能够进一步调整和完善调查工具，从而确保这些工具能够准确反映目标社区的现实情况。通过这一综合过程，研究人员能够有效提升调查工具的文化适应性和测量等效性。

3.3　敏感问题设计

在不同文化背景下进行社会调查时，设计问卷的一项重要任务是考虑调查问题的敏感性。如果调查问题不具备中立性，可能会引发受访者的恐惧、担忧或不适，从而影响他们对问题的真实回答。研究表明，敏感问题会增加调查的总误差（Sakshaug，Yan，& Tourangeau，2010），包括项目不响应、误报或不诚实的回答。敏感问题还可能对后续的问题和回答产生间接影响，因为受访者可能认为整个调查存在隐秘动机或具有挑衅性（Andreenkova & Javeline，2018）。这会导致调查人员获得不准确的信息。此外，敏感问题也可能引发与研究伦理、政治和法律相关的一系列问题。调查研究的内容在很大程度上受到问题敏感性的影响，社会权势群体往往对研究施加限制，以防止得出威胁其利益的结论。一些资助机构也倾向于排除敏感或可能损害其利益的研究。大学和科研机构也不愿研究人员冒犯地方精英或资助方（Broadhead & Rist，1976）。因此，个人主义的解释性研究、定量研究或实证研究往往更容易获得支持。

关于敏感问题的定义并没有统一的标准，必须结合具体的调查背景来加以界定。一般而言，所谓敏感问题是指那些可能对受访者构成重大威胁的问题（Lee & Renzetti，1990）。这些问题通常可以大致分为以下三种类型：

（1）威胁性问题：这类问题涉及受访者的个人隐私和可能引发法律、社会或个人安全后果的事实性问题。受访者可能会担心这些信息被不当使用或披露后带来的负面后果，如法律制裁（例如关于非法行为的问题）、安全和保障问题（例如涉及财产的问题）或社会制裁（例如婚外性行为的问题）。由于担心身份曝光或后果严重，受访者往往会选择拒绝回答这类问题，导致单位无响应（即整个调查未完成）或项目无响应（即受访者拒绝回答特定问题）。

（2）社会规范相关问题：这类问题涉及社会规范行为和态度。受访者如果在某些行为上不符合主流社会规范，可能会感到社会压力，并因此倾向于提供符合社会期望的响应，即使这些响应并不真实。例如，关于投票行为、吸烟和饮酒等问题，受访者可能知道"正确"的回答是什么，因此无论实际行为如何，往往会选择提供符合社会期望的答案。这种现象被称为"社会期望效应"，容易导致数据的误报和偏差（Krumpal，2013）。

（3）令人反感或厌恶的问题：这类问题也被称为侵入性问题，虽然它们可能不会直接引发法律或社会制裁，但可能被受访者视为侵犯隐私或违反社交礼仪。例如，涉及婚姻状况、心理健康或身体健康的问题，可能被认为过于个人化或不适合在调查中讨论。面对这些问题，受访者可能感到不适或厌恶，从而拒绝回答特定问题甚至放弃整个调查，这同样会导致项目或单位无响应的情况（Andreenkova & Javeline，2018）。

尽管可以基于前述分类给出敏感问题的列表，但在社会调查过程中，更为有效的方法是观察"敏感性"产生的条件。这是因为哪些问题会被认为是敏感问题，并没有固定的标准，而是高度依赖于这些问题是针对谁提问以及在什么背景下提出的。受访者对敏感问题的反应通常取决于多种因素，包括宏观环境因素、微观环境因素，以及受访者的个人特征和态度。宏观环境因素包括国家的政治环境、制度规范、历史传统和文化规范等。宏观环境对敏感问题的定义有着深远的影响。例如，在某些政治环境高度敏感的国家，涉及政府批评或政治立场的问题可能被视为高度敏感，受访者可能会因为担心政府监控或法律后果而不愿回答。相反，在政治环境相对开放的国家，类似的问题可能并不被视为敏感。微观环境因素包括访谈方式（如面对面访谈、电话访谈或在线调查）、访谈地点、访谈环境中是否有其他人在场、调查目的的陈述和受访者对调查目的的感知、受访者对调查发起人的看法，以及他们对匿名性和保密措施的信任程度。例如，在一个私人且安全的环境中，受访者可能会更愿意回答涉及个人隐私的问题；相反，如果在公共场所或有其他人在场的情况下，受访者可能会避免回答或提供不准确的答案。受访者的个人特征和态度包括受访者的年龄、性别、受教育水平、社会经济地位、文化背景、个性特征以及对特定议题的态度。不同的个人特征会影响受访者对某些问题的敏感性感知。例如，年轻人可能会对某些社会问题持更开放的态度，而年长者则可能对同样的问题更加保守或敏感。此外，受访者对调查发起人的信任程度也会影响他们的回答意愿。如果受访者认为调查发起人可信且对方承诺保密，他们可能更愿意回答敏感问题。

在不同文化背景下，一些调查问题在不同文化群体中可能具有不同程度的敏感性，受访者的反应也会因此有所不同。研究人员在设计问卷时，有时会预设某个话题具有敏感性，但实际情况可能与这种假设不一致。相反，某些表面上看起来不敏感的话题在实际调查过程中也可能被受访者视为敏感。例如，涉及违反社会规范的行为问题时，如果受访者未曾经历或参与过这些行为，他们可能不会认为这些问题敏感。即使有些受访者在这些问题上的回答是肯定的，也不一定会认为这些问题是敏感的，因为这取决于他们的个人认知或价值观。例如，一些人可能认为吸毒是一种可接受的、无害的个人选择，因此并不羞于承认。对他们来说，关于吸毒的问题可能并不敏感（Brenner，2020）。这一现象表明，调查问题的敏感性不能仅仅依赖于研究者的外部主观评估，而更应关注受访者自身的内部认知和理解。受访者如何看待某个话题的敏感性，往往受到其个人经历、文化背景、社会地位以及价值观的影响。例如，在一个高度保守的社会中，某些被认为违反道德规范的问题可能被大多数人视为敏感，而在一个更开放和包容的社会中，这些问题可能不会引起同样的反应。因此，为了准确评估调查问题的敏感性，研究人员应尽量了解受访者的文化背景和社会环境，并在调查设计中灵活调整问题的措辞和方式。此外，通过认知访谈、测试和预调查，研究人员可以收集受访者对敏感问题的反馈，从而在正式调查前对问卷进行适当的调整。这种方法不仅有助于减少敏感性导致的无响应或偏差，还能够提升数据的真实性和有效性。在不同文化研究中，尤其需要注意的是，研究人员不能简单地将某一文化背景下的敏感性预设直接应用于另一文化背景。相反，他们应通过深入的文化理解和互动，灵活应对不同文化群体中的敏感问题，确保调查工具和方法在各个文化背景下都能得到有效应用。

以往的研究主要从三个方面来降低敏感问题对调查质量的影响：调查模式（如是否有访问员存在）、调查环境（如地点、第三方的存在、访问员的特征、调查描述、匿名和保密措施的感知有效性）和问题措辞，其中问题措辞主要在问卷设计阶段进行调整。一些研究总结了在问卷设计阶段降低调查问题敏感性的策略（Andreenkova & Javeline，2018），包括修改响应类别或包含特殊介绍：（1）向受访者展示带有所有备选项的展示卡，并允许受访者通过数字或字母选择以避免陈述完整措辞；（2）使用广泛的类别选项而非精确地测量，如提供收入等级而不是具体收入数额；（3）对调查问题的目的进行说明，如解释该问题的重要性或用途，或提供额外的保密保证（如回答结果将以汇总形式用于统计目的）；（4）解释不同类型的行为或意见都是合理的，并且许多人也有类似的看法。

此外，研究还发展了专门针对敏感问题的设计方法，其中比较有代表性的方法是项目计数或列表实验（Corstange，2009; Blair，Imai，& Lyall，2014）。这些方法旨在减轻受访者在回答敏感问题时的压力和顾虑，从而提高数据的准确性和真实性。列表实验的基本原理是通过间接询问的方式来保证受访者的隐私，从而降低他们在回答敏感问题时的焦虑和不愿意回答的倾向。在列表实验中，受访者不会被要求直接回答敏感问题，而是仅提供他们在一个列表中同意的项目数量。这种设计确保了具体回答的绝对匿名性，使得研究者无法追踪到受访者对某个特定项目的态度或行为。例如，假设研究者希望测量受访者对某项民族政策的态度。在控制组中，受访者会看到一个包含三个项目的列表，这些项目可能包括税收、环境监管、社会救助等。受访者只需要报告他们同意的项目数量，而无须具体指出他们同意的项目是哪些。在实验组中，受访者会看到一个包含三个相同项目的列表，但增加了一个焦点项目，即对该民族政策的态度问题。通过对比控制组和实验组的平均响应差异，研究者可以间接测量受访者对焦点项目的态度。

列表实验的优点在于，它有效地保护了受访者的隐私，减少了社会期望效应的影响，因为受访者知道他们的具体回答无法被直接追踪到。因此，他们可能会更加诚实地表达对敏感问题的真实态度（Blair et al.，2014）。这种方法在涉及政治态度、社会偏见或其他敏感主题的研究中特别有用。然而，列表实验也有一些限制。首先，它依赖于统计方法来估计总体趋势，而无法提供每个受访者的具体态度信息。其次，如果设计不当，列表中的项目可能会导致混淆，受访者可能无法准确理解或执行实验任务。此外，列表实验的有效性还依赖于受访者对实验设计的理解和执行，这在文化背景差异较大的情况下可能会面临挑战（Corstange，2009）。总的来说，列表实验提供了一种有效的工具，帮助研究者在调查敏感问题时减少受访者的心理负担和降低无响应率，从而获取更为可靠的数据。未来的研究可以继续优化这种方法，以应对不同文化和情境下的敏感问题，进一步拓宽和提升其应用广度和准确性。

间接提问法是一种通过询问受访者关于朋友、熟人或其他人行为的看法，而不是直接询问受访者个人行为、习惯或态度进行调查的方法（Sirken，1970）。这种方法可以被视为一种投射性提问，即询问受访者他们认为大多数人会如何回答某个问题或对某个问题持何种看法（Ostapczuk & Musch，2011a）。例如，研究者可能会问："你认为其他人对某项政策有什么看法？"这种方法的设计旨在减少受访者对敏感问题的防卫心理，因为受访者可能会觉得他们不是在暴露自己的观点或行为，而是仅仅在表达对他人行为或社会现象的看法。

间接提问法的一个主要优点是，它可以有效地降低受访者在回答敏感问题时的压力和社会期望效应，从而获取更真实的回答。对于涉及社会规范、政治态度或道德判断等内容的敏感问题，这种方法特别有用，因为它为受访者提供了一个间接表达观点的途径，不会使他们感到自己被审视或评判。然而，这种方法也有其局限性。首先，由于受访者被要求推测或描述他人的行为和态度，他们的回答可能并不准确。受访者的推测往往会受个人偏见的影响，这可能导致研究结果高估社会中存在的歧视和负面情绪。例如，受访者可能倾向于将他们自己的态度投射到"其他人"身上，从而产生偏差。其次，如果研究的目的是深入了解受访者的个人观点，而不是社会规范或集体态度，间接提问法可能不适用，因为它无法准确反映受访者的个人信念和行为（Manago，2020）。因此，间接提问法在特定研究背景下可能是有价值的，特别是当研究者关注的是社会规范或集体态度时。然而，当研究的重点是个体的真实想法和行为时，研究者应谨慎使用这种方法，并考虑结合其他直接提问法来更全面地捕捉受访者的个人观点。

3.4　减少认知负担

在问卷设计中，受访者的认知负担是一个关键的考虑因素。回答调查问题涉及一系列复杂的信息处理过程，这些过程通常需要反复进行（Tourangeau & Rasinski，1988）。如图3-2所示，受访者的问题回答过程通常可以分为四个阶段：理解问题、检索信息、形成判断和报告答案。

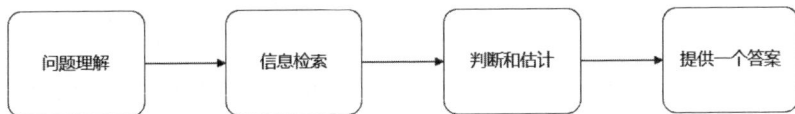

图3-2　受访者问题回答过程

在第一个阶段，受访者需要理解问题。这一过程的关键在于定位与问题相关的认知结构。简单来说，受访者必须首先弄清楚问题在问什么，并将问题与他们已有的知识、经验或态度联系起来。如果问题形式简单且内容是受访者熟悉的事物或态度，仅仅看到问题就足以激活相关的认知结构。在这种情况下，受访者的响应过程可能是自动的，因为他们能够立即找到与问题相关的记忆或信念。然而，有时定位相关认知结构并不容易，尤其是对于不熟悉的问题。在这些情况下，受访者的大脑中没有特定的结构被激活，他们必须进入第二个阶段，即在大脑中搜索相关的信息。

第二个阶段涉及受访者在头脑中检索与问题相关的信息。在特定情况下，受访者选择检索哪些信息取决于调查问题的具体要求以及他们已有的观念。由于受访者不太可能检索出他们对某个问题的所有信息或观念，这一阶段实际上可以被视为一种"抽样"过程：受访者从自己所有的信息或观念中抽取最容易获得的部分。这意味着受访者对问题的理解和反应可能会受到他们首先检索到的信息的影响，而未能检索到的信息则可能被忽略。

第三个阶段是受访者根据检索到的信息进行判断的过程。有时，这个过程相对简单，不需要受访者做出复杂的判断。例如，如果受访者已经对某个问题形成了明确的判断，他们的回答可能只是直接检索这一判断并表述出来（Tourangeau & Rasinski，1988）。但是，在大多数情况下，调查问题并不直接映射到受访者现有的观念或评估上，因此需要一个更为复杂的过程，将检索到的信息整合起来形成一个判断（Anderson，1981）。这一阶段的复杂性取决于问题的性质以及受访者的认知负担：当信息不明确或矛盾时，受访者可能需要更多的认知资源来形成一个一致的判断。

第四个阶段是受访者报告他们的答案。大多数调查问题要求受访者从预先设定的备选项中选择一个回答。然而，如果备选项设计得不合理，受访者可能需要花费更多的认知来努力将自己的判断映射到其中一个备选项上。这不仅增加了受访者的认知负担，还可能影响回答的准确性。例如，如果备选项之间的差异不明显或无法涵盖受访者的真实想法，受访者可能会感到困惑，进而导致他们选择一个并不完全符合其真实判断的选项。

可以看到，受访者在回答调查问题时，通常需要经历四个认知阶段，并投入不同程度的认知努力。部分受访者愿意付出精力来优化他们的回答，这可能出于多种动机，如自我表达、智力挑战、自我理解、利他主义、情绪宣泄，或帮助政府决策等。然而，对于另一些受访者而言，调查访谈是一个付出与回报不对等的过程。他们在付出大量认知努力和时间成本后，却得到很少的回报。即使在开始阶段动机较强的受访者，随着访谈的进行，也可能因为疲劳、失去兴趣或分心，导致回答调查问题的认知成本逐渐增加。这时，访问员仍期望受访者能够提供高质量的回答。在这种情况下，许多受访者可能会改变应对策略，不再愿意投入必要的认知努力来为每一个问题提供最佳答案。为了减少认知负担，他们可能会降低回答标准（Krosnick，1991）。

在回答调查问题的过程中，受访者通常会经历理解问题、检索相关信息、做出判断和选择回答这四个阶段。然而，随着访谈的深入，受访者可能会因为疲劳感增加或认知负担加重，而逐渐减少在这些步骤上的努力，转而采用一些简化的应对策略。其中一种简化策略是"较弱满意即可策略"（Weak Satisficing）。在这种策略下，受访者不再追求最优答案，而是满足于一个似乎可以接受的答案。他们可能会表面上理解问题，进行一些基本的信息检索和判断，但并不深入探讨或反思问题的复杂性。较弱满意即可策略往往发生在受访者感到认知负担较大，但仍然试图提供合理答案的情况下。他们通过这种方式减少了认知投入，尽量保持对问题的响应质量，但实际答案可能未必反映他们的真实态度或行为。

随着访谈的进一步深入，受访者的疲劳感可能继续增加，认知负担也进一步加重。在这种情况下，受访者可能会采取一种更加极端的策略，即"较强满意即可策略"（Strong Satisficing）。在这种策略下，受访者可能会完全忽略信息检索和判断步骤，仅仅表面理解每个问题，并选择一个看似合理的答案。这种情况下，受访者的回答通常缺乏深思熟虑，更多是基于直觉或简单的推测，而不是经过认真考虑或分析。较强满意即可策略通常出现在受访者对调查感到厌倦或不耐烦时，他们可能只想尽快完成问卷，而不再关心回答的准确性或合理性。此时，受访者可能只是选择第一个看起来合适的选项，或者在多个选项中随机选择一个。他们可能在回答过程中表现出一致的模式，如重复选择相同的选项，或者选择中间选项，这些行为表明受访者已经不再投入足够的认知资源来认真作答。

这两种满意即可策略对调查数据的质量有着重要影响。较弱满意即可策略可能导致回答的表面化和偏差，而较强满意即可策略则可能严重影响数据的有效性，甚至导致数据失真。因此，在问卷设计和访谈实施过程中，研究人员需要采取措施来减少受访者的认知负担，并保持他们的参与度。例如，通过合理安排问题的顺序、控制问卷的长度、使用清晰简洁的语言、提供适当的休息时间等，研究者可以帮助受访者保持高水平的认知参与，从而提高数据的质量和可靠性。

文化因素在这些认知阶段中起着至关重要的作用。不同文化背景下的受访者在理解、检索和判断过程中可能面临独特的挑战。例如，某些文化中的特定概念可能并不常见或具有不同的含义，这会增加受访者理解问题的难度。此外，文化背景还会影响受访者的信息检索和判断过程。例如，在集体主义文化中，个体可能更倾向于基于社会规范或群体期望来做出判断，而非基于个人的真实感受或观点，这与个人主义文化中的信息检索方式形成鲜明对比。问卷设计者应充分考虑这些文化差异，以减轻受访者的认知负担。减轻认知负担的一种方法是使用具体而非抽象的术语，将复杂的问题分解为更简单的问题，并为某些概念提供行为说明。例如，"慢性"健康状况可以解释为在过去12个月内因同一问题看过两到三次医生。同时，避免使用模糊词语，如"可能"或"也许"。研究表明，即使在受教育程度较高的年轻人中，抽象问题的难度仍然显著增加了理解的复杂性（Holbrook, Cho, & Johnson，2006）。

在多文化背景下，问卷的翻译和文化适应性至关重要。翻译不仅仅是词汇的转换，更是对语言中所包含的文化内涵、社会规范以及表达方式的全面理解和传达。如果翻译未能准确捕捉文化中的微妙差异，受访者可能无法正确理解问题，从而导致回答偏差的增加，影响数据的准确性和可靠性。因此，问卷的语言和文化适应性必须与减轻受访者认知负担的努力相结合，以确保调查的准确性和可行性。在多文化背景下，问卷翻译不仅需要对语言进行字面上的转换，还必须考虑文化中的社会习俗、信仰、价值观和社会期望。这意味着翻译人员不仅要具备双语能力，还需要深刻理解目标文化，以确保翻译后的问卷能够被受访者正确理解。例如，在某些文化中，直接询问个人收入可能被视为不礼貌或冒犯，因此翻译时需要调整问卷措辞，使其更加符合当地的礼仪规范。此外，文化适应性还涉及对问题设计的调整。某些概念或问题在一种文化中可能是常见和易懂的，但在另一种文化中可能完全不适用或容易引发误解。例如，关于"家庭"的问题在不同文化中可能有不同的定义和理解。因此，在设计问卷时，研究者必须确保问题的结构和内容在目标文化中同样具有意义和可理解性。通过认知访谈、测试和反复修订，研究者可以识别出可能导致误解的地方，并进行适当的调整。

文化适应性的另一个关键目标是减轻受访者的认知负担。受访者在回答调查问题时，需要理解问题、检索信息、做出判断并选择答案。这些过程中的任何一步如果因为语言或文化不适应而增加了难度，都可能导致受访者感到困惑，甚至导致不准确的回答。因此，问卷的翻译和文化适应性必须考虑如何通过简化语言、明确问题结构、提供适当的背景信息等方式，减轻受访者的认知负担。这样不仅能提高回答的准确性，还能确保受访者在整个调查过程中保持高水平的参与度和信心。为了确保问卷在多文化背景下的准确性和可行性，研究者应采取综合策略。首先，在翻译问卷时，应该采用双向翻译和回译的方法，以确保原始问卷的意图和含义在翻译后得以保留。其次，在翻译完成后，应通过认知访谈和小范围的测试，收集受访者对问卷的反馈，识别可能的文化误解或认知负担过重的问题。最后，问卷设计者应根据这些反馈进行必要的调整，确保问卷在不同文化背景下的适应性，同时保持其测量目标的一致性。总之，问卷的语言和文化适应性与减轻认知负担的努力相结合，可以有效地提高调查的准确性和可行性。

此外，问卷的长度也是影响受访者认知负担的重要因素。较长的问卷可能会被受访者视为成本较高，从而影响他们的参与意愿。问卷长度对受访者的响应率有显著的负面影响。较长的完成时间往往导致更高的未响应率（Crawford，Couper，& Lamias，2001）。研究表明，当受访者被告知问卷将持续10分钟而非30分钟时，参与调查的受访者比例从65%上升至75%。即使那些同意参加较长问卷的受访者，他们可能有更强的动机，但最终承受的负担也可能比参与较短问卷的受访者更大（Galesic，2006），这使得他们坚持到问卷结束的可能性较小。特别是在多文化调查中，受访者的文化背景可能会影响他们对问卷长度的耐受度和回应策略。因此，问卷设计者在安排问题时应格外谨慎，尤其要避免将开放式问题或复杂的问题放在问卷的后半部分，以减少因文化差异和认知负担带来的负面影响。

不仅问卷的长度，问题的长度和复杂性也是影响受访者认知负担的关键因素。使用过多的词汇或复杂的句式可能会妨碍受访者对信息的理解，增加认知负担，并降低回答的质量。研究表明，较长问题的可靠性往往较低，而且问题的措辞复杂性对测量质量有负面影响（Alwin & Beattie，2016）。例如，在一项调查中，如果问题设计为"在过去的12个月内，由于慢性健康状况导致的工作或学习缺勤天数是多少？"这个问题可能会让受访者感到困惑，尤其是当他们不熟悉"慢性健康状况"这一术语，或者不清楚"缺勤"的具体定义时。受访者可能会花费时间去思考自己是否符合"慢性健康状况"的标准，以及哪些天数应该被算作"缺勤"。这种复杂的问题不仅增加了认知负担，还可能导致数据的不一致性和回答偏差。为了减轻这种认知负担，问卷设计者可以将问题拆分为更简单的部分，并提供明确的定义。例如，可以将上述问题改为："在过去的12个月内，你是否因健康问题而缺勤？"如果受访者回答"是"，则可以进一步询问："这些健康问题持续了多长时间？"以及"在这段时间内，你缺勤了多少天？"通过这种分解，受访者可以逐步理解问题的含义，并在每个阶段提供更为准确的信息。

　　在不同文化背景下设计问卷时，使用简单明了的措辞尤为重要。不同文化的语言习惯和表达方式可能大相径庭，复杂的句式在某些语言中更容易导致误解。例如，在某些语言中，双重否定的使用可能引发混淆。如果原问题设计为"你是否不同意以下陈述？"这种双重否定在翻译后可能变得更加难以理解，导致受访者误解问题意图。相比之下，使用更为直接的表达方式，如"你是否同意以下陈述？"可以减少由于语言和文化差异而产生的理解偏差。因此，在设计面向不同文化背景的问卷时，保持问题的简洁明了，避免使用复杂的句式和术语，适应不同文化的语言习惯和表达方式，是减轻认知负担的重要策略。这不仅能够提高回答质量，还可以增强问卷在不同文化背景下的适用性和可比性。通过优化问卷设计，研究人员能够更好地获取高质量的数据，从而提升研究的整体可靠性和有效性。

3.5 问题顺序效应

在调查问卷中，题目顺序的微小变化可能会对受访者的回答产生较大的影响，这种现象被称为问题顺序效应，也被称为语境效应。通常，一个题目的语境是指在题目之前出现的调查题目或材料，如题目介绍或受访者已经完成的先前题目。这些先前完成的题目可能会影响受访者对后续题目的回答。研究表明，先前的态度题目可能会影响访者对后续态度题目的响应，这种影响主要通过以下几种方式发生：改变判断的对象或问题，改变构成判断的考虑因素和观念，改变做出判断时所使用的尺度、标准或规范，以及改变判断的报告方式（Tourangeau & Rasinski，1988）。例如，在关于堕胎的两个题目中，其中一个题目是"如果胎儿有严重缺陷的可能性很大，您是否支持孕妇选择堕胎？"另一个题目是"如果已婚且不想再要孩子，您是否支持孕妇选择堕胎？"（这个例子也可以用与少数民族调查相关的题目替换）。当问卷中同时包含这两个题目时，它们的先后顺序会影响受访者的回答。研究发现，当"出生缺陷"题目先出现时，会减少受访者对已婚妇女选择堕胎的支持率（Schuman，Presser，& Ludwig，1981）。这一现象表明，问卷设计者在安排题目顺序时需要特别注意，因为题目顺序的变化不仅可能改变受访者的回答，还可能影响研究结果的可靠性和有效性。了解并管理这些语境效应，有助于减少潜在的偏差，从而获得更加准确和一致的数据。

此外，受访者在回答一个特定问题后，可能会影响他们对随后一般性问题的回答（Schuman et al.，1981）。例如，在问卷中，如果先问受访者有关婚姻满意度的问题，再问他们关于总体生活满意度的问题，前者可能会对后者产生影响。然而，这种影响的程度和方向在不同研究中存在不同的结论。有研究发现，如果受访者在之前报告了较高的婚姻满意度，他们可能不会报告较高的总体生活满意度，即两者之间的关联程度较低，这种现象被称为部分-整体对冲效应（Part-Whole Contrast Effect）。然而，也有研究得出相反的结论，即如果受访者在之前报告了较高的婚姻满意度，他们在随后更有可能报告较高的总体生活满意度，这表明两者之间的关联程度较高，这种现象被称为部分-整体同化效应（Part-Whole Assimilation Effect）（Schwarz，Strack，& Mai，1991）。

对于部分-整体同化效应，一些研究从认知可接近性理论（Cognitive Accessibility）进行了解释（Strack & Martin，1987）。根据该理论，人们在做出判断之前不可能检索所有可能影响判断的信息。一旦他们的大脑中有足够的信息，就会形成一个具有足够主观确定性的判断。因此，人们往往基于记忆中最容易获得的信息做出判断，而这些信息通常是最近使用的。因此，当受访者回答总体生活满意度问题时，他们可能不会检索生活的各个方面来进行整体判断，而是更有可能利用关于婚姻满意度的信息来评估总体生活满意度，因为这些信息用于回答了前面的问题，在记忆中更容易获得（Schwarz et al.，1991）。这现象表明，问卷设计者在设计和安排题目顺序时，需谨慎考虑题目间的相互影响，以减少由题目顺序导致的偏差，从而提高数据的准确性和研究的整体可靠性。

然而，个人并不总是依赖记忆中容易获取的信息。在某些情况下，受访者对调查问题的回答可能遵循日常对话规范，而这种规范可能会阻碍他们使用容易获得的信息。日常对话规范之一是要求说话者提供新的信息，而不是重复已经提供的信息（Haviland & Clark，1974）。如果受访者将这种对话规范应用到调查访谈中，他们可能会认为每个问题都在请求新的信息。因此，刚刚报告了自己婚姻满意度的受访者，可能会认为后面的关于总体生活满意度的问题是要求他们提供除了婚姻之外的生活其他方面的信息。如果受访者抱有这种想法，那么在回答总体生活满意度问题时，他们可能会忽略婚姻方面的信息，尽管这些信息在记忆中容易获得。他们可能会以其他生活领域的信息作为判断的基础。这种心理机制为对冲效应观点提供了支持，而非同化效应观点。这说明，除了认知可接近性理论，日常对话规范也可能在调查访谈中发挥重要作用，影响受访者处理和回应问题。因此，问卷设计者在设计题目时需要考虑这些潜在的对话规范，以理解和预测题目顺序对回答的影响。了解这些机制有助于解释不同研究中得出不同结果的原因，并为设计更有效的问卷提供指导。

后来的一些研究发现，问题顺序产生的效应还与其他一些因素相关。当两个问题被几个其他问题分隔开时，回答一个特定问题往往会对随后的一般性问题产生同化效应；但如果两个问题相邻出现，则更容易产生对冲效应（Ottati，Riggle，Wyer，Schwarz，& Kuklinski，1989）。此外，特定问题的数量也会影响问题顺序效应的表现形式。如果在前面只提出一个特定问题，往往会产生对冲效应；而如果在回答一般性问题之前提出了多个特定问题，则可能会产生同化效应（Schwarz et al.，1991）。例如，在提出一个总体生活满意度问题之前，如果受访者被要求报告他们的婚姻满意度、工作满意度和休闲时间满意度等多个生活领域的信息，他们可能会将随后提出的总体生活满意度问题视为对之前回答的总结或概括。在一系列相关想法的结尾进行"总结"是符合对话规范的，并不会违反信息冗余的规范。因此，如果受访者将一般性问题理解为要求他们做出整体判断，那么在做出这种判断时参考先前回答特定问题的信息就显得合情合理，由此产生同化效应；如果前面只有一个特定的问题，受访者可能会将后面的一般性问题理解为对新信息的请求，即"除了前面已经告诉我们的……"在这种情况下，受访者倾向于避免重复前面的信息，从而更可能产生对冲效应。这些发现表明，问题顺序效应的产生不仅取决于问题的内容，还受到问题之间的间隔、特定问题的数量等多重因素的影响。理解这些因素的互动对设计更具预测性和解释力的问卷至关重要。通过精心设计问题顺序和结构，研究人员可以更好地控制受访者回答中的潜在偏差，从而提高数据的可靠性和有效性。

以往研究也表明，问题顺序在不同文化背景群体中产生的效应可能是不同的。具有集体主义文化取向的人对语境信息的敏感度要高于具有个人主义文化取向的人（Harkness et al.，2003）。对语境信息的敏感度差异会导致对同一个问题的不同解释，从而产生不同的问题排序效应。来自集体主义文化群体的受访者在回答后一个调查问题时更容易受前一个调查问题的影响。比如，询问来自不同国家的学生有关学业满意度和总体生活满意度的两个问题。与来自德国的学生相比，来自中国的学生更容易受两个问题顺序的影响。如果两个问题的顺序从总体生活满意度到学业满意度改变为从学业满意度到总体生活满意度，两个问题的相关系数会从0.50下降到0.36，这说明来自中国的学生认识到了冗余问题[①]。在回答了学业满意度问题之后，再回答总体生活满意度问题时就会忽略学业满意度信息而考虑生活的其他方面，从而导致两个问题的相关系数下降（Haberstroh，Oyserman，Schwarz，Kühnen，& Ji，2002）。由此可见，即使字面意思完全相同，不同文化取向的群体的语用推理过程也是不同的，这导致对问题的理解出现差

①所谓冗余问题（Redundancy）就是两个包含重叠信息的问题。在日常对话实践中，一般要求说话者提供对接受者来说是新的信息，而不是重复接受者已经拥有的信息，即非冗余问题。

异，由此产生的研究结论也可能是不准确的。

考虑到问题顺序的重要性，在设计问卷时需要特别注意题目顺序对不同文化背景受访者的回答可能产生的影响。为了帮助受访者更好地回忆特定事件，可以先设计一些热身问题，以提高信息检索过程的有效性，从而减少漏报的数量。此外，一般性问题应优先于具体问题，因为研究表明，具体问题可能会影响受访者对一般性问题的反应，而反之则不然。最后，人口统计学问题应安排在问卷末尾（Converse & Presser，1986），以免在问卷开始时由于失去匿名感而对受访者的回答产生负面影响。如果这些问题在问卷开始时被问及，可能会导致在受访者对后续问题的回答准备方面产生消极影响。正如 3.3 节所讨论的，在设计问卷时，还需要考虑题目顺序对敏感题目响应的影响。在调查开始阶段，访问员和受访者之间尚未建立起稳固的信任关系，因此不宜在问卷开头就提问社会敏感性较高的问题。将这些问题置于问卷的后半部分，可以在确保建立一定的信任基础后，再进行敏感信息的收集，从而提高回答的真实性和准确性。总之，在不同文化背景下设计问卷时，合理安排题目顺序，不仅能够帮助受访者更准确地回忆和回答问题，还可以减少由于文化差异或敏感性问题导致的回答偏差，进而提升调查的有效性和可靠性。

3.6 认知访谈

对调查问卷进行测试的方法有多种形式，其中使用最广泛的是认知访谈（Cognitive Iinterviewing）。认知访谈的主要目的是评估调查问题是否按照研究人员的意图传达给受访者。这是一种定性方法，旨在探究受访者如何理解并回应调查问题，特别是他们在形成答案时所经历的过程和考虑的因素（Beatty & Willis，2007）。尽管认知访谈有多种形式，但最常见的形式是深度访谈。根据理论定义和调查目的，研究人员会选择与调查问题或特定人群相关的小样本进行认知访谈。例如，如果问卷是针对不同文化背景的社会群体，就需要选择特定的文化或语言群体作为认知访谈的对象。认知访谈产生的资料通常由大量的文本叙述组成，详细描述了受访者在回答问题时的感受和看法，以及他们是如何考虑和权衡以得出某个答案的。通过这些资料，研究人员可以了解问卷问题是如何被受访者理解和执行的，并识别出可能导致响应误差的潜在问题。总体而言，认知访谈为问卷设计者提供了宝贵的见解，帮助他们改进问卷设计，确保问题能被受访者准确理解，从而提高数据的可靠性和有效性。

通过认知访谈，研究人员能够识别出调查问题的效度问题，并为问题的修改提供建议。认知访谈有助于判断或验证调查问题所测量的构造是否准确，方法是通过识别受访者在回答问题时所考虑的经验现象来进行评估（Miller，2018）。例如，在一项社会调查中，当受访者被问及"您的孩子听力有困难吗？"时，他们可能会从两个方面进行考虑：（1）他们的孩子是否有听力障碍；（2）他们的孩子是否愿意倾听，特别是在被要求完成任务时是否遵循指令（Massey，Chcpp，Zablotsky，& Creamer，2014）。尽管大多数受访者会在残疾的背景下理解这个问题，并且只考虑孩子的听觉能力，但有些受访者可能将这个问题解释为与孩子的倾听能力有关。这种不同的解读可能会导致调查问题在构造效度上出现问题，进而需要对原问题的措辞进行修改。为了消除受访者对问题的第二种解释，该调查问题被改写为"您的孩子在听人声或音乐等声音时是否有困难？"这样，问题的措辞更加明确，减少了误解的可能性，从而提高了调查问题的构造效度。通过认知访谈，研究人员不仅可以识别并纠正潜在的误解，还能够改进问卷设计，以确保问题更加清晰、准确，从而有效地测量目标构造。

在不同文化背景下，将来自不同文化群体的认知访谈结果进行比较，有助于评估这些群体对调查问题的理解是否存在不同的解释，对某些问题的敏感程度是否存在差异，问题的措辞是否恰当，备选项的使用是否一致，以及语言表达上的自然差异。这种比较能够确保调查数据的可比性。关键在于，不仅要识别出具有不同解释的文化群体，还要理解产生这些差异的原因。如果无法了解某些受访者对问题的不同解释背后的原因，就很难确定如何解决数据的可比性问题（Miller，2018）。由于社会文化或经济差异，不同文化背景下的群体在面对的社会现实条件或经验上可能存在显著差异，这些差异会导致他们对相同问题做出不同的解释。例如，与生活在大城市并拥有充足医疗保险的受访者相比，那些生活在贫困地区且几乎无法获得足够医疗保险的受访者，更有可能不准确报告自己患有慢性疾病（如慢性阻塞性肺病或肺气肿），因为他们可能从未被诊断出或不熟悉相关医学术语。

为了说明社会背景如何影响问题的解释和数据的可比性，有研究以问卷问题"您的孩子在学校使用饮用水设施吗？"为例，在美国、牙买加和印度三个国家进行了认知访谈（Willis & Miller，2011）。认知访谈结果显示，受访者对这个问题的理解存在三种不同的方式：第一种，来自印度和牙买加的大多数受访者将这个问题理解为询问学校的水质情况，因为这些国家的许多地区水质较差，需要过滤才能饮用。第二种，来自美国的一些受访者认为这个问题是在询问他们的孩子在学校的喝水习惯，他们通常认为学校的水是安全的，无须担忧。第三种，一些孩子有严重残疾的受访者将问题理解为询问学校是否提供无障碍饮水设施，特别是他们的孩子是否能够使用这些设施。由此可见，在不同文化背景下，要使调查问题具有等效性，就有必要深入了解来自不同文化背景和生活经历的受访者如何以及为什么以不同方式理解和回答问题。通过这种理解，研究人员可以更好地设计出具有文化可比性的问卷，确保调查结果的有效性和准确性。

3.7 民族地区调查问卷设计

"少数民族地区综合社会调查数据库建设关键问题研究"项目借鉴了中国综合社会调查（CGSS）和中国家庭追踪调查（CFPS）的问卷设计思路，设计多层次的调查问卷，用于对个体、家庭和社区三个层次的数据收集。村（居）问卷主要用来考察社区的基本情况，受访者一般为社区干部或者是对社区比较了解的人，具体内容如表3-1所示。

表3-1 云南省民族地区综合社会调查村（居）问卷的主要内容

模块	内容
社区基本信息	社区类型，是否包含自然村，自然村的家庭户数，自然村的人口数，自然村人口最多的民族，自然村到村委会的距离
社区基础设施	社区设施拥有情况，社区饮用水情况，社区燃料使用情况，是否有公厕，是否通电，电视信号情况，宽带接入情况，手机信号情况，公共汽车情况，小学情况
社区人口结构	家庭户数，总人口数，户籍人口数，外出务工情况，留守儿童情况，老年人口比例，少数民族人口比例，人口最多的少数民族

文化敏感的社会调查：理论与实践

续表

模块	内容
社区民生保障	是否贫困村，贫困家庭数，精准扶贫情况，是否实施低保，低保家庭户数量，每月的低保金，是否给老年人发放补贴，老人每月领取的补贴金，是否实施新农合，新农合缴费情况，参加新农合的比例，居民看病负担情况，是否有失业保险，每月失业保险金
社区行政管理	村（居）委会办公条件，村（居）委会成员数量，村（居）委会办公面积，最近一次选举的年份，参加投票选民比例，村（居）委会候选人产生方式，发布信息的途径，辖区内社会组织情况，社区治安状况，社区居民关系如何，社区居民信教情况，社区干部威望情况，有没有人在本地有威望，在社区拥有威望的条件
社区环境	是否有环境污染问题，环境污染是否严重，本地生态环境变化情况，地方政府的环境保护情况，环保项目实施情况，自然灾害和突发事件
访员观察	经济状况，马路整洁程度，生活环境情况，房屋拥挤程度

家庭问卷首先是关于受访家庭中所有成员的基本情况，包括人口统计学特征、教育背景、职业背景和健康状况等；其次包括家庭的日常生活、住房情况和经济状况，尤其是家庭经济状况部分包括了较多有关家庭贫困和扶贫的问题，这也是本次调查的一个特色。关于家庭问卷的主要内容，如表3-2所示。家庭问卷的回答者一般是家庭中的某个成年人。

表3-2　云南省民族地区综合社会调查家庭问卷的主要内容

模块	内容
住户过滤	是否属于居民住宅，该地址住了几户人，该家庭在本地居住是否超过了6个月
家庭成员过滤	是否属于家庭成员，年龄，家庭总人口数，每个家庭成员的年龄，家庭中的成年人是否在家

续表

模块	内容
家庭成员	与家庭问卷回答者的关系，性别，年龄，出生年份，婚姻状况，目前是否上学，在什么学校上学，学校到家的距离，最高学历，身体健康状况，是否有残疾，是否有慢性病，是否有大病，是否能够自理，户口类型，最近一个月就业状态，工作类型，民族身份
家庭日常生活	家庭用水情况，家庭用燃料情况，家庭的垃圾处理情况
家庭住房情况	房子产权情况，现住房面积，住房结构，住房价值，房子数量，房子总面积，房子总价值，是否存在住房困难
家庭经济状况	家庭年总收入，家庭收入来源，自评家庭收入等级，家庭汽车拥有情况，家庭拥有耐用消费品情况，家庭年消费支出情况，去年最大的一笔支出，家庭借贷情况，家庭是否被认定为贫困户，家庭是否被认定为低保户，家庭是否被认定为五保户，家庭贫困的原因，家庭享受政府救助的情况，家庭接受政府帮扶的情况，对政府救助的评价，对政府帮扶项目的评价，家庭是否从社会组织得到过救助，家庭是否面临困难，家庭能否在短期内脱贫

如表3-3所示，成年人问卷包括了11个部分，分别是个人基本情况、宗教信仰情况、父母及童年情况、健康及医疗状况、语言使用情况、生活方式、社会态度、社会关系、职业和收入、国家认同和民族认同、环境意识和环境行为等。成年人问卷一方面包括了国内外综合社会调查项目中的常设问题，同时也根据民族地区的特殊情况设计了一些相关的问题，包括语言使用、民族认同和国家认同等方面的问题，也包括了比较多的环境和生态方面的问题。

表3-3　云南省民族地区综合社会调查成年人问卷的主要内容

模块	内容
基本情况	性别，年龄，出生年份，学历，婚姻状况，政治面貌，民族身份
宗教信仰	是否信教，最近半年参加宗教活动情况，最近一个月参加宗教活动情况，最近一周参加宗教活动情况
父母及童年情况	父亲出生年份，母亲出生年份，父亲最高学历，母亲最高学历，父亲政治面貌，母亲政治面貌，父亲民族身份，母亲民族身份，14岁时父亲就业情况，14岁时母亲就业情况，14岁时父亲主要工作，14岁时母亲主要工作，14岁时父亲单位类型，14岁时母亲单位类型，14岁时父亲健康状况，14岁时母亲健康状况，14岁时居住地
健康与医疗	自评健康状况，身高，体重，过去两周身体不适情况；过去半年是否患病，患病的名称，慢性病的严重程度；过去一个月是否看门诊，门诊的等级，门诊费用，自负门诊费用，门诊费用是否超出支付能力；过去一年是否住院，住院次数，住院费用，自负住院费用，住院费用是否超出支付能力；精神状况情况
语言使用	听普通话的能力，说普通话的能力，听本民族语言的能力，说本民族语言的能力，与家人交谈使用的语言，社交场合使用语言情况，工作或办事时使用语言情况
生活方式	过去一个月从事的活动，休闲活动情况，与邻居的交往情况，与朋友的交往情况，吸烟情况，喝酒情况
社会态度	对社会群体的可信度，对社会公平的态度，社会满意度，生活幸福度，生育意愿，自评阶层地位，对社会群体冲突的看法，对受益群体的认识，对精准扶贫的评价，对民族身份的态度
社会关系	朋友的数量，述说心事的人员数量，讨论重要问题的人员数量，可以借钱的人员数量，与本地居民的熟悉程度，借钱情况，找人帮忙情况，遇到问题是否得到帮助

续表

模块	内容
职业和收入	最近一个月就业状态，主要工作，工作的单位类型，年总收入，收入来源情况，收入合理性评价，每个月的花费情况，消费支出情况
民族与国家	民族认同情况，国家认同情况，生活中最重要的节日，对民族身份重要性的判断，是否愿意与其他民族的人交往，对结婚对象的民族身份要求，对民族政策的了解程度，对民族政策的评价
环境意识和环境行为	对环境问题的关注情况，本地是否有环境问题，环境问题是否严重，本地生态环境的变化情况，对解决环境问题方法的了解情况，环境保护行为情况，是否采取行动应对环境危害，家庭周边环境情况，环境意识情况，应对突发事件的情况

　　根据本项目的研究目标，为了在民族地区进行科学的、有效的综合社会调查，充分考虑民族地区的多民族多文化背景，在问卷设计时非常重视文化因素在其中的重要作用。由于本项目的出发点就是把应用于全国的综合社会调查推广到民族地区并以云南民族地区和宁夏地区为试点，本项目在问卷设计时选择了改编策略和新开发并行的模式。CGSS和CFPS问卷已经在中国大部分地区实地实施了多年，其收集的数据广泛应用于社会科学研究，其效度和信度也得到了广泛的检验。对于一些普遍性较强的问题，比如家庭结构、家庭生活、个体背景等问题，本研究采纳CGSS和CFPS的设计方法并进行了必要的修改。

　　在家庭结构和家庭关系测量方面，本项目就借鉴了CGSS的方法，如图3-3所示。这种设计形式以具体受访者为核心延展出家庭关系，最多只能掌握受访者与部分未受访家庭成员的关系，无法获知未受访成员之间的关系，也无法获得跨代或多代研究所需的家庭关系（谢宇，胡婧炜，& 张春泥，2014）。为此，CFPS创造性地采用了一套T

文化敏感的社会调查：理论与实践

表系统来采集家庭关系与家庭成员信息的方法。虽然这样一种设计方式能够获得一个完整、精确的家庭结构网络信息，但是也可能给受访者带来较大的负担。许多已经发表的研究表明，在研究中实际使用的家庭背景信息变量的数量要少得多。如果不是专门进行家庭结构和家庭关系研究，图3-3获得的信息量对于一般性的社会研究而言足够了。

家庭成员代码	家庭成员称呼（与被访者关系）	请问他们与您的关系？（对应关系和序号见右）	请问这些家庭成员之间的关系是？（"行"是"列"的什么人？）															性别 1.男 2.女	年龄 （周岁） 0~120	目前是否与您同吃同住？ 1.住在一起 2.否 99.无法回答	经济上是否与您独立？ 1.是 2.否 99.无法回答	婚姻状况 1.未婚 2.已婚 3.离婚 4.丧偶 99.无法回答	家庭成员代码
			01 配偶 02 子女 03 父母 04 配偶的父母 05 兄弟姐妹 06 女婿/儿媳 07 祖父母/外祖父母 08 曾祖父母/曾外祖父母 09 孙子（女）/外孙子（女） 10 曾孙子（女）/曾外孙子（女） 11 配偶的兄弟姐妹							12 兄弟姐妹的配偶 13 配偶的兄弟姐妹的配偶 14 侄子/侄女（兄弟的子女） 15 外甥/外甥女（姐妹的子女） 16 姑妈（父亲的姐妹） 17 姨妈（母亲的姐妹） 18 伯父/叔叔（父亲的兄弟） 19 舅舅（母亲的兄弟） 20 其他亲属 21 配偶的其他亲属 22 其他非亲属										
1			1													1					1
2																2					2
3		3														3					3
4			4													4					4
5				5												5					5
6					6											6					6
7						7										7					7
8							8									8					8
9								9								9					9
10									10							10					10
11										11						11					11
12											12					12					12
13												13				13					13
14																14					14

图3-3　CGSS的家庭关系问卷设计

　　考虑到几乎在所有的调查问卷中都包含一些社会人口学背景题目，比如性别、出生日期、婚姻状况等，本项目的问卷设计也不例外，但是在设计这些题目时充分考虑文化适应性问题。这些题目的目的往往是为了收集受访者的一些背景或者事实信息，与态度问题相比，虽然这种类型的问题相对比较简单，但是仍然需要仔细地设计以减少调查误差。比如，年龄背景信息看起来非常容易收集，这通常通过询问一个人的出生日期来进行测量。在一些文化背景下，直接询问受访者的年龄信息可能存在不一致的情况。比如，在中国文化背景下，人们通常所说的年龄可能是根据公历出生日期计算的，也可能是根据农历出生日期计算的。另外，年龄是一个可变信息，而出生日期是一个固定信息。一般而言，人们记住一个固定信息要比记住一个变化的信息更为容易。在家庭成员信息调查中，如果询问一个大家庭中的母亲所有孩子的年龄，这可能是一个有一定挑战性的任务，因为大家庭中的母亲往往只记得孩子的出生年份（属相）或者一个孩子相对于其他孩子的年龄。为此，本项目在年龄测量上采用了交叉验证的方式，同时收集出生年份、属相和年龄信息。

　　本项目调查问卷对个人职业背景进行调查时，首先要考虑的就是等效性问题。在不同的国家或地区，职业类型存在较大差异。如果要对不同地区或文化群体的职业类型进行比较研究，就需要对职业的内涵进行仔细考察以设计具有可比性的问卷题目。为了便于比较，国际劳工组织在1990年发布了国际标准职业分类（International Standard Classification of Occupation，简称ISCO-88）[1]，其主要分类标准是以职业所需的技能为基础。后来，甘泽布姆（Ganzeboom）等人以这套国际标准职业分类为基础，采用从最不发达到最发达的16个国家的31套数据，提出了一套国际标准职业社会经济地位测量指标（International Socio-Economic Index，简称ISEI）。ISEI是基于职业的平均受教育水平和收入计算而来的。此外，还有特雷曼（Treiman，1977）的职业声望量表（Treiman's SIOPS），它是整合60个国家的职业声望量表编制而成的，测量数值表示不同职业类别在社会上所代表的声望高低。在收集职业信息时，为了给被调查者分配详细的职业分类编码，必须确保受访者提供足够多的职业信息，因此设计职业的问题尽量采用开放式问

---

[1]第1版ISCO于1957年由第九届国际劳工统计学家会议(ICLS)通过，被称为ISCO-58。第2版是ISCO-68，被1966年第11届ICLS采用。第3版是ISCO-88，被1987年第14届ICLS采用。目前许多国家的职业分类都是基于这三个ISCO版本之一。后来，ISCO又进行了更新，以考虑自1988年以来工作世界的发展，并根据使用ISCO-88获得的经验进行改进。最近的更新并未改变ISCO-88的基本原则和顶层结构，但在某些领域发生了重大的结构变化。更新后的分类于2007年12月被采用，称为ISCO-08。

文化敏感的社会调查：理论与实践

题，如图3-4所示。对于收集上来的职业信息，要么采用手工编码，要么采用特殊的计算机程序进行编码（Roberts et al.，2014）。

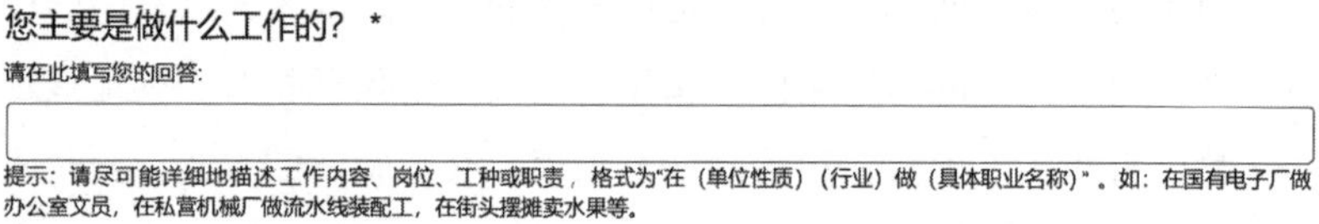

您主要是做什么工作的？ *

请在此填写您的回答：

提示：请尽可能详细地描述工作内容、岗位、工种或职责，格式为"在（单位性质）（行业）做（具体职业名称）"。如：在国有电子厂做办公室文员，在私营机械厂做流水线装配工，在街头摆摊卖水果等。

图3-4 个人职业背景信息调查

本项目对收入的测量一般有两种方式：绝对收入和相对收入。在设计有关收入的问题时，需要对收入进行明确的界定。比如，家庭总收入都包括哪些来源的收入，是年收入还是月收入。在对不同文化群体进行调查时，需要仔细考虑不同文化群体家庭收入来源可能存在的差异，以及不同来源收入的相对重要性。在一般社会调查中，如何获得精确的收入数据是一个极具挑战性的任务。受访者在回答与收入有关的问题时，往往比较粗略并且有意无意地将重点放在工资或养老金收入上。因此，本项目问卷设计了多个相关问题，全面测量受访者的家庭收入和个人收入。针对因为问题敏感或者记忆不清楚而不能提供精确收入数据的情况，本项目问卷还提供了一些收入区间供受访者选择。如图3-5所示，本项目采用了跳答问题模式，先询问受访者家庭有没有所列的收入来源，如果有，就继续询问此收入来源的具体数额（图3-6）；如果没有，则后面的问题可以跳过。这样的设计在某种程度上减轻了受访者的负担。

[G16Q01]去年（2017年），您家有没有以下方面的收入？ *

请为每一项选择合适的反馈项：

	有	没有	不清楚
农业收入	○	○	○
工资收入	○	○	○
经营收入	○	○	○
退休金或者养老金	○	○	○
失业补助	○	○	○
无保障老人生活补贴	○	○	○
工伤保险金（包括误工补贴、伤残补助、丧葬费等）	○	○	○
独生子女老年补贴	○	○	○
医疗救助	○	○	○
政府给本家庭的其他补助	○	○	○
社会捐助	○	○	○
其他收入（离婚后的赡养费、子女抚养费等）	○	○	○

提示：这里指的是所有家庭成员，包括外出的人员。

图3-5 家庭收入来源测量

  由于本项目采用了计算机辅助调查系统，受访者在前面问题的回答结果直接影响他（她）在后面接受哪些问题。调查问卷表面看起来很长，但是对于某些受访者而言只是回答了较短的问题，并且也不会看到与他（她）无关的问题，大大减轻了认知负担。此外，为了交叉验证，本项目还设计了一个概括性问题，即让受访者估计所有来源加在一起的总收入是多少。通过比较受访者报告的所有来源收入总计和自己报告的收入来源总计，可以表明收入测量的可信程度。除了绝对收入，本项目还用一个问题测量了相对收入，即让受访者报告家庭收入在本地所处的层级。除了测量家庭收入，还测量了个体的收入状况，测量方法与家庭收入测量方法相同。

[G16Q03]去年，您家在下面的收入来源上分别是多少元?

请在此填写您的回答：

农业收入

工资收入

经营收入

退休金或者养老金

失业补助

无保障老人生活补贴

工伤保险金（包括误工补贴、伤残补助、丧葬费等）

独生子女老年补贴

医疗救助

政府给本家庭的其他补助

社会捐助

其他收入（离婚后的赡养费、子女抚养费等）

提示：所有家庭成员的总计。

图3-6 家庭各种来源具体收入测量

除了上面提及的背景性题目，本项目的一个重要调查内容是关于不同群体的国家认同和中华民族认同。本项目借鉴了以往研究（Kosterman & Feshbach，1989; Schatz，Staub，& Lavine，1999; Huddy & Khatib，2007）和国际社会调查项目（ISSP）[①]有关国家认同的测量指标，在2018年的云南少数民族地区综合调查问卷中设计了5个题目，既考虑了国家认同的一般内涵，也考虑了我国的具体实际情况。考虑

[①]ISSP分别于1995年、2003年和2013年在多个国家进行了统一的国家认同调查项目，可以用于跨国比较研究。

到以往还没有成熟的有关中华民族认同的测量工具，本项目采用了新开发的问卷设计策略，从节日庆祝、风俗习惯、族际通婚、民族交往等几个维度进行了测量。

最后，为了提升调研的效率和质量，本项目利用开源的问卷调查系统 LimeSurvey 和本地服务器软件 XAMPP 搭建了本次调查的问卷调查系统，即所谓的计算机辅助调查系统，如图 3-7 所示。对于能够使用手机进行调查的地区，本项目还搭建了在线计算机辅助调查系统，并根据手机屏幕对问卷系统进行了适配调整。

图3-7　计算机辅助调查系统

3.8　小结

在社会调查方法论领域，关于调查问卷设计和制作的一般原则和具体细节的文献相对丰富，但专门针对特定文化群体的问卷设计文献却相对稀缺。在不同文化背景群体研究中，测量某些概念或构造时，研究人员通常依赖于其主流价值观或科学视角对这些概念或构造进行解释和操作化。然而，这种基于源文化的解释在另一种文化背景中可能会呈现出完全不同的意义和内涵。这种差异性强调了在不同文化背景下问卷设计策略选择的重要性，研究人员在开发新的调查问卷或是改编已有的调查问卷时，必须做出谨慎的选择。

开发新的问卷或改编已有问卷的选择，通常受限于研究的具体目标、受访者群体的文化背景以及研究资源。对于一些完全无法在新文化背景中直接使用的概念或构造，为确保问卷的文化适应性和测量的准确性，开发新的问卷可能是必要的。然而，开发新问卷的过程既耗时又复杂，需要深刻理解目标文化背景，并进行多次测试和调整。另一方面，改编已有问卷虽然能够节省资源，但如果改编不当，可能无法捕捉到目标文化中的微妙差异，从而影响数据的有效性。

这种对概念或构造的不同感知和解释，进一步凸显了测量等效性的重要性。概念或构造的等效性意味着在源文化（即最初提出概念或构造的文化）和目标文化（即测量所针对的文化）之间，概念或构造的含义、解释和指标具有相似性。这种等效性是确保调查问卷在不同文化背景下具有文化有效性的关键因素。如果等效性得不到保障，调查结果可能无法准确反映目标文化中的真实情况，从而导致误导性的结论。

跨文化心理学的研究表明，认知过程在很大程度上受到文化背景的影响，这可能会导致不同文化背景下的受访者对同样的调查题目表现出不同的敏感度和响应方式。因此，在不同文化背景下设计调查问卷时，必须充分考虑这些文化因素。例如，调查问题的措辞、格式和顺序等，都需要根据目标文化的社会规范、价值观和语言习惯进行调整，以确保受访者能够正确理解问题并做出真实的回答。

认知访谈作为问卷测试的重要工具，在不同文化背景下的调查问卷设计中具有突出的重要性。通过认知访谈，研究者可以深入了解受访者对问卷的理解过程，发现潜在的误解和认知障碍，并在正式调查之前进行必要的修正。这一过程不仅有助于确保问卷的语言和文化适应性，还可以显著提升数据的质量和可靠性。

本章最后还介绍了"少数民族地区综合社会调查数据库建设关键问题研究"项目在民族地区开展综合社会调查的问卷结构和问卷设计基本策略。该项目的经验表明，在民族地区开展调查时，问卷设计需要特别注意文化背景的独特性，包括语言习惯、社会结构、价值观和认知模式等因素。通过结合文化适应性和认知访谈等工具，该项目成功开发了一套能够有效反映民族地区社会现实的问卷，确保了数据的科学性和可操作性。

总之，针对不同文化背景群体的调查问卷，不仅需要遵循一般的设计原则，还必须高度关注文化适应性和测量等效性，以确保在不同文化背景下的调查结果具有可信性和准确性。通过科学的问卷开发与测试策略，研究者可以有效地克服文化差异带来的挑战，获得具有高效性和有效性的调查数据。

第4章

文化因素与抽样设计

由于成本和时间的限制，收集总体中每个个体的信息是不切实际的。解决这一问题的方法是从总体中抽取样本，并利用样本推断总体的参数。概率抽样这一方法最早由挪威人凯尔（Kiaer）于1895年提出，后来概率抽样理论发展成为统计学中的一个独立分支，并由戈丹贝（Godambe，1955）提供了统一的理论基础。在现代社会调查中，抽样是一项高度技术性的工作，对所收集数据的质量有着重大影响。同时，抽样也是一门艺术，因为调查地区或对象的差异非常大，实际的抽样设计往往偏离正式的抽样理论和教科书中的规范，需要根据实际情况灵活调整和选择。然而，当前的抽样理论和实践研究大多基于单一文化背景，对不同文化背景下的抽样设计和实践研究仍然较为缺乏。本章基于标准化的抽样理论和实践，探讨在民族地区社会调查中，抽样设计所面临的挑战及主要问题。

4.1 特定文化背景群体中的抽样挑战

根据一般的抽样理论，要对一般社会群体进行概率抽样，需要满足以下几个条件（Kalton，2014）：（1）已知选择概率。样本成员的选择概率必须直接从样本选择过程中确定，而不依赖于模型假设。（2）覆盖率高。样本设计及其实施应当覆盖较高比例的目标人群。（3）高响应率。目标人口中应有高比例的抽样成员对调查做出响应。（4）权重。在分析中应使用权重来补偿不平等的选择概率（以及不同的无响应和无覆盖）。（5）操作上可行。调查设计的实施必须在整体调查预算的限制内可行，并确保调查估计数能够满足精度要求。

然而，在实际操作中，对少数民族群体进行抽样往往难以满足以上所有条件，使用常规的简单随机抽样可能面临巨大的挑战。一方面，少数民族群体的总人口数量较少，或某个少数民族虽然人口众多，但在整体人口中所占比例很小，这使得常规的简单随机抽样可能导致样本中来自某个少数民族群体的成员数量非常少。另一方面，许多少数民族群体集中在较小的区域，通常由地理单位组成的初级抽样框可能包含极少的少数民族群体。如果我们能获得全国范围内所有少数民族群体的名单，抽取概率样本将相对容易。然而，事实上，对于一些数量极少或占总人口比例极低的少数民族群体，确定准确的名单非常困难。一方面，许多少数民族群体与汉族群体混居，任何行政层级上都没有独立的少数民族群体家户名单。另一方面，许多少数民族居住在偏远地区，空间和时间上都较难接触，获取完整的家户名单难度很大。

因此，在民族地区进行抽样设计时，一项重要挑战在于如何在控制调查成本的同时获得足够大的少数民族群体的概率样本。尽管一种可能性是抽取一个非常大的样本，但即使样本量很大（如几百万），某些少数民族群体的样本量仍可能很小（Lohr，2021），且成本巨大。因此，实际的抽样设计中常常需要做出一些妥协。例如，在无法完全覆盖目标总体的情况下，有时可以通过将目标总体限制在能够以可接受成本进行抽样的区域中。例如，将少数民族的抽样总体限制在少数民族人口比重较高的地区。通常，当抽样总体少于全部目标总体时，必须仔细评估目标总体覆盖不足的程度以及对调查结果可能产生的影响。

目前，关于不同文化背景下的抽样理论和实践研究仍然非常匮乏。尽管常规抽样理论提供了坚实的统计基础，但在实际应用中，特别是在多元文化背景下，常规抽样理论与实际抽样设计之间经常存在矛盾。实际抽样设计往往需要偏离严格的抽样理论，以适应复杂多变的现实环境和文化差异。这种矛盾揭示了当前抽样理论在应对多元文化背景时的局限性，也凸显了总结和积累不同文化背景下抽样设计经验的必要性。因此，总结和系统化不同文化背景下调查抽样设计的实践经验，已成为一个迫切的研究课题。这不仅有助于弥补现有抽样理论的不足，还可以为未来的调查研究提供更加实用和有效的指导。例如，研究如何在不同文化背景中应用和调整抽样方法，以确保样本的代表性和数据的有效性。这包括探讨在特定文化环境中，哪些抽样方法更为适用，以及如何平衡抽样设计的理论严谨性与实践可操作性。此外，总结在文化异质性较强的地区，如何构建和调整抽样框，以适应复杂的社会结构和地理分布。这可能涉及如何利用多来源数据构建抽样框，以及如何在缺乏标准抽样框的情况下进行有效的抽样设计。

4.2 多阶段分层概率比例抽样

在实际的抽样设计中，不一定能够明确地定义抽样总体和抽样单位。列出抽样单位的方法可能有多种，所选择的抽样单位很可能包含更小的抽样单位。例如，如果我们想在某个省抽取2000个少数民族家庭进行抽样，可以采用简单随机抽样的方法从该省的所有少数民族家庭中抽取2000个家庭，但我们可能没有该省所有家庭的完整名单。一个替代方法是先从该省的所有县（区）中（这个名单通常比较容易获得）抽取20个县（区），然后在这20个县（区）中各随机抽取100个少数民族家庭。这里，县（区）被称为初级抽样单位（Primary Sampling units，简称PSU），家庭被称为次级抽样单位（Secondary Sampling units，简称SSU）。

与简单随机抽样相比，多阶段随机抽样具有以下主要优势：

（1）抽样框构建的灵活性：直接从总体中构建一个抽样框可能非常困难或不可能。例如，构建一个省内所有家庭户的名单是一件非常困难或不现实的事情，而构建县（区）级的家庭户名单则相对容易。如果构建县（区）的家庭户名单仍然比较困难，还可以考虑更低一级的抽样框，例如从县（区）中抽取乡镇（街道），然后构建乡镇（街道）的家庭户抽样框。

（2）成本效益：如果抽样总体在地理上广泛分布或存在自然集群（如我国许多少数民族群体聚集在特定地理区域），通过多阶段抽样获取样本的成本远低于简单随机抽样。如果我们的目标人群是某个省的少数民族居民，抽取若干少数民族聚集地并对每个聚集地的少数民族居民进行访问，这种方式比简单随机抽样的成本要低很多。如果采用简单随机抽样，访问员可能仅为了访问一名居民，就需要前往远距离的少数民族聚集地，这会显著增加人力和交通成本。因此，在实际操作中，多阶段随机抽样不仅能够有效解决抽样框构建的难题，还能够显著降低调查成本，特别是在面对地理分布广泛或存在自然集群的总体时。这种方法在民族地区的抽样设计中尤其适用，有助于在预算和资源有限的情况下，依然能够获取足够具有代表性的样本。

多阶段抽样设计的基本步骤如下：（1）根据调查目的，按照一定标准把抽样总体分为 N 个初级抽样单位作为初级抽样框，采用概率抽样方法从中随机抽取 n 个初级抽样单位。比如，从 200 个县级单位中随机抽取 40 个县级单位。（2）在每个被抽中的初级抽样单位中，其下属单位被称为次级抽样单位，单位总数记为 M_i，它们构成了次级抽样框。比如，在每个被抽取的县级单位中包含若干个乡镇（街道），每个县级单位所属的乡镇（街道）单位构成了次级抽样框。然后采用概率抽样方法从 M_i 个单位中随机抽取 m_i 个单位（比如 10 个乡镇）。到这里，我们如果把 m_i 个单位作为样本进行观察，则抽样过程结束。（3）如果继续从 m_i 个单位抽取下一级单位（比如村〔居〕），则抽样过程进入第三个阶段。以此类推。由此可见，多阶段抽样设计通常涉及两个基本步骤的重复：构建不同层级的抽样框和抽样。在最后阶段使用的是观察单位的抽样，即最后阶段抽取的样本是调查访问的对象。

在进行多阶段随机抽样设计时，研究者首先需要慎重考虑初级抽样单位的规模选择问题。这一决定不仅影响样本的代表性和精度，也直接关系到调查的成本和实际操作的可行性。选择适当规模的初级抽样单位涉及多个复杂的因素，包括总体特征、研究目标、调查资源以及地理和社会结构的多样性。初级抽样单位的规模可以有多种确定方式。在某些情况下，初级抽样单位的规模由自然单位决定，例如行政区划单位（如县、市、乡镇等）。这些单位通常具有明确的地理边界和现成的人口统计数据，便于研究者在抽样设计中使用。然而，自然单位的规模并不总是与研究需求相匹配。例如，较大的行政单位可能涵盖了多样化的社会、经济和文化群体，这会导致单位内部的异质性增加。较高的异质性虽然可以提供多样化的数据，但也会使得单个初级抽样单位内部的样本代表性下降，从而影响总体推论的准确性。在实际操作中，当自然单位的规模不符合研究要求时，研究人员可能需要自行确定和调整初级抽样单位的规模。例如，在人口密集的城市地区，研究者可能会选择将一个大的行政区划进一步分解为更小的地理区域，如街区或社区，以确保样本的均匀性和数据的精确性。这种调整可以减少初级抽样单位内部的异质性，从而提高样本的同质性和统计效能。然而，随着初级抽样单位规模的减小，研究者可能需要增加次级抽样单位的数量，以确保样本的多样性，这无形中增加了抽样设计的复杂性和操作成本。

　　一般而言，初级抽样单位规模越大，其内部差异性越大。较大的初级抽样单位涵盖了更广泛的地理和社会多样性，这种多样性虽然能够丰富数据，但也可能导致较高的抽样误差和估计偏差。例如，在一个涵盖100万人的地区进行抽样，可能需要覆盖多个次级单位，以捕捉这些差异性。这种设计尽管在理论上增加了样本的代表性，但在实践中也可能显著增加调查的成本和复杂性，特别是在进行实地调查时。相比之下，选择规模较小的初级抽样单位，例如20人的社区或小组，虽然可以减少单位内部的异质性，降低每个初级抽样单位的调查成本，但这种选择可能无法涵盖足够的总体特征，导致样本在更大层面上的代表性不足。因此，研究者在设计抽样方案时，需要权衡初级抽样单位规模与样本代表性、数据质量以及调查成本之间的关系。具体的初级抽样单位规模应根据研究的具体目标、资源限制以及总体特征来确定，以确保抽样设计既科学合理，又具备现实可操作性。随着调查的复杂性增加，多阶段抽样设计中的初级抽样单位规模选择还需要考虑其他因素，如地理可达性、文化和社会结构的复杂性等。这些因素不仅影响抽样设计的理论基础，也决定了实地操作的可行性和调查结果的准确性。因此，在多文化背景下或复杂社会环境中进行抽样设计时，研究者必须灵活应对，确保初级抽样单位规模选择既能满足理论要求，又能适应实际操作的挑战。

确定初级抽样单位的规模后，研究人员还需要进一步确定在每个被抽取的初级抽样单位中应该抽取多少个次级单位。这一决定通常依赖于初级抽样单位的规模、次级单位的异质性以及研究的总体目标。如果每个初级抽样单位内的次级单位数量较大，研究者可以获得更为细致和全面的数据，有助于在单个初级抽样单位内进行更精确的分析。然而，这也会增加调查的复杂性和成本，尤其是在初级抽样单位内部差异性较小的情况下，可能导致不必要的资源浪费。在实际操作中，研究人员需要根据次级单位的异质性来确定抽样的深度。如果次级单位内部相对同质，抽取少量的次级抽样单位可能已经足够捕捉初级抽样单位内部的关键特征。在这种情况下，抽取更多的次级抽样单位可能只会增加样本量，而不会显著提高样本的代表性或精度。相反，如果初级抽样单位内部的次级单位之间存在较大差异，研究人员可能需要增加抽取的次级抽样单位数量，以确保捕捉到这些差异性，从而减少总体的抽样误差（Hansen et al., 1953）。

在决定初级抽样单位和次级抽样单位的抽取数量时，研究人员必须始终考虑成本与抽样误差之间的权衡。理论上，增加初级抽样单位和次级抽样单位的数量能够提高样本的代表性，减少抽样误差。然而，随着样本量的增加，调查成本也会迅速上升。因此，研究人员通常会使用成本效益分析来确定最优的样本设计方案，即在可接受的误差范围内，以最低的成本实现最高的数据精度。例如，在设计抽样方案时，可以通过试点研究或使用历史数据进行模拟，估计不同抽样设计下的成本和误差。基于这些估计，研究人员可以调整初级抽样单位和次级抽样单位的数量，找到一个既能满足研究需求，又不会超出资源限制的平衡点。

在确定了每个阶段的抽样框和抽样单位规模之后，还需进一步确定每个阶段的抽样方法，例如简单随机抽样、分层抽样或系统抽样等基本的概率抽样方法。每个阶段的抽样方法可以相同，也可以不同。实际应用中，选择采用几个阶段进行抽样，往往取决于不同阶段抽样框的可用性。在民族地区的抽样设计中，为了增加少数民族群体在总样本中的代表性，研究通常建议采用不等比例分层抽样（Disproportional Stratified Sampling）和与人口规模成比例的系统概率抽样（Probability Proportionate to Size Sampling，简称PPS抽样）。

在每个阶段的分层抽样设计中，首先，根据某个或几个特征将抽样总体分为若干个亚群，即"层"，各层之间不重叠，每个抽样单位只属于某一个层。然后，从每个层中抽取一个独立的概率样本，将各层中抽取的样本汇集起来，就得到了每个阶段的总样本。在进行分层抽样设计时，一个重要的问题是根据什么标准进行分层。一般而言，当层与层之间的差异较大时，分层抽样最为有效。因此，定义层时应尽量使各层之间的差异最大化。分层时可以考虑一个因素或多个因素。根据地理区域、城乡属性、人口密度、民族构成、社会经济发展水平等因素进行分层是现代抽样调查中常用的做法。例如，在中国家庭追踪调查中，主要使用了人均GDP和非农人口比例进行分层（谢宇等，2014）；而在中国健康与养老追踪调查（China Health and Retirement Longitudinal Study, 简称CHARLS）中，主要使用了城乡和人均GDP进行分层。此外，分层抽样设计还需考虑分层的数量。分层数量的确定既要考虑目标总体的相关信息，也要考虑构建每个分层抽样框的难度（Lohr，2021）。过多的分层可能增加复杂性和成本，而过少的分层可能无法捕捉到总体内的关键差异。因此，研究人员需要根据具体情况进行适当的平衡和决策。

在进行分层抽样设计时，还需要确定是采用等比例分层抽样还是不等比例分层抽样。不等比例分层抽样是指从每一层中抽取的样本量与其在总体中的比例不一致。通常情况下，对占总体比例较小的层进行过度抽样（Oversampling）（Kalton，2009）。这种过度抽样方法会导致总样本中每一层所占的比例与其在总体中的比例不一致，但它能够确保在层内分析时有足够数量的样本，特别适用于研究总体中稀有群体（如少数民族群体）的情况。例如，在对某个少数民族群体进行研究时，如果该群体在总体中的比例很小，采用比例分层抽样可能导致该群体的样本量不足，难以进行有效分析。此时，通过对该群体进行过度抽样，可以确保有足够的样本用于详细分析。如表4-1中的假设示例所示，如果希望对民族2群体进行详细分析，可能会对该群体进行过度抽样：不是按比例抽取19个样本，而是抽取150个样本。这样，最终的总样本中，民族2群体所占的比例就会远高于他们在总体中的比例。

除了对某一层进行过度抽样外，如果研究的目的是进行分层比较，还需要为每个层选择足够数量的样本。这样可以确保各层之间的比较具有统计显著性和科学合理性。通过这种方式，即使某些群体在总体中的比例较小，研究人员也能够获得足够的数据进行分析和比较。这种不等比例分层抽样设计能够平衡对小群体的研究需求和总体数据的代表性，特别是在研究稀有群体时，它能够提供更为详细和深入的分析，而这在采用简单比例分层抽样时可能无法实现。然而，过度抽样也引入了样本偏差，因为某些群体在样本中的比例被人为扩大。因此，在分析阶段，研究人员通常需要应用权重（Weighting）调整技术，以修正这种不等比例抽样带来的偏差，确保研究结果能够正确反映总体的特征。

表4-1 不等比例分层抽样示例

民族分层	总体		不等比例分层抽样	
	人数	比例	样本量	比例
民族1	1800	5%	50	4%
民族2	600	2%	150	13%
民族3	12000	30%	300	25%
民族4	24000	63%	700	58%
总计	38400	100%	1200	100%

与不等比例分层抽样设计不同，等比例分层抽样设计（Proportional Stratified Sampling）根据每一层在目标总体中的比例，从每一层中抽取相应的样本量，使得每层的样本大小与该层在目标总体中的相对大小成正比。例如，假设在一个涉及多个民族群体的研究中，研究人员希望使用等比例分层抽样，从每个民族群体中抽取的样本量将按照该民族在总体中的人数比例进行抽取。表4-2展示了这一点，其中从每个民族群体中抽取的样本量占总样本的比例，等同于该民族人数占总体人数的比例。等比例分层抽样设计的主要优势在于它能够确保总体中每个单位被抽中的机会是均等的。这种设计方式有助于维持样本的代表性，特别是在目标是对总体参数进行估计和推断时。通过等比例分层抽样，研究者可以在不引入额外偏差的情况下，对总体中的不同群体进行均衡的代表，从而保证样本能够精确反映总体的特征。这一设计在统计推断中非常有用，因为它能够提供无偏的估计，并减少抽样误差。此外，等比例分层抽样能够简化数据分析过程。由于每一层

的样本量与总体的比例一致，研究者无须进行复杂的加权调整，样本数据可以直接用于推断总体参数。这不仅提高了分析的效率，还减少了数据处理过程中的潜在误差。

表4-2　等比例分层抽样举例

民族分层	总体		等比例分层抽样	
	人数	比例	样本量	比例
民族1	1800	5%	56	5%
民族2	600	2%	19	2%
民族3	12000	30%	375	30%
民族4	24000	63%	750	63%
总计	38400	100%	1200	100%

然而，等比例分层抽样设计也存在一定的局限性。尽管它适用于总体参数的推断，但当研究者希望对每个分层进行详细分析或进行层与层之间的比较时，等比例分层抽样可能无法产生足够的样本量来满足分析需求。特别是当某些分层中的群体规模较小时，这些群体在样本中的代表性可能不足，导致无法进行有意义的统计分析或层间比较。例如，在一个民族研究中，如果某些少数民族群体在总体中的比例较小，采用等比例分层抽样可能会导致这些群体的样本量过少，无法支持细致的分析或可靠的比较。这种情况下，即使总体参数的推断是准确的，分层分析的有效性仍可能受到限制。因此，等比例分层抽样设计通常更适合于那些主要目标是估计总体参数的研究，特别是当各分层的群体规模相对均衡时。对于需要对特定分层进行深入分析或对层间差异进行比较的研究，研究者可能需要考虑其他设计策略，如不等比例分层抽样或在小比例分层中进行过度抽样，以确保样本量足够大，能够支持更详细的分析。

如上举例所示，在多阶段随机抽样设计时，研究人员通常面临的一个问题是不同阶段中的抽样单位规模是不同的。在抽取不同阶段中的单位时，规模较大的单位被抽中的概率应该也较大，从而更加准确地估计总体参数。所谓系统概率抽样就是单位被选中的概率与其规模成比例。以两阶段抽样方法为例，系统概率抽样的基本步骤如下：（1）列出每个初级抽样单位及其数量，然后计算累积数量。所有初级抽样单位数量的总计记为 N。（2）如果第一阶段抽样需要抽取150个初级抽样单位，定义一个抽样间隔为 $k=N/150$。（3）在1到 k 之间选择一个随机数 r，把累积数量包含 r 的单位作为第一个被抽取的单位，然后依次抽取累积数量包含 $r+k$、$r+2k$、$r+3k$、……、$r+149k$ 的单位。这样，初级抽样单位的规模越大，被选中的机会就越高。（4）在每个被抽取的初级抽样单位中随机抽取一定数量的个体作为观察样本。在第二阶段，初级抽样单位的规模越大，其中的个体被选中的机会就越低。综合两个阶段，每个个体被选中的概率是相同的。

在多阶段分层概率比例抽样设计中，文化因素的考虑至关重要，尤其是在涉及少数民族或多文化背景的研究中。文化因素不仅影响抽样单位的定义和分层标准，还直接影响调查数据的准确性和代表性。为了确保文化多样性和文化敏感性的充分体现，研究人员在多阶段抽样设计的各个环节中必须将文化因素纳入考虑。这种文化敏感性在整个抽样过程中的有效应用，能够确保研究结果更加全面和具有代表性，特别是在多元文化社会或少数民族群体中进行研究时。

在初级抽样单位的选择上，研究人员应优先考虑文化上的同质性和异质性。例如，在涉及少数民族群体的研究中，文化因素可以作为划分和选择初级抽样单位的重要标准。具体而言，研究人员可以通过行政区划、民族聚居区、语言使用情况或宗教信仰等文化相关因素进行分层。这些文化因素在不同区域可能具有显著的差异性，从而影响初级抽样单位内部的社会动态和调查的效果。通过将文化因素纳入初级抽样单位的选择过程，研究人员可以更好地捕捉目标群体的文化多样性。例如，如果研究在某个省份进行，而该省份的某些县区主要由特定的少数民族居住，研究人员可以选择这些县区作为初级抽样单位，从而在抽样的初始阶段就确保这些少数民族的代表性。这种方法不仅有助于反映总体中的文化多样性，还可以减少因文化差异而引起的潜在偏差。

文化因素在分层标准的制定中同样发挥关键作用。在多文化背景的研究中，传统的分层标准如地理位置、经济水平或人口统计特征可能无法充分反映文化上的重要差异。研究人员应考虑文化因素，如民族身份、语言使用、宗教信仰、传统习俗等，这些因素能够显著影响受访者的态度、行为和回答方式。通过将这些文化因素纳入分层标准，研究者可以确保各个文化群体在样本中的充分代表性，避免文化上的小群体在抽样中被忽视或边缘化。例如，在一个以多民族为背景的国家进行健康调查时，研究人员可以根据不同民族的文化特征进行分层，这样不仅可以确保样本中纳入足够的各民族代表，还能使研究更好地反映这些文化差异对健康行为和结果的影响。

4.3 非概率抽样设计

在多阶段抽样设计中，最后一个阶段通常涉及从村居单位中抽取家庭户。然而，在这一阶段随机抽取家庭户时，面临的一个重要挑战是家庭户列表或抽样框可能不完整。我们可能会使用村居组织某次活动的登记名单作为抽样框，但该名单可能存在覆盖偏差。即使我们获得了一个没有覆盖偏差的抽样框，仍然可能面临被抽中的家庭成员因外出工作、就医等原因不在家的情况。由于民族地区，尤其是其中的农村地区，年轻人外出工作的比例较高，如何保证这些年轻人在样本中的代表性是一个重要挑战。因此，纯粹的概率抽样可能无法获得具有代表性的样本，这时需要采用非概率抽样方法来增加少数民族群体的代表性。

虽然概率抽样被视为现代抽样理论的核心，但在概率抽样的基础上结合一些非概率抽样方法可能是一种更为理想的选择。某些对比研究发现，虽然概率样本和便利样本在总体参数估计上存在显著差异，便利样本可能会高估或低估总体参数，但在相关性研究中，两者的结论通常是相似的（Jeong et al.，2019）。基什也指出，没有明确的规则可以精确决定何时需要使用概率抽样以及应为此付出何种代价，随机概率抽样并非教条，而是一种策略（Kish，1965）。

美国公共舆论研究协会执行委员会于2011年任命了一个工作组，以研究"在何种条件下，不使用概率样本的各种调查设计可能仍然有助于对更大的总体进行推断"（Baker et al.，2013）。这一任务的设立反映了研究领域对非概率样本广泛应用和有效性的关注。随着在线调查、社交媒体数据采集等新兴调查方法的普及，研究者们越来越需要明确在何种情境下这些非概率样本能够提供可靠的推断结果。工作组的研究任务包括评估不同非概率样本设计的优缺点，以及这些设计在特定情境下的适用性。特别是，工作组探讨了在资源有限、难以获得概率样本或目标总体高度异质的情况下，如何通过适当的统计方法或加权策略，提供仍然具有一定信效度的推断。此外，工作组还考虑了数据调整、后期分层和模型校正等技术，如何补偿非概率样本固有的偏差，以提高推断的有效性。最终，工作组提出了多个情境和策略，尽管样本并非严格意义上的概率样本，但通过科学的设计和分析方法，研究者仍能够获得对更大总体有意义的推断。然而，工作组也强调，在使用非概率抽样方法时需要保持谨慎，并呼吁进一步研究和实验，以探索这些方法在不同情境下的适用性和局限性（Baker et al.，2013）。

由此可见，尽管调查研究人员长期以来依赖概率抽样范式作为推论的基础，但它绝不是唯一的范式，也并非总是占据主导地位（Brick，2011）。从历史来看，概率抽样设计在社会调查领域的完全确立，是在1936年和1948年美国总统选举中非概率调查两次公开失败之后。即便如此，非概率抽样仍然与概率抽样并存了几十年，并一直延续至今（Baker et al.，2013）。尤其是，随着人口流动的不断增加，获取概率样本的成本越来越高，调查响应率也在不断下降，获得具有良好覆盖和较高响应率的概率样本变得越来越困难和昂贵，这为非概率抽样提供了新的机会。

在民族地区的社会调查中，由于某些少数民族群体数量稀少，完成所需数量的访谈可能成本过高。在这种情况下，非概率的网络采样可能是一个有用的选择。尽管网络抽样起源于概率抽样，但如今它经常用于不满足概率方法严格假设的情况（Baker et al.，2013）。当调查目标是具有社会联系的亚群时，链接跟踪网络采样是一种有效的方法（Thompson & Frank，2000），其中包括常规的雪球抽样和最近发展起来的受访者驱动抽样（Respondent-Driven Sampling，简称RDS）（Heckathorn，1997）。如果能够识别少量合格的样本成员并建立足够的信任，这些第一批受访者可以将研究人员与他们的社交联系人联系起来，而这些联系人又可以将研究人员引导至其他人，直至达到所需的样本量。当缺乏用于概率抽样的有效抽样框架时，利用目标人群中已知和未知成员之间的社会联系，可能是研究当前人群的唯一可行方法。虽然通常认为通过受访者连锁推荐获得的样本只是便利样本，可能存在较大的选择偏误，仅适用于探索性研究，但已有研究表明，如果处理得当，连锁推荐样本可以产生渐近无偏的估计。此外，这种样本不仅为研究人员提供了有关总体中个体的信息，还揭示了连接这些个体的社会网络。考虑到网络在疾病传播中的作用，这一信息在公共卫生研究中可能具有重要价值（Salganik & Heckathorn，2004）。

在民族地区社会调查中，文化因素在非概率网络采样中扮演着至关重要的角色。首先，文化因素影响了研究人员与受访者之间的信任关系，而信任关系是受访者驱动抽样成功的关键。少数民族群体通常具有独特的文化背景和社会结构，这些因素可能导致他们对外来研究人员持保留态度。如果研究人员能够尊重并理解这些文化差异，建立起与受访者的信任关系，受访者更有可能积极参与并推荐他们的社交联系人。这种文化敏感性不仅有助于提高样本量的代表性，还能减少样本选择偏误。其次，文化因素影响社交网络的结构和功能，这直接影响到网络采样的有效性。在某些少数民族群体中，社交网络可能以家族、宗教或村落为基础，这些网络结构的紧密性和封闭性可能限制研究人员接触到多样化的样本成员。因此，在设计网络采样时，研究人员需要考虑这些文化特定的社交网络特征。例如，研究人员可能需要与社区领袖或关键人物合作，这些人物在该文化网络中具有较高的社会资本，能够帮助扩大研究的影响力和覆盖范围。此外，文化因素还决定了采样过程中信息的传递方式和准确性。在某些文化中，信息的传递可能受到特定语言、符号或习俗的影响，导致信息的失真或误解。这要求研究人员在设计调查工具和问题时，确保其符合受访者的文化背景和理解水平。例如，在某些民族地区，使用口头语言传递信息可能比书面问卷更有效，因此可以考虑采用口述问卷或访谈的方式进行数据收集。通过在网络采样中充分考虑这些文化因素，研究人员可以提高样本的代表性和数据的可靠性，从而获得更准确和有意义的研究成果。

目标抽样（Targeted Sampling）也是一种在研究特定人群或难以接触的群体时经常使用的非概率抽样方法。目标抽样的首要步骤是通过民族志方法绘制目标人群的地图。民族志制图涉及深入研究目标人群的社会、文化和地理特征，确定他们的聚居地、活动范围以及社交网络等关键信息。通过这种方法，研究人员能够识别目标人群的分布模式，以及他们在不同地理区域或社会背景下的差异性。这一过程通常需要调查人员与目标群体进行长期的接触并对其进行观察，以确保收集到的信息准确、全面，能够真实反映目标人群的生活和行为模式（Watters & Biernacki，1989）。民族志制图的质量对目标抽样的有效性至关重要。如果地图信息不准确或不全面，研究人员在第二阶段招募受试者时，可能会遗漏重要的亚组或地区，从而导致样本的代表性不足，甚至引发偏差。例如，在研究吸毒者或无家可归者等隐蔽群体时，如果民族志制图未能准确识别这些群体的聚集地点或活动模式，研究人员可能会面临难以接触或错误定位目标人群的困境，这将直接影响研究结果的有效性和可信度。

目标抽样的第二个关键步骤，是在通过民族志地图确定的地点招募预先指定数量的受试者。此步骤的目标是确保来自不同地区和亚组的受试者能够被纳入样本中，以反映目标人群的多样性和异质性。为了实现这一目标，研究人员通常会在民族志制图基础上，选取若干关键地点进行受试者招募。这些地点通常包括目标人群的聚集地、社交场所或其他与目标人群密切相关的活动区域。受试者的招募过程需要高度的灵活性和文化敏感性。由于目标人群可能对研究存在戒备或不信任，调查人员必须采取适当的策略与目标人群建立联系，赢得他们的信任。这可能包括与社区领袖合作、通过熟人网络进行介绍，或在社交场所进行非正式的互动等方式。在这一过程中，确保每个亚组和地区的代表性是关键，因为这将直接影响样本的多样性和研究结果的外推性。

目标抽样的一个显著优势是它能够在研究特殊或难以接触的人群时，提供一种有效的样本获取方法。特别是在研究隐蔽群体、边缘化群体或具有高度异质性的群体时，目标抽样能够通过民族志制图和定向招募，确保样本中包含足够的代表性个体，从而提高研究的有效性。然而，目标抽样也存在一些局限性。首先，由于目标抽样依赖于非概率抽样方法，样本的外推性受到限制。研究结果可能无法推断到更广泛的人群或总体，特别是当民族志制图存在不准确或遗漏时，样本可能无法全面代表目标人群的真实状况。其次，目标抽样的成功依赖于民族志制图的质量，而这一过程往往耗时且资源密集，要求研究人员具备高度的文化敏感性和深厚的社区网络关系（Schensul, LeCompte, Trotter Ⅱ, Cromley, & Singer, 1999）。为了提高目标抽样的有效性，研究人员应在民族志制图过程中尽可能收集详尽的信息，确保地图的准确性和全面性。在招募受试者时，研究人员应保持灵活性，适应目标人群的文化和社会特性，以提高响应率和数据的代表性。

时空抽样同样通过民族志田野调查建立抽样框架，目的是确定目标群体成员在特定地点和时间的聚集情况。具体的地点—时期—时间片段构成一个抽样框架，在随机抽取地点和时间片段后，将在这些特定地点和时间进入的人作为调查对象。在使用目标抽样和时空抽样等非概率方法时，文化因素的考虑至关重要，尤其是在民族地区或多文化背景的调查中。首先，文化因素直接影响民族志制图的过程和准确性。在绘制目标人群地图时，研究人员需要对目标群体的文化背景、社会组织结构、传统习俗和语言习惯有深刻的理解。例如，在某些民族地区，村落的社会结构可能基于血缘关系或宗教信仰，这些文化特征会影响群体的地理分布和社交网络。因此，研究人员在进行民族志制图时，必须考虑这些文化特征，以确保制图过程的准确性和全面性，从而为目标抽样提供可靠的基础。其次，文化因素还影响时空抽样中地点和时间的选择。不同文化群体的成员在特定时间和地点的活动模式可能大不相同。例如，在某些少数民族社区，宗教仪式、集市或节庆活动可能是人群聚集的重要时间节点和地点。如果时空抽样未考虑到这些文化因素，可能会错过关键的聚集时段和地点，从而影响样本的代表性。因此，在设计时空抽样框架时，研究人员应充分了解并融入这些文化活动，以便更准确地捕捉到目标群体的动态。

综上所述，在配额抽样中，文化因素的考虑至关重要。与分层随机抽样类似，配额抽样将总体分为不同的子总体，然后从每个子总体中抽取样本。然而，与分层随机抽样不同的是，配额抽样中的样本选择方式并非随机进行，这使得配额抽样成为一种非概率抽样方法。在配额抽样中，无法确定每个单位被纳入样本的概率，这在极端情况下可能导致样本选择完全依赖访问员的主观判断，这是配额抽样的主要缺点之一（Lohr，2021）。在配额抽样中，文化因素应当被充分纳入考量，尤其是在涉及不同文化背景的子总体时。由于访问员在子总体中选择样本时具有一定的自由度，他们可能倾向于选择最容易接触到的成员，这可能导致样本的文化多样性不足。例如，在一个多民族社区中，访问员可能因为语言障碍或文化隔阂，更倾向于选择与自己文化背景相似的受访者，从而忽略了那些文化上相对边缘化或难以接触的群体。这种选择偏差会削弱样本的代表性，并导致数据无法准确反映总体的文化多样性。

为提高配额样本的数据质量，研究人员应对配额标准进行严格限定，尤其是在文化相关的标准上。例如，在多文化背景的研究中，除了年龄、性别、经济地位等传统配额标准，还应将民族身份、语言使用情况、宗教信仰等文化因素纳入配额标准。这不仅能确保样本在文化上的代表性，还能减少访问员在选择样本时的随意性，从而提高调查数据的可靠性和有效性。在实际操作中，由于概率抽样的成本高且实施时间长，配额抽样往往被用来快速收集信息。在这种情况下，文化因素的考虑尤为重要。例如，在公共卫生危机期间，如疫情暴发时，配额抽样可以快速提供关于不同文化群体感染情况的关键信息。这种信息对于了解哪些群体更容易受到感染以及可能的原因至关重要。通过在配额标准中纳入文化因素，研究人员能够更全面地捕捉到文化多样性对健康行为和结果的影响，从而为制定更有效的公共卫生政策提供支持。此外，配额抽样在与概率抽样结合使用时，文化因素同样不可忽视。研究人员可以先利用概率抽样从潜在受访者中选择一个部分样本，然后在该样本中依据年龄、性别、民族身份等文化相关因素进行配额抽样。这种方法不仅能够确保样本的文化代表性，还能在成本和时间限制下快速收集到高质量的数据，从而为研究提供更全面和精确的分析基础。

4.4　家庭内抽样

　　在多阶段抽样设计的家庭调查中，最后一步是确定如何在家庭中选择符合条件的成员。如果家庭中有多个符合条件的成员，必须从中选取一个。通常，家庭内的抽样由访问员在数据收集期间进行。因此，抽样的最后一步涉及大量分散的操作，这些操作不受研究人员的直接控制。当被选中的人在场并愿意参加时，访问员通常会在做出选择后立即进行访问。最简单的获取家庭内个人样本的方法是采访任何有空且愿意接受采访的家庭成员，但这可能导致样本偏差。例如，花更多时间在家的人或更愿意合作的人（如妇女、老年人、无私的人或对调查主题感兴趣的人）在样本中的比例可能过高。

为了克服这种偏差，可以采用一些非概率的标准化方法从家庭中抽取符合条件的成员，比如户主选择法和第一个成人选择法。在户主选择法中，访问员将一个家庭中的户主作为调查对象，可以要求男户主或女户主。第一个成人选择法则选择第一个被联系到并符合条件的成年人。这两种非概率方法易于管理，不需耗费过多时间，且不会造成干扰。然而，这些方法也可能导致样本选择偏误，尤其是在女性的过度抽样上，因为她们比男性更有可能接受采访。户主选择法倾向于在城市地区对女性进行过度抽样，特别是单亲女户主家庭比单亲男户主家庭更多。第一个成人选择法也可能对女性进行过度抽样，因为女性通常更有可能待在家里（Lohr，2021）。

考虑到非概率方法可能带来的样本选择偏差，一些调查项目通常采用概率方法从家庭中抽取符合条件的对象。概率方法可以最大限度地减少样本选择偏误，但也可能延长访问时间。在家庭中进行概率抽样通常涉及两个步骤：首先是家庭联系人的初步同意，其次是被选中接受访问的人的同意。尽管这种做法可以减少样本覆盖不足的偏误，但也会增加无响应率。如果被选中的人不在家，后续访问将会面临挑战。此外，为了正确选择受访者，在选择过程中必须考虑所有符合条件的家庭成员，这需要对家庭成员进行明确定义，且这些定义必须符合调查目标人群的定义。要获得符合条件的家庭成员的相关信息，家庭联系人需要知道并愿意分享所有家庭成员的准确信息。如果家庭联系人不了解所有家庭成员的准确信息，家庭内的概率抽样可能会出现问题（Tourangeau，Shapiro，Kearney，& Ernst，1997）。

在家庭中进行概率抽样最常用的方法是 Kish 表法（Kish，1949）。Kish 表法首先将调查问卷分为 A、B1、B2、C、D、E1、E2、F 八种编号，每种编号的问卷数量分别占调查问卷总数的 1/6、1/12、1/12、

1/6、1/6、1/12、1/12、1/6。家庭成员的编号通常依据年龄和性别排序，首先对符合条件的男性家庭成员按年龄降序排列，然后对符合条件的女性家庭成员按年龄降序排列，最终每个符合条件的家庭成员都有一个编号。访问员根据问卷编号和家庭中符合条件的成员数量确定要访问的成员编号。如表4-3所示，如果访问员拿到的问卷编号为B2且符合条件的家庭成员数量为4，则选择编号为2的家庭成员进行访问。

表4-3 Kish表格抽样

问卷编号	所占比例	家庭中符合条件的成员数量					
		1个	2个	3个	4个	5个	6个及以上
		选中的家庭成员编号					
A	1/6	1	1	1	1	1	1
B1	1/12	1	1	1	1	2	2
B2	1/12	1	1	1	2	2	2
C	1/6	1	1	2	2	3	3
D	1/6	1	2	2	3	4	4
E1	1/12	1	2	3	3	3	5
E2	1/12	1	2	3	4	5	5
F	1/6	1	2	3	4	5	6

在纸质问卷时代，由于问卷版面的限制，原始的Kish表法将符合条件的家庭成员数量限制为6人，因此不太适合拥有超过6个符合条件成员的家庭。如今，这些问题可以轻松克服。在计算机辅助调查中，可以定义符合条件的家庭成员人数的上限，并使用计算机辅助调查软件在1和符合条件的家庭成员总数之间生成一个随机数来抽样。由于Kish表法对家庭成员进行的是概率抽样，因此可以减少样本选择偏差。

然而，采用Kish表法会增加访问员的工作量，也延长了筛选家庭成员的时间。此外，在家庭成员筛选过程中，询问每个家庭成员的年龄、与户主的关系等问题可能被视为具有侵入性（Rizzo，Brick，& Park，2004），尤其是在与受访者刚接触时收集此类信息可能破坏访问员与受访者之间的关系，进而提高无响应率。

在家庭内进行概率抽样的另一种常用方法是生日方法（Gaziano，2005）。生日方法利用家庭成员的生日信息来选择受访者，这可以避免列出家庭成员完整列表的过程。访问员首先询问家庭中符合条件的人数，然后询问下一个过生日的人（或刚过生日的人）是谁，并将其作为受访者。从经验上来看，尽管生日在一年中的分布并不均匀，只要感兴趣的实质性变量与出生日期无关，生日方法选择的样本就可能不存在偏差。为了使生日方法更接近真实的概率方法，有研究者建议在同一调查中同时使用下一个生日方法和上一个生日方法，将特定方法（下一个与上一个生日）随机分配给不同的家庭（Battaglia，Link，Frankel，Osborn，& Mokdad，2008）。通过为每个选定的家庭随机生成一个日期，并交替询问与该日期相关的下一个或上一个过生日的人，可以获得更接近真实概率的样本。

然而，采用生日方法抽取家庭成员也有其局限性，主要问题在于家庭联系人可能不一定知道所有家庭成员的生日。随着家庭规模的增加，这一问题可能会更加严重。综上所述，如果符合条件的家庭成员数量较多，在使用Kish表法时，列出家庭成员的任务就会变得很繁重。同样，在大家庭中，家庭联系人可能更难记住所有家庭成员的生日。除了家庭规模的纯数字差异，文化和社会差异也可能影响家庭内部选择。如果某种文化中生日庆祝活动不常见，这将影响生日信息的可用性。此外，随着家庭规模的增大，被选中的人在选择时在场的概率可能会降低，这可能导致访问员将选择过程限制在在场的人员中。因此，那些在家时间较少的人被选中的机会较低。尽管以这种方式进行选择可能有助于减少不答复率，但其对样本代表性的影响仍未知（Koch，2018）。

在多阶段抽样设计的家庭调查中，文化因素在家庭内成员选择过程中的作用至关重要。首先，文化因素可能影响家庭结构和成员在家的频率，从而直接影响最终样本的代表性。例如，在一些文化中，传统大家庭结构仍然普遍存在，多个世代可能共同生活，这会导致符合条件的家庭成员数量较多。相比之下，在核心家庭或单亲家庭更常见的文化中，符合条件的成员数量可能较少。此外，文化差异还影响家庭成员在家的时间分布。例如，在某些文化中，男性家庭成员可能因工作或社会活动而较少在家，而女性则更多承担家庭责任，因此更常待在家。这种文化现象可能导致样本中女性的过度代表。

其次，文化习惯可能影响受访者对调查方法的接受度，进而影响家庭内抽样的成功率。例如，在一些文化中，家庭成员的年龄或生日信息被视为个人隐私，询问这些信息可能被认为是不礼貌或具有侵入性的。这种文化敏感性可能导致家庭联系人不愿意提供完整的家庭成员信息，从而影响Kish表法或生日方法的有效性。在这种情况下，研究人员需要考虑文化上的礼仪和敏感度，可能需要调整调查策略，例如先与家庭建立信任关系，或通过中介人物进行信息收集，以减少抵触情绪。

最后，文化因素还可能影响样本选择偏差的产生和处理。在一些文化中，传统的角色分工和性别规范可能导致某些成员（如女性或年轻人）在家庭内的地位较低，他们可能在访谈过程中不被优先考虑或不会主动参与。这种现象可能导致这些群体在样本中的代表性不足，从而影响数据的准确性和全面性。为了应对这一问题，研究人员可以在设计抽样方案时特别考虑这些文化因素，通过制定更细致的标准，确保各个文化背景的家庭成员在样本中得到充分代表。

4.5　民族地区抽样设计实践

　　2018年，"少数民族地区综合社会调查数据库建设关键问题研究"项目组在云南少数民族地区进行了大规模的抽样调查，以下是该调查具体抽样设计的简要介绍。首先，抽样设计的基础是对抽样总体的全面了解。云南省是我国少数民族的重要分布地区，根据2010年人口普查数据，云南省少数民族人口总数为1534.9万，占中国少数民族总人口的13.7%，在全国排名第二。如表4-4所示，我国55个少数民族在云南省都有分布，其中有16个少数民族的人口在云南省最多，此外，壮族、苗族、布依族等多个少数民族在云南省的人口数量也相对较多。

　　此外，云南省的少数民族分布也存在不均衡的问题，其西北部和南部地区是少数民族人口的重镇，这些地区的少数民族人口占总人口的比例超过了50%，其东部和东北部地区的少数民族人口比重相对较低。如表4-5所示，在云南省所有的县（区）中，少数民族人口比重超过50%的县（区）大约占40%，少数民族人口超过25%的县（区）大约占60%，只有大约17%的县（区）少数民族人口比重不超过10%。

表4-4 云南省少数民族分布情况

少数民族	人口排名	少数民族	人口排名	少数民族	人口排名	少数民族	人口排名
彝族	1	壮族	2	侗族	10	塔吉克族	18
白族	1	苗族	3	高山族	10	鄂伦春族	18
哈尼族	1	京族	3	仫佬族	10	满族	19
傣族	1	未识别民族	3	撒拉族	11	鄂温克族	20
傈僳族	1	布依族	4	蒙古族	12	柯尔克孜族	21
佤族	1	瑶族	4	畲族	12	锡伯族	21
拉祜族	1	土族	4	达斡尔族	12	俄罗斯族	22
纳西族	1	藏族	5	乌孜别克族	14	裕固族	25
景颇族	1	水族	5	塔塔尔族	14		
布朗族	1	仡佬族	5	赫哲族	14		
阿昌族	1	保安族	5	东乡族	15		
普米族	1	回族	6	门巴族	16		
怒族	1	黎族	7	维吾尔族	17		
德昂族	1	羌族	8	土家族	17		
独龙族	1	珞巴族	8	朝鲜族	18		
基诺族	1	毛南族	9	哈萨克族	18		

表4-5 云南省分县（区）的少数民族人口比重

少数民族人口比重	县（区）数量	百分比
10%以下	22	17.05
10%~25%	29	22.48
25%~50%	27	20.93
50%~75%	28	21.71
75%以上	23	17.83
总计	129	100

一般而言，民族自治县（区）的少数民族人口比重也相对较高，如表4-6所示。不过，我们也看到，有9个民族自治县（区）的少数民族人口比重不到25%，有19个民族自治县（区）的少数民族人口比重在25%~50%。相反，有1个非民族自治县（区）的少数民族人口比重超过了50%，有8个非民族自治县（区）的少数民族人口比重在25%~50%。由此可见，所谓的"民族地区"与民族自治地方并不是完全重合的，有一些民族自治地方的少数民族人口比重并不高，而一些非民族自治地方的少数民族人口比重却比较高。因此，我们在划分民族地区时以少数民族人口比重作为依据更符合现实。

表4-6　民族区域自治与少数民族人口比重

少数民族人口比重	非民族自治地方		民族自治地方	
	计数（个）	比重（%）	计数（个）	比重（%）
10%以下	22	43.14	0	0
10%~25%	20	39.22	9	11.54
25%~50%	8	15.69	19	24.36
50%~75%	1	1.96	27	34.62
75%以上	0	0	23	29.49
总计①	51	100.01	78	100.01

根据以上分析，本项目按照少数民族人口所占比重来界定民族地区。2010年人口普查时，云南省少数民族人口所占比重为33.39%，因此，把少数民族人口比重大于等于33.39%的县（区）定义为抽样的总体，总共69个县（区），构成了初级抽样单位，详情如表4-7所示。根据每个单位的非农人口比例把抽样总体分为了3个层级，然后根据人

---

①由于运算过程中四舍五入导致的误差，表中两处百分比加总均为100.01%。

口规模采用概率比例抽样从每个层级中抽取了12个县级单位，总共抽取了36个县级单位。36个县级单位的所有街道、乡镇构成二级抽样框，单位数为398个，根据街道或乡镇的总人口规模，按照概率比例抽样从398个乡镇单位中抽取了160个乡镇。最后，再从160个乡镇中随机抽取1个村（居）委会，共160个村（居）居委会被抽中。在每个被抽中的村（居）委会中，按照系统抽样的方法抽取25户家庭。最后，在被抽中家庭的成年人中随机抽取1名成年人。最后抽取的家庭数量为4000户，成年人样本为4000人。

表4-7 云南省民族地区综合社会调查抽样总体及抽样结果

市（州）	县（自治县）	人口（万）	少数民族人口比重（%）	非农业人口比重（%）	非农人口比重分组	是否抽中
楚雄州	大姚县	27.33	34.76	8.87	3	是
	南华县	23.61	41.54	10.58	2	是
	元谋县	21.58	37.53	10.51	2	否
	双柏县	15.99	48.48	10.55	2	否
	武定县	27.20	52.76	8.62	3	否
	永仁县	10.93	61.71	15.12	1	否
大理州	大理市	65.20	68.08	31.99	1	是
	洱源县	26.83	69.02	7.4	3	是
	永平县	17.52	42.03	10.32	2	否
	巍山彝族回族自治县	30.44	44.48	6.77	3	否
	南涧彝族自治县	21.14	51.35	6.9	3	否
	鹤庆县	25.53	65.53	9.03	3	否
	漾濞彝族自治县	10.23	68.57	10.64	2	否

文化敏感的社会调查：理论与实践

续表

市（州）	县（自治县）	人口（万）	少数民族人口比重（%）	非农业人口比重（%）	非农人口比重分组	是否抽中
大理州	云龙县	19.99	84.64	9.46	2	否
	剑川县	17.00	94.45	9.18	3	否
德宏州	瑞丽市	18.06	42.36	28.59	1	是
	潞西市（今芒市）	38.99	47.66	22.28	1	否
	陇川县	18.16	54.12	17.45	1	否
	盈江县	30.52	55.94	11.43	2	否
迪庆州	德钦县	6.66	90.63	12.2	2	是
	香格里拉县（今香格里拉市）	17.30	77.78	16.25	1	否
	维西傈僳族自治县	16.06	82.12	8.18	3	否
红河州	建水县	53.15	38.66	13.54	1	是
	个旧市	45.98	40.93	43.78	1	是
	弥勒县（今弥勒市）	53.97	41.91	11.03	2	是
	蒙自县（今蒙自市）	41.72	55.09	22.49	1	是
	开远市	32.27	55.15	33.68	1	是
	金平苗族瑶族傣族自治县	35.62	85.54	6.74	3	是
	元阳县	39.68	87.63	4.84	3	是
	红河县	29.65	95.61	5.4	3	是
	石屏县	29.91	59.19	11.57	2	否
	河口瑶族自治县	10.46	61.58	35.89	1	否
	屏边苗族自治县	15.40	63.31	10.59	2	否
	绿春县	22.22	97.56	7.58	3	否

续表

市（州）	县（自治县）	人口（万）	少数民族人口比重（%）	非农业人口比重（%）	非农人口比重分组	是否抽中
昆明市	石林彝族自治县	24.62	33.56	11.65	2	是
丽江市	宁蒗彝族自治县	25.89	80.29	8.32	3	是
	玉龙纳西族自治县	21.47	82.84	8.69	3	是
	古城区	21.12	64.3	35.78	1	否
临沧市	双江拉祜族佤族布朗族傣族自治县	17.65	42.16	10.96	2	是
	云县	44.95	46.3	8.09	3	是
	沧源佤族自治县	17.91	88.41	13	2	是
	耿马傣族佤族自治县	29.63	50.67	13.39	1	否
怒江州	兰坪白族普米族自治县	21.30	88.26	12.52	2	是
	泸水县（今泸水市）	18.48	81.37	18.83	1	否
	贡山独龙族怒族自治县	3.79	90.39	15.88	1	否
	福贡县	9.86	97.04	9.85	2	否
普洱市	思茅区	29.66	36.62	33.18	1	是
	景谷傣族彝族自治县	29.17	46.09	11.34	2	是
	江城哈尼族彝族自治县	12.15	74.93	15.58	1	是
	景东彝族自治县	35.95	47.74	7.76	3	否
	宁洱哈尼族彝族自治县	18.57	52.56	16.94	1	否

续表

市（州）	县（自治县）	人口（万）	少数民族人口比重（%）	非农业人口比重（%）	非农人口比重分组	是否抽中
普洱市	镇沅彝族哈尼族拉祜族自治县	20.86	53.67	10.52	2	否
	墨江哈尼族自治县	36.05	75.21	8.58	3	否
	澜沧拉祜族自治县	49.19	76.01	8.38	3	否
	孟连傣族拉祜族佤族自治县	13.55	79.01	12.79	2	否
	西盟佤族自治县	9.13	91.9	14.04	1	否
文山州	马关县	36.75	50.71	9.41	2	是
	文山县（今文山市）	48.15	51.76	25.2	1	是
	广南县	78.74	62.23	4.8	3	是
	丘北县	47.74	65.31	6.74	3	是
	砚山县	46.33	66	8.71	3	是
	富宁县	40.75	75.22	6.95	3	是
	麻栗坡县	27.80	41.99	8.18	3	否
	景洪市	51.99	61.37	30.7	1	是
	勐腊县	28.17	70.23	24.13	1	是
	勐海县	33.19	83.21	13.04	2	是
玉溪市	峨山彝族自治县	16.28	65.65	18.07	1	是
	新平彝族傣族自治县	28.53	68.19	13.2	2	是
	元江哈尼族彝族傣族自治县	21.74	78.2	12.68	2	是

数据来源：云南省2010年人口普查资料、中国2010年人口普查分县资料。

　　需要说明的是，考虑到人力和财力成本，本项目在家庭户抽样时，只是借助了村（居）委会所提供的家庭名单。如前所述，村（居）的家庭名单可能是不完整的，从而导致对家庭单位覆盖不足。如果村（居）委会没有提供家庭名单，就由调查督导人员和访问员一起采用事先确定的标准进行配额抽样。因此，在家庭单位抽样阶段，本项目实际上采用了概率抽样和非概率抽样的混合方法。在家庭内部抽样时，每个访问员借助计算机辅助调查系统，在调查开始阶段进行了家庭所有成员信息的访问和记录，然后由系统从符合调查要求的家庭成员中随机抽取一名家庭成员进行访问，即回答个体层次调查问卷。在实际实施过程中，家庭问卷回答者可能与个体问卷回答者是同一个人，也可能是不同的家庭成员。最后，在计算权数时，根据2010年云南民族地区人口普查资料，以性别、城乡和民族作为分层变量计算了事后分层调整权数。

　　整体而言，2018年"少数民族地区综合社会调查数据库建设关键问题研究"项目在云南民族地区的大规模抽样调查中，充分考虑了云南省丰富的民族分布和文化多样性，采用了复杂的多阶段概率抽样设计。首先，通过对少数民族人口比重的分析，项目团队将少数民族人口比例大于33.39%的县（区）定义为抽样总体，并根据非农人口比例进行分层抽样。这种分层设计不仅确保了样本的代表性，还特别关注了少数民族聚居区和文化多样性，使得调查能够全面反映不同民族的社会情况。在家庭抽样阶段，结合概率抽样和非概率抽样的混合方法，有效应对了实际操作中的各种挑战，如家庭名单不完整和数据覆盖不足的问题。通过计算机辅助调查系统随机抽取家庭成员进行个体层次的调查问卷，项目团队确保了数据的准确性和可靠性。最后，项目还通过事后分层调整权数，基于性别、城乡和民族等变量，对样本进行加权处理，以确保数据能够更准确地反映云南民族地区的社会实际情况。整个抽样过程不仅展现了文化敏感的抽样设计，也为未来的民族地区社会调查提供了宝贵的经验和方法论指导。

4.6　小结

虽然现代社会调查方法论中，抽样设计的理论和方法已经形成了一套系统且完备的知识体系，但在具体的抽样实践中，理想条件往往难以具备，教科书式的抽样设计难以完全实施。实际操作中，通常使用的是某种抽样设计的变体，在民族地区的抽样调查中更是如此。获得代表性样本是抽样设计的根本目标，概率抽样方法是实现这一目标的重要手段，但需要注意的是，概率抽样并不是获得代表性样本的充分条件。抽样总体的精确识别和完整的抽样框同样是保证样本代表性的关键因素。

基于这一考虑，"少数民族地区综合社会调查数据库建设关键问题研究"项目在抽样设计上坚持以概率抽样为主，并以非概率抽样作为重要补充。在县级单位、街道（乡镇）单位以及村（居）单位的抽样中，项目严格执行了分层概率比例抽样，尽可能保证样本的代表性。在家庭单位的抽样中，由于受到客观条件的限制，项目采取了概率抽样与非概率抽样相结合的弹性措施。借助计算机辅助调查系统，家庭内的抽样采用了概率抽样。尽管如此，样本仍然可能存在一定的选择偏误，尤其是青壮年劳动人口的代表性略低，这可能与人口流动有关。

此外，"少数民族地区综合社会调查数据库建设关键问题研究"项目在进行分层抽样设计时，将民族身份二分为汉族和少数民族。虽然该调查的少数民族样本比以往的社会调查更具代表性，但在少数民族内部，具体到某个少数民族群体的代表性并不一定能够得到充分保证，尤其是对于那些人口极其稀少的少数民族群体而言。随着少数民族人口流动的增加以及调查响应率的下降，不同文化背景下的调查抽样设计面临越来越多的挑战，因此，相关的方法论研究需要进一步加强和深化。

第5章

文化背景下的数据收集

在信息技术快速发展的背景下，数据收集方法正在经历前所未有的变革。这一变革不仅推动了社会科学研究的创新，也为具有多元文化背景的调查项目带来了新的挑战与机遇。尤其是在多元文化背景下，如何有效整合传统数据收集方法与新兴技术，成为调查方法学家亟须解决的关键问题。移动电话、移动互联网等新技术的引入，为数据收集提供了前所未有的便捷性和广泛性，但同时也引发了对数据质量、代表性和文化敏感性的深刻反思。在这些新技术的应用过程中，文化因素的考量变得尤为重要，因为它不仅影响数据收集的有效性，还直接关系到数据分析的准确性与结论的普适性。因此，本章旨在探讨如何在文化背景下构建和优化数据收集模型，通过结合传统方法与新兴技术，以应对复杂多变的社会调查环境，并最终提高调查数据的可靠性与文化适应性。

5.1 数据收集模式综述

调查研究者往往需要事先选择最优的数据收集模式。现代调查数据收集模式主要包括邮件调查、面对面访谈、电话访谈和网络调查这四种标准的数据收集模式。这些模式可以根据是否使用计算机、由谁管理整个调查（访问员或受访者自我管理），以及通过听觉还是视觉进行调查，划分为不同的具体形式（T. W. Smith & Kim，2015）。同时，随着调查数据收集模式的发展，研究者越来越关注将多种数据收集模式结合使用的混合模式。

邮件调查是一种相对较早采用的数据收集模式。它指的是将事先设计好的问卷寄给调查对象，调查对象填写后再寄回。邮件中通常包含问卷、封面信、带邮票的信封，有时还包括一定的现金奖励。最早有记录的邮件调查可以追溯到1788年，辛克莱爵士向苏格兰教会的牧师发出了一份问卷，最终通过23次提醒，达到了100%的响应率（De Heer，De Leeuw，& Van Der Zouwen，1999）。邮件调查不需要访问员直接参与，问卷由受访者自填，因此属于受访者自我管理的调查方式。与面对面访谈相比，邮件调查具有成本低、更容易获得广泛的地理覆盖范围、不易受访问员影响等优势。然而，邮件调查也存在一些不足，如对受访者文化水平的要求较高、响应率较低、回收问卷的样本代表性不足、问卷回答不完整等问题（Benson，1946）。为提高问卷响应率，研究者可以通过事先告知、追踪提醒、增加金钱激励等方式进行改进（Kanuk & Berenson，1975）。

相较于邮件调查，面对面访谈中，访问员通常会前往受访者的家中或工作地点进行访谈，并亲自填写问卷。第一次科学的面对面调查发生在1912年，阿瑟·鲍里爵士对英国五个城市的工人阶级状况进行了研究，使用结构化问卷访谈样本，聚焦于开销习惯和经济状况（De Heer et al.，1999）。面对面访谈是最灵活的调查方式，由访问员进行管理，充分利用视觉和听觉交流，更能适应复杂性，样本覆盖率和响应率较高，适合有全国代表性的样本（Dillman & Christian，2005；Roberts，2007）。然而，面对面访谈的成本较高，涉及敏感问题的响应率较低，回答容易产生社会期望偏差（Tourangeau & T. W. Smith，1996）。尽管如此，在20世纪五六十年代，面对面访谈被认为是调查数据收集的黄金标准。

电话访谈是一种通过固定电话或手机进行的访谈方式，由访问员管理，主要依靠听觉交流。随着家用电话覆盖率的提高，电话调查自20世纪70年代起迅速流行，并很快成为美国社会调查的主导模式（Nathan，2001）。电话访谈一直是一种普遍的大规模调查数据收集方式，尤其适用于复杂问卷调查、特殊人群筛选和较小地理区域的研究（Olson et al.，2020b）。例如，马里兰大学调查研究中心在1992年9月至1994年9月间为环保署进行的9000多次时间使用调查，就采用了随机数字拨号的电话访谈方法（Presser & Stinson，1998）。与面对面访谈相比，电话访谈成本更低，更容易接触难以直接接触到的人群，且数据收集更为迅速，但在问卷长度、沟通效率和样本覆盖率方面存在一定限制。

自20世纪70年代起，三种传统的数据收集模式（邮件调查、面对面访谈和电话访谈）开始出现两大变化（Tourangeau，2018）。首先，随着电子计算机的迅速发展和普及，计算机技术逐渐被引入调查数据收集过程，为主要模式提供了许多不同形式，如计算机辅助个人访谈（由访问员读出题目并记录受访者的回答）和计算机辅助自我访谈（受访者自行阅读问题并输入答案）。其次，计算机逐渐取代访问员，成为受访者直接面对的对象，受访者自我管理的数据收集模式增加，如音频计算机辅助的自我访谈和视频计算机辅助的自我访谈。同时，信息科技的发展也使得数据收集模式的具体形式不断丰富，如视频访谈、电子邮件问卷和在线调查问卷。

随着互联网的兴起，网络调查逐渐成为一种重要的数据收集模式（De Leeuw，2005）。网络调查通过互联网向受访者发送问卷，并在线收集数据，这种方式可以通过电子邮件、网站、社交媒体等多种媒介分发和推广问卷。相比传统的调查方式，网络调查在许多方面展现出了独特的优势和挑战。网络调查的一个显著优势是极大地节约了成本和时间。传统的纸质调查或面对面访谈通常需要大量的人力、物力和时间，而网络调查则可以通过自动化的方式实现问卷的分发和数据的即时收集。调查人员不再需要安排访问员进行面对面的访谈，也不需要处理大量的纸质问卷，这大大减少了调查的实施成本（De Leeuw，2005）。此外，网络调查具有高度的自动化和自我管理优势。受访者可以在自己方便的时间和地点完成问卷，这种灵活性提高了受访者的参与意愿和舒适度。自动化流程还减少了人为错误的发生，提高了数据的准确性和一致性。由于受访者可以在匿名的情况下完成问卷，网络调查还能有效减少社会期望偏差，即受访者在回答敏感问题时迎合社会规范的心理倾向。这种匿名性使得受访者更愿意坦诚回答问题，从而提高了数据的真实性。网络调查还允许使用多媒体元素，如音频、视频、图像等，丰富了问卷内容。这些元素不仅可以帮助解释复杂的调查问题，还能提高受访者的参与感和体验。

然而，尽管网络调查具有诸多优势，它也面临一些明显的挑战。首先，覆盖率不足是网络调查的一个主要问题。网络调查依赖于互联网的普及程度和受访者的技术使用能力，在互联网普及率较低或数字鸿沟明显的地区，某些群体可能无法参与在线调查，导致样本覆盖不足。这种覆盖不足特别影响老年人、低收入人群或农村地区居民的参与，导致样本的代表性不足，从而影响调查结果的普遍性和推论效力（Tourangeau，2018）。其次，网络调查的响应率通常较低。由于网络问卷的发送和接收非常容易，受访者往往会收到大量的调查邀请，这可能导致调查疲劳，使得受访者不愿意参与问卷。低响应率不仅减少了样本数量，也可能引发非响应偏差，即响应者与未响应者在关键特征上存在系统性差异，进而影响结果的有效性（Cook，Heath，& Thompson，2000）。

考虑到每种调查数据收集模式都有其不足，近年来混合数据收集模式逐渐兴起。混合模式指研究者将多种数据收集模式相结合的调查方法，这一概念的起源可追溯到20世纪60年代（De Leeuw & Toepoel，2018）。随着技术的发展和研究需求的多样化，混合模式逐渐成为一种有效的调查方法，其应用范围不断扩大。混合模式有多种类型，不同学者对此有不同的划分方法。常见的混合模式类型主要包括以下几种：（1）联系阶段的混合模式。在联系受访者阶段，研究者可以使用多种模式以提高覆盖率和降低无响应率。例如，在最初联系受访者时，研究者可能会先使用电话或邮件，随后在未响应者中使用面对面访谈或网络调查。这种方式可以确保更广泛的人群覆盖，并提高最终的响应率（De Leeuw，2005）。（2）响应阶段的混合模式。在数据收集的响应阶段，混合模式可以进一步分为并发式混合模式和顺序式混合模式。并发式混合模式是指同时提供多种数据收集方法，受访者可以选择自己最方便的方式进行回应。这种模式的优点是受访者可以根据个人偏好选择最适合的回应方式，从而提高响应率和数据质量。顺序式混合模式则是先使用一种方法收集数据，再使用其他方法进行补充。例如，研究者可能首先使用在线问卷收集大部分数据，然后针对未响应者或特定群体使用电话或面对面访谈进行补充（De Leeuw & Toepoel，2018）。

　　混合模式的出现弥补了单一数据收集模式的缺陷。首先，通过结合多种模式，混合模式能够有效降低成本。例如，在资源有限的情况下，研究者可以在初始阶段使用成本较低的模式（如在线问卷调查）收集数据，而在需要更高响应率的阶段使用成本较高的模式（如面对面访谈），从而在保证数据质量的同时控制调查成本。其次，混合模式提高了目标人群的覆盖率和响应率。通过使用多种接触方式和数据收集方法，混合模式能够更好地覆盖难以接触或不愿意参与传统调查的人群。例如，对于老年人或技术使用能力较低的群体，使用传统的电话或面对面访谈可以提高他们的参与度，而对于年轻人或技术使用频繁的群体，网络调查则可能更为有效。最后，混合模式还可以减少测量误差。不同数据收集模式可能对受访者的反应方式产生不同的影响，混合模式通过综合使用多种方法，能够平衡各方法的优缺点，减少单一模式可能带来的系统性误差。例如，面对面访谈可能受到社会期望偏差的影响，而网络调查则可能减少这种偏差，通过混合使用两者，研究者可以获得更为平衡和可靠的数据。

5.2　数据收集模式与调查对象的响应

　　不同数据收集模式对受访者的响应会产生不同的影响。总体而言，网络调查的响应率通常较低。有研究比较了邮件、电话、面对面、传真和网络调查模式的单位响应率，结果显示，网络调查的响应率比其他模式平均低11%（Gwaltney，Shields，& Shiffman，2008）。类似的结果也出现在邮件调查与网络调查，以及网络调查与面对面调查的对比研究中（Heerwegh & Loosveldt，2008；Shin，Johnson，& Rao，2011）。此外，还有研究进一步分析了在网络调查中，使用不同设备（如手机、平板、笔记本电脑和台式电脑）对响应率的影响，结果表明，台式电脑的响应率最高，并且更少发生中断情况（De Leeuw & Toepoel，2018）。相比之下，面对面访谈的响应率通常是最高的。有研究表明，随着数据收集模式的转换，受访者的响应率逐渐上升，例如从邮件调查到电话访谈，再到面对面访谈，响应率依次提高（Shettle & Mooney，1999）。

近几十年来，单一调查模式的响应率持续下降。研究者选择使用混合模式来改善这种情况，包括提供多种模式选择和采用顺序混合模式。无论采用哪种混合模式，它们对提高受访者响应率的作用已经得到广泛认可。有研究比较了邮件–网络调查与单一邮件调查，结果表明，给受访者提供选择可以显著提升响应率（Johnson，Pennell，Stoop，& Dorer，2018）。另有研究设计了一种顺序混合模式，先进行网络调查，然后对未响应的群体进行电话联系，最后选择面对面访谈。结果显示，电话访谈和面对面访谈分别提高了27%和18%的响应率（Hox，De Leeuw，& Klausch，2017）。还有研究发现，顺序混合模式设计优于并行混合模式设计，因为顺序混合模式主要用于跟踪和提醒未响应的受访群体（De Leeuw & Toepoel，2018）。

对于不同数据收集模式在响应率上的差异，学者们提出了一些理论解释。首先，调查对象的素养是一个关键因素。总体来说，网络调查相比其他模式，对受访者的要求更高，不仅需要受访者具备调查的基本能力，还要求他们掌握相关的网络技术。然而，不同社会阶层对网络技术的获取存在不平等现象，有限的网络知识和低频率的网络使用导致网络调查的响应率较低（Shih & Fan，2008）。相比之下，面对面访谈由于有访问员的参与，受访者在调查者的解释和帮助下，只需口头提供回答，承担的负担较小，因此响应率较高，尤其对于文化程度较低的群体（Liu & Wang，2015a）。此外，对数据安全和隐私的顾虑也使得网络调查比其他方式更不易被接受，因为数据在网络传输过程中更容易泄露（Vehovar，Lozar Manfreda，& Batagelj，2001）。

关于混合模式能够提高单位响应率的理论讨论主要集中在偏好选择和顺序设计两个方面。具体来说，为受访者提供他们喜欢的模式，不仅可以提高参与积极性，还能使他们的回答更加方便和容易，从而降低成本（Olson，Smyth，& Wood，2012）。顺序设计能够提高响应率的机制是，先提供一种模式进行调查，对于未响应的群体，再选择一个更容易响应的模式进行跟进（De Leeuw & Toepoel，2018），例如电话访谈和面对面访谈。这种方法既考虑到了受访者的模式偏好，也发挥了多次联系的效果（Tourangeau，Michael Brick，Lohr，& Li，2017）。

不同模式的响应差异也反映了不同人群的差异。一般而言，老年人更倾向于选择面对面访谈（Smyth，Olson，& Millar，2014），而较年轻的受访者更可能选择网络调查（Kappelhof，2015）。这是因为网络调查允许年轻人自由控制时间和地点，他们在计算机知识和打字技能方面也具有优势，使得网络调查更适合他们（Fricker，Galesic，Tourangeau，& Yan，2005）。此外，不同模式还存在性别差异。当提供电话访谈、面对面访谈和邮件调查三种方式时，男性更倾向于选择邮件调查，而女性则倾向于选择面对面访谈（De Leeuw，1992）。然而，当引入网络调查模式时，男性更可能选择网络调查，而女性则更多选择邮件调查（Millar，Neill，Dillman，& Neill，2009）。不同社会阶层与模式选择也显著相关，富人和受教育程度较高的群体更有可能选择网络调查。有研究表明，受过大学及以上教育的受访者比高中或更低学历的受访者更倾向于使用网络调查，而贫困群体则更难以响应网络调查（Smyth et al.，2014）。最后，模式差异还存在于不同地区，郊区和城市地区的网络调查响应率高于农村地区（Rainie，2010）。因为在贫困地区，电子设备覆盖率较低，网络使用困难，在人口稀少的贫困地区，邮件调查比网络调查和面对面访谈更适合（De Leeuw，2005）。此外，不同民族在数据收集模式上的响应差异也值得注意。有研究指出，相比其他群体，少数民族更不可能参与电话访谈和网络调查，而计算机辅助个人访谈可能更适合他们（Feskens，Hox，Lensvelt-Mulders，& Schmeets，2006）。

综上所述，研究者越来越认识到不同数据收集模式在应对调查响应方面各自的优势和局限性。单一模式要求所有受访者使用统一的数据收集方式，但这种方式忽略了不同人群和地区在文化背景、社会经济地位、技术使用习惯等方面的差异。这种不顾差异的方式，常常导致受访者体验的降低和调查响应率的持续下降。特别是在当今全球化的背景下，研究往往需要在不同地区甚至不同国家间进行比较，单一模式的局限性更加明显。调查成本的上升进一步加剧了这一问题，使得研究者面临的挑战日益严峻。在此背景下，混合模式调查方法逐渐成为一种更具吸引力的选择。混合模式调查方法的核心在于，根据研究目的以及受访者的具体特点，灵活地采用多种数据收集方式，从而在控制成本的同时提高调查响应率。这种方法不仅能够为受访者提供更大的便利性，还能够通过多种途径获取数据，进而提高数据的完整性和代表性。然而，值得注意的是，混合模式设计并非没有问题。研究者在实施混合模式调查时，需要特别关注可能存在的模式效应误差（Mode Effect Bias）。这种误差可能由于不同数据收集模式对受访者行为的不同影响而产生，从而影响调查结果的可靠性和有效性（De Leeuw，2005）。

5.3 数据收集模式对项目响应的影响

项目响应率是指受访者对某些问题是否回答以及回答多少，受到多种因素的影响。首先，问题的敏感性对响应率有显著影响，尤其在不同调查模式下表现尤为突出（Kreuter，Presser，& Tourangeau，2008）。隐私能否得到有效保护，直接决定了受访者是否回答敏感性问题以及回答的完整性。研究表明，自填式纸质问卷比面对面访谈在敏感性问题上的响应率更高，这是因为自填式问卷没有调查者的直接参与，能够提供更好的匿名性。相比于传统的纸笔调查模式，网络调查中，受访者在隐私问题上往往会有更多的自我流露，但前提是匿名性和隐私得到保证。例如，有研究证实，纸质版问卷的响应率比电脑版问卷高，但如果受访者得知纸质版问卷可能会被访问者用来计算得分，响应率会显著下降（Paperny，Aono，Lehman，Hammar，& Risser，1990）。对于开放式问题，网络调查的响应率高于邮件调查（Shin et al.，2011）。然而，对于不受社会欢迎的问题，计算机辅助语音交互模式的少报率远远高于网络模式，因为受访者更在意自己提供的答案如何被互动者看待，从而更可能提供社会认可的答案，即所谓的社会期望效应。

其次，问卷的设计形式也会影响项目响应率。问卷过长、模块化设计或跳转回答都会导致受访者终止调查。研究者建议在单一模式下，问卷时长应尽量控制在一小时以内，因为过长的问卷容易导致受访者疲劳，从而降低响应率。此外，有研究发现，虽然将问卷分成多个模块听起来可能更合理，但实际上，这并不能有效提高响应率，反而单一模块的问卷可能会收到更高的题目响应率。在网络调查中，大多数问题被设置为必答题，当受访者试图跳过某个问题却被系统拒绝时，可能会导致其终止回答。为避免这种情况，研究者常在问题选项中加入"不知道"选项，但这可能导致另一个问题，即网络调查中数据丢失的比率远高于访谈调查（De Leeuw, Suzer-Gurtekin, & Hox, 2018）。此外，跳跃式问卷设计可能给受访者一种终止参与的视觉提示，从而令其终止作答。

不同模式下，受访者对同一问题可能会给出不同的答案。单一调查模式在研究单一人口或特定人群时是可取的，因为它可以减少无回答情况。然而，采用单一模式（例如网络调查、邮件调查或面对面访谈）时，调查时长应尽量控制在一小时以内。面对面访谈和网络调查中无回答情况较少，这主要是因为网络问卷可以设置漏填提醒（Fricker et al., 2005）。相比之下，计算机辅助电话和交互语音回答模式更容易出现跳过问题的情况，且无回答的表现形式通常是回答"不知道"，而不是"拒绝回答"。与单一模式相比，混合模式可以减少无回答情况，因为混合模式一方面可以对受访者第一次无回答的问题进行追访，另一方面在同一调查的不同模块中使用不同调查模式也可以提高响应率。通常，调查人员会将低成本模式作为主要模式，而将高成本模式用于追访（Sakshaug et al., 2010）。然而，混合模式也存在风险，即如果受访者未能在第一种模式下完成调查，模式切换可能会导致他们拒绝继续参与（Tourangeau et al., 2017）。

此外，外部因素也会影响受访者的题目响应率，例如受访者在调查过程中有紧急事件需要处理、适当的报酬激励、调查设备的使用、被调查者的动机和问题本身的难度等。需要明确的是，数据收集过程中出现不回答情况通常有两种原因：一是受访者没有投入足够的时间和精力参与调查；二是受访者在面对某些问题时，确实没有明确的意见，因此选择"不知道"。对于后者，更多的"不知道"反而意味着更高的数据质量，因为它反映了更为真实的情况。在混合模式的使用中，我们通常倾向于用较新的模式补充旧模式，而不是替代它们。尽管新技术解决了一些现有问题，如改进测量和降低成本，但它们可能无法解决其他问题，如覆盖率不足和无应答（Couper，2011）。

5.4 数据收集模式与测量误差

所谓测量误差，是指在调查中获得的数据与真实值之间存在的偏差。这种偏差主要源于两个方面："问题"本身和调查的"参与者"（R. M. Groves，1979）。不同的数据收集模式会对数据的测量误差产生影响，或影响受访者如何回答调查问题。有研究指出，数据收集模式似乎通过以下两种路径影响受访者的答案：（1）回答问题所需的努力程度（如认知能力的需求）；（2）受访者诚实回答问题的意愿（即是否对可能具有敏感性或个人特性的问题感到足够舒适）（Holbrook，Green，& Krosnick，2003）。第一类影响可能导致所谓的"满意即可策略"响应偏差（Krosnick，1991），而第二类影响可能导致社会期望偏差，即人们倾向于给出社会期望的答案。

"满意即可策略"是指当以最佳方式回答调查问题需要大量认知努力时，一些受访者会选择只提供一个令人满意的答案。这可能导致各种策略的使用，如响应问卷问题时的顺序效应（即首因效应和近因效应）、同意问题的主张、支持现状而非社会变革、回答"不知道"而不是提出自己的意见，或者在提供的选项中随机选择等。这些策略都会导致受访者的回答与其真实想法或回答不符。证据表明，不同的数据收集模式可能会引发不同程度的"满意即可策略"，并受到多种因素的影响，如问卷长度（回答问题所需的时间）、问题难度（所需的认知能力）和问题类型。例如，相较于面对面访谈，电话访谈模式中更容易发现"满意即可策略"效应（Holbrook et al.，2003）。电话受访者在科学知识相关问题上，回答"不知道"的比例更高，这可能是由于电话调查模式下，受访者面临的时间压力更大，无法充分思考以给出准确答案（Fricker et al.，2005）。另一方面，相比电话受访者，网络受访者在态度问题上给出的答案差异性较小，这可能是由计算机屏幕上问题布局的视觉效果所致。

在调查数据收集中，受访者并不总是觉得能够公开、诚实地报告问题的真实答案。在这种情况下，受访者可能会调整他们的真实答案，以更有利的形象展示自己（Bradburn，Sudman，Blair，& Stocking，1978; Dillman，2011），即产生社会期望偏差。通常，这种偏差在回答敏感问题时更为明显。多数研究比较了不同数据收集模式对敏感问题的影响，发现相较于自我管理问卷（Self-Administered Questionnaire，简称SAQ）模式，由访问者管理的数据收集模式更容易产生社会期望的回应（Tourangeau & T. W. Smith，1996; Dillman，2011）；电话调查比面对面调查表现出更大的社会期望偏差（Holbrook et al.，2003）。

例如，对药物使用、饮酒量、性伴侣数量以及堕胎等敏感话题的回答显示，自我管理式或电话访谈式调查的报告率高于访谈者管理式调查的报告率（Jones & Forrest，1992; Jobe，Pratt，Tourangeau，Baldwin，& Rasinski，1997）；传统问卷调查的受访者往往会夸大参加宗教活动的频率，自我管理报告的宗教出席率则减少了约三分之一（Presser & Stinson，1998）。此外，不同自填式问卷模式对社会期望反应的影响也有所不同。相比传统的计算机辅助电话访谈（Computer-Assisted Telephone Interviewing，简称CATI），网络调查模式更容易增加敏感信息的报告，而交互式语音识别（Interactive Voice Response，简称IVR）的报告率则介于这两者之间；网络受访者不仅比计算机辅助电话受访者更有可能报告自身的不良社会行为，而且更少错误否认这些行为；同样，交互式语音识别的报告率通常介于其他两种模式之间（Kreuter et al.，2008）。

在数据收集中，不同模式引发的社会期望偏差不仅限于敏感问题的自我报告。例如，与面对面访谈相比，邮件调查的受访者更可能表达对"种族融合和平权行动"的负面态度（Krysan，Schuman，Scott，& Beatty，1994）；在电话调查中，受访者比在邮件调查中更有可能报告他们的健康状况（Fowler Jr.，Roman，& Di，1998）；计算机辅助电话访谈中，报告总体健康状况"良好"的比例高于面对面访谈（Biemer，2001）。相比之下，对于非敏感问题的回答，如年龄、性别、种族等，由于这些问题有固定属性，不易被误报，测量误差通常较小。

综上所述，受访者对调查问题回答的准确性往往与数据收集模式有关。了解测量误差的来源及不同模式对测量误差的影响，有助于研究人员开发最小化模式效应对测量误差影响的方法，从而提高调查估计的精度和统计检验的能力。有研究通过混合模式收集调查数据，以减少测量误差。例如，通过计算机辅助个人访谈管理大部分问题，但使用音频计算机辅助自我访谈（Audio Computer-Assisted Self-Interviewing，简称ACASI）收集堕胎和其他敏感信息（Tourangeau et al.，2017）。证据表明，自我管理式数据收集模式倾向于提高敏感问题报告的准确性（Kreuter et al.，2008）。因此，混合模式的应用可能适用于减少测量误差，尽管它不一定增加总体误差，但是否会导致其他类型误差（如无响应偏差）增加，目前尚未有统一结论（Sakshaug et al.，2010）。进一步研究需要证明混合模式是否对调查的测量误差产生不同影响，并评估不同模式在各种误差之间的权衡。

5.5 文化背景与数据收集模式选择

当调查研究人员将现代社会调查数据收集模式应用于不同文化背景的人群时，必须综合考虑地理、文化、风俗、通信技术等因素后再进行选择。在一般人口调查中，少数民族群体的样本代表性往往明显不足，且调查设计往往将少数民族与其他群体作为一个整体，未充分考虑少数民族的独特性。不同数据收集模式在民族地区的影响可能与一般地区有所不同。有研究表明，一些数据收集模式在民族地区表现出更高的敏感性（Feskens et al., 2006）。因此，为了科学、规范、准确地收集少数民族群体的数据，并确保少数民族样本的代表性和数据的有效性，识别哪些特有因素会影响少数民族调查样本在不同模式下的响应至关重要。

首先，数据收集模式的选择需要考虑少数民族群体的地理分布情况。网络和电子设备的发展推动了现代社会调查技术的重大变革，网络调查逐渐成为研究者和受访者青睐的工具，因为它不仅便利，而且节约成本。尽管如此，研究者往往忽视了一些偏远地区的电子设备可及性问题。例如，许多少数民族群体分布在偏远地区，电脑和网络的普及率并不高，这在一定程度上限制了新调查技术在民族地区的应用。然而，随着通信技术的快速发展和移动互联网的普及，通过手机、笔记本电脑等设备在民族地区进行数据收集的可能性大大提高。在2018年的云南民族地区调查中，在一些没有互联网的偏远地区，采用了计算机辅助访问员访谈的方式，访问员携带装有问卷调查系统的笔记本电脑进行调查；而在有手机网络信号的地区，则借助手机设备进行面对面访谈。

其次，数据收集模式的选择还需考虑人口的流动情况。随着现代化和城镇化的发展，经济和教育等因素促进了少数民族的迁移流动，这种迁移流动不仅限于省内，也涉及跨省流动。我国传统的小聚居大杂居的居住格局逐渐被打破，民族互嵌的格局逐渐形成。这种居住格局有利于民族交流和融合，但也为调查模式的选择带来了挑战。少数民族人口的迁移流动主要集中在年轻人，且这些人群的教育程度相对较高；相反，留守在民族地区的多为老年人，受教育程度较低（罗贤贵，2015）。不同年龄和教育水平的人群对数据收集模式有不同的需求。显然，单一的数据收集模式无法同时满足迁移和未迁移群体的需求，因此研究者需要在考虑成本和数据质量的前提下选择合适的混合数据收集模式，以保障样本的代表性和响应率。

此外，文化差异也是数据收集模式选择的关键因素。少数民族群体可能因为不信任外来调查人员而拒绝接受调查，或者即使接受访谈，也可能存在语言交流的困难。特别是对于不讲普通话的群体，数据收集更具挑战性。有研究表明，使用具有共同民族背景的访谈者有助于提高少数民族的响应率，因为他们不仅会说当地语言，还了解调查中的礼仪，文化背景的相似性也使受访者更容易接受调查（Kappelhof，2015）。但也有研究指出，当访谈者与受访者具有相同种族背景时，提出敏感问题时可能会导致社会期望误差和默许误差的增加（Dotinga，Van Den Eijnden，Bosveld，& Garretsen，2005）。有学者建议使用经过当地语言翻译的问卷，或者对于因语言问题无法回应的群体，邀请其亲属代为翻译和解释（Feskens et al.，2006）。

总之，在设计数据收集模式时，研究者需要综合考虑不同人群对模式响应的差异以及少数民族的地理位置、流动性和文化差异等因素。显然，单一数据收集模式已无法满足现代社会调查的需求。因此，在实际的模式设计中，研究者可以从混合模式的角度来设计和实施调查，利用一种数据收集模式的优点，弥补另一种模式的不足。在设计混合模式时，研究者应关注的关键是如何在控制成本的同时，将总体误差降到最低。对一些模式固有的误差，应尽力控制。例如在调查敏感问题时，访谈者的存在可能会产生社会期望效应，虽然可以通过自填式问卷模式减少这种效应，但在偏远地区和文化水平较低的老年人群体中，自填式问卷并不现实。在这种情况下，可以一再强调保密原则，或在解释后由受访者自行填写敏感问题。

明确了使用混合模式的总体目标后，接下来要做的就是尽可能在初始阶段减少模式选择效应。研究者可以采用迪尔曼（Dillman,2011）的统一模式设计，以相同或近似的方式编写和呈现问题，确保所有模式的受访者都能获得相同的感知刺激。有研究证明，这种方式是目前混合模式设计的最佳实践（Johnson et al.，2018）。由于越来越多的少数民族加入流动人口的行列，流动方向也日益多样化，并且针对这些流动群体，无论在哪个省份，我们都没有一份独立的流动名单，联系他们十分困难。基于这种情况，顺序混合模式可能更为有效。我国的民族分布格局是大杂居小聚居，未流动的群体往往集中在某个地区，因此，当我们深入到民族地区进行调研时，可以为集中人群选择一种主要模式，了解流动人口的基本信息后，再为他们提供另一种模式。这样不仅可以降低成本，提高响应率和覆盖率，还能补充流动人口信息，为相关研究提供宝贵的经验数据。

在使用顺序混合模式时，选择合适的模式组合至关重要。在少数民族调查中，由于文化因素和偏远地区设备普及率的影响，我们不能像其他调查一样，将计算机辅助电话调查作为主要模式，这可能会导致高拒绝率和低接触率，从而使样本响应率较低。因此，建立信任关系是调查的第一步，深入民族地区也是不可或缺的一环。为了获得少数民族的信任，研究者应对调查团队进行培训，使他们掌握基本的民族礼仪和交流技巧，让少数民族受访者感受到尊重和重视。在同等成本下，选择具有相同背景的调查员是非常必要的，因为文化相近性有助于提升响应率。同时，还可以寻求当地官员、领袖或熟人的帮助，先让他们进行宣传，介绍调查的目的，然后再开展调查。考虑到民族地区的教育水平较低，留守人口多为老年人和儿童，可以选择计算机辅助面对面访谈作为启动模式，然后再用网络调查和计算机辅助电话调查进行后续跟踪。

总之，在设计和实施民族地区的社会调查时，文化背景下的数据收集模式需要特别关注地理位置、人口流动性以及文化差异等多方面因素。传统数据收集方法与现代技术的结合为调查提供了更多可能性，但同时也带来了新的挑战。为了确保少数民族样本的代表性和数据的有效性，研究人员必须综合考虑地理、文化和技术等因素，科学地选择和设计数据收集模式。特别是在民族地区，数据收集模式的选择不仅影响数据的准确性，还直接关系到样本的响应率和调查结果的可靠性。通过结合不同的数据收集模式，特别是利用混合模式，可以最大限度地减少误差，提高调查的覆盖率和响应率，进而获得更为全面和准确的社会调查数据。最终，成功的调查设计不仅依赖于技术和方法的选择，更取决于对少数民族文化背景的深刻理解和尊重。

5.6 小结

随着技术进步和社会条件的变化，数据收集模式不断更新、丰富和发展。每种模式都有其独特的优点和缺点，对调查对象的响应率、项目响应率以及测量误差等方面产生不同的影响。提升调查质量，提高调查数据的有效性、真实性和可靠性，关键在于降低总调查误差。这要求调查模式的应用能够最小化模式影响。随着调查设计的日益复杂，越来越多的调查研究采用混合模式来收集数据，这也使得降低各种误差的目标变得更加具有挑战性。然而，新模式的产生并不意味着现有模式的消失或过时，而是对它们的补充。从传统模式（如面对面访谈、邮件调查和电话访谈）向新模式（如计算机辅助或网络调查）的转变，是一个需要不断学习和验证的过程。调查研究人员应深入了解所有模式的优势和局限性，并根据调查的主题、目标人群（或特殊人群）以及特定调查的其他参数选择合适的调查模式。这一点对于中国的少数民族来说尤为重要。由于他们大多生活在交通不便的偏远地区，并且有各自独特的风俗习惯与语言文化背景，为他们量身定制数据收集模式是确保有关少数民族数据的完整性、真实性和可用性的关键。同时，这也对调查模式的应用提出了更高的要求。

在为少数民族群体设计数据收集模式时，研究者需要考虑多方面的因素。例如，地理位置和通信技术的局限可能影响传统网络调查的实施，但移动互联网和计算机辅助技术的应用为调查提供了新的可能性。此外，文化差异和语言障碍也可能影响受访者的响应率和数据质量，因此在调查设计中，应尽量选用与受访者文化背景相符的访谈者，或使用经过翻译的问卷，以减少沟通障碍。混合模式的应用可以将不同模式的优势结合起来，最大限度地减少误差，提高调查的覆盖率和响应率。例如，在偏远地区可以采用计算机辅助面对面访谈来启动调查，然后在更方便的地区或人群中使用网络调查或电话调查进行后续跟踪。这种方式不仅降低了成本，还提高了数据的代表性和可靠性。随着数据收集技术的进步，调查模式的选择和应用变得更加多样化和复杂化。为了确保数据收集的成功，特别是在涉及少数民族等特殊人群时，研究者必须综合考虑地理、文化、技术等因素，灵活运用多种数据收集模式。在这一过程中，传统模式与新兴技术的结合将成为提高调查数据质量的有效途径，同时也要求研究者在调查设计中更加注重文化敏感性和技术适应性，以确保调查结果的全面性和准确性。

第6章

文化适当的访问员

在不同文化背景中进行社会调查时，访问员的招募、培训和管理至关重要。访问员不仅是数据收集的执行者，更是影响调查的关键因素之一。在民族地区或多文化背景的环境中，访问员的性别、年龄、社会经济地位和民族身份等特征，都会对调查过程和结果产生显著影响。为了确保数据的准确性和代表性，研究人员必须精心挑选并培训访问员，使访问员具备文化敏感性和专业技能。本章将深入探讨招募、培训和管理文化适当的访问员的策略，分析访问员在社会调查中的重要性、角色及其对数据质量的影响。同时，还将讨论如何通过有效管理和持续培训，确保访问员能够在复杂的文化背景中高效工作，从而提高社会调查的成功率和数据的可靠性。

6.1 访问员的重要性

在由访问员管理的社会调查中，数据的收集通常依赖于访问员与受访者之间的互动。在面对面访谈中，访问员是影响受访者合作的关键因素之一（Jäckle，Lynn，Sinibaldi，& Tipping，2012）。不同访问员对受访者回答的影响存在较大差异，尤其在确保受访者合作方面的效果不同。理解访问员如何影响受访者合作的机制及决定访谈成功的因素，对于访问员的招募、选拔、培训和评估具有重要意义。访问员的特征及其与受访者之间的社会距离会直接影响受访者是否接受访谈，是否中途退出，以及是否提供真实可靠的回答。在以少数族群为研究对象的调查中，研究人员更需关注访问员对少数族群受访者合作意愿的影响。

访问员对受访者合作的影响模式可以分为社会归因模型（Johnson，Fendrich，Shaligram，Garcy，& Gillespie，2000）和社会距离模型（Aquilino，1994a）。社会归因模型认为，在某些情况下，受访者可能会根据他们对访问员期望的理解来调整其回答（Fendrich，Johnson，Shaligram，& Wislar，1999）。该模型强调访问员特征对受访者的直接影响。访问员的社会人口学特征（如年龄、性别、种族或民族、受教育程度）、经验、语言与沟通能力等，都会直接影响受访者的合作意愿。社会距离模型则认为，受访者和访问员在社会身份上的差异或相似性决定了回答是否会受到访问员影响（Johnson et al.，2000）。更大的社会距离（即更少的共同身份）对确保受访者合作产生负面影响，可能导致受访者不愿接受访谈或回答质量下降，进而增加访问员偏差。

有研究发现，非裔美国受访者更倾向于接受同种族访问员的访谈，与受访者有相似特征的访问员更可能提高响应率（Davis et al.，2012）。通过对第六轮和第七轮欧洲社会调查比利时数据的分析，研究发现访问员与受访者之间社会人口学特征的匹配度会影响受访者合作的可能性（Vercruyssen，Wuyts，& Loosveldt，2017）。当访问员与受访者在性别、种族或民族等方面具有更多共同点时，社会距离较小，受访者更愿意接受访谈，合作的可能性也更大。

在以少数民族群体为研究对象的社会调查中，也需特别关注访问员对受访者合作意愿的影响。对于少数民族受访者而言，影响其合作意愿的因素主要包括：对研究人员的不信任、存在大量竞争性需求、对意外结果的恐惧、缺乏获取信息的途径，以及部分研究可能对受访者产生污名化（George，Duran，& Norris，2014）。在非裔美国人研究中，受访者的不信任通常与他们认为研究将更有利于白人或研究机构而不是有色人种的想法有关（Linden et al.，2007）；夏威夷土著人也表达了对研究人员不为其社群服务的怀疑（Gollin，Harrigan，Calderón，Perez，& Easa，2005）。种族主义以及对少数族群受访者的偏见和歧视，也可能导致受访者合作意愿降低。对于访问员而言，缺乏对少数民族文化差异的理解可能导致调查各阶段的沟通策略无效，包括招募受访者、记录回答和维系受访者的过程（George et al.，2014）。

调查研究人员应充分利用能够促进少数族群受访者合作意愿的因素，以提高少数族群受访者的参与度和代表性。促进少数族群受访者合作的因素包括文化上的一致性、参与者获得的好处、利他主义精神、参与的便利性及低风险性（George et al.，2014）。访问员的种族、性别、语言和沟通技巧，以及对少数族群的认知与行为，都会对受访者的合作意愿产生深远影响（Khubchandani，Balls-Berry，Price，&

Webb，2016）。通过种族和民族匹配，与受访者进行真诚、互惠的互动，建立"真正的联结"，并通过了解少数族群的文化知识提高文化一致性，缩小与受访者之间的社会距离，促进受访者合作。此外，研究人员还可以实施一系列招募、登记和保留策略，尊重少数族群，降低参与调查的难度和风险，提供一定的好处，从而减少受访者参与的障碍，提升合作意愿。例如，采用社区参与策略，通过在少数族群社区投入更多时间和精力，利用社区中的积极存在减少受访者对访问员的不信任以及在研究中被利用的恐惧（Khubchandani et al.，2016），并激发受访者为社区做贡献的利他主义精神，增强少数族群受访者的合作意愿。

6.2　访问员的角色和任务

访问员在面对面访谈中扮演着不可或缺的关键角色，具有独特的角色特征，这些特征包括可观察的和难以观察的，且受访问员的培训和个人特征的影响存在差异。访问员的角色特征对访谈成功率和数据质量有着重要影响。首先，访问员可以通过穿着统一制服、佩戴标志性徽章或身份吊牌、携带专业电子设备等方式，向受访者证明其合法身份，从而获取信任，顺利展开访谈。其次，经过标准培训的访问员在语言表达上会展现出特定的角色特征，如标准化的措辞和发问方式、客观反馈问题和应对突发情况的能力。最后，由于访问员之间存在异质性，其社会人口学特征、访谈经验以及对调查的态度和期望等会影响访谈效果，表现出难以观察的角色特征，例如访问员对目标群体的了解程度、对调查主题的态度、对问题的难度和敏感性的预期以及对受访者的刻板印象（Schaeffer & Dykema，2011）。同时，经验丰富的访问员比经验不足的访问员更容易获得高水平的访谈结果。两种假设解释了这种关联：一是访谈速度的提升，二是希望与受访者保持密切关系（Olson & Bilgen，2011）。当访问员完成一定数量的访谈并积累丰富经验后，他们能更灵活地应对受访者的不同反应，适时做出恰当回应，从而更好地掌握访谈节奏，与受访者之间的互动也更为自然，展现出更强的专业性。

尽管当代调查设计变得更加复杂，但访问员的关键角色基本保持不变：他们负责实施复杂的样本设计，找到样本成员并说服其参与，管理和使用复杂的工具，并通过其存在保持受访者的积极性和参与度（Lipovetsky，2022）。访问员能够胜任这些任务，以至于研究人员依赖访问员参与的调查模式，而非自我管理的工具，尽管这增加了额外成本和潜在的访问员误差。克罗伊特尔将访问员的角色描述为"严格按照措辞解读问题；非直接探测；记录答案而不进行解释、转述或对受访者的观点或行为进行额外推断"（Kreuter，2008）。这些既是访问员的角色要求，也是他们在面对面访谈中需要完成的一般任务。访问员承担着招募受访者和数据收集的重要职责，即找到符合条件的受访者并说服其完成访谈，在互动过程中收集数据，完成整个访谈任务。为提高访谈成功率，减少无应答和拒访情况，访问员需接受避免拒绝的培训，在招募符合条件的受访者的过程中和访谈中做出适当回应，同时在招募过程中根据研究主题甄别受访者是否符合项目要求。

在面对面访谈中，访问员的任务包括以下几个方面：（1）态度——尊重和保护受访者是首要原则。访问员必须对受访者在调查中提供的个人信息和相关资料严格保密，不得泄露给与本研究无关的任何人，也不得用于任何与研究无关的目的。同时，访问员须在访谈过程中保持价值中立，不对受访者的回答进行暗示、引导、举例或推测。

（2）提问——客观发问，必须完整念读题目和所有选项，不漏掉或跳过任何问题，确保按照问卷的逻辑顺序逐一提问，避免私自提问或展开讨论。同时，访问员应以平和适中的语气和语速发问，使受访者有足够时间思考和回答，而不会感到压迫或紧张。（3）追问——访问员须理解受访者的回答（包括口语化作答、民族语言和地方方言的回答），将回答与问题和所有选项进行比较，以判断是否匹配。对于含糊不清的回答，访问员须适当追问或再次提问，帮助受访者从选项中选择。对于受访者难以理解的问题，访问员须激励并帮助受访者作答。（4）数据记录——访问员须提前熟悉问卷和系统，避免访谈中的操作失误。在访谈时，访问员应完整记录受访者的答案，准确保持数据的原始形态，并现场编码，同时记录访谈中出现的问题，以便后续反馈和改善。（5）访谈行为——面对面访谈中，访问员应言行举止自然，平易近人，使用通俗易懂的语言。访问员须避免如眼神、表情和肢体动作等可能影响受访者回答的行为（如皱眉可能引起受访者怀疑或不满），并注意观察受访者的非言语行为（Olson et al., 2020a）。

6.3 访问员效应

所谓"访问员效应"是指受访者提供并记录在问卷中的答案随着被分配给受访者的访问员的不同而变化的趋势，即归因于特定的访问员特征的测量误差，通常指测量中的可变误差（R. M. Groves & Magilavy, 1986）。

6.3.1　访问员性别效应

顾名思义，性别效应指的是访问员的性别对受访者回答产生的影响。性别效应在一定程度上可能对调查结果带来不利影响。然而，有研究发现，访问员的性别效应似乎主要局限于涉及性别敏感的议题和项目中（Flores-Macias & Lawson，2008）。在社会科学领域，现有的性别效应研究多集中在与性行为、性别角色及政治议题相关的问题上。

一般而言，当访问员为女性时，受访者在性别敏感问题上往往表现出更多的进步性和平等性态度。无论受访者是男性还是女性，他们都更愿意向女性访问员报告更多涉及敏感性问题的细节，例如性行为等相对隐私的问题。换句话说，相比于男性访问员，受访者更倾向于向女性访问员报告更多信息并进行更多与性相关的表述（Abramson & Handschumacher，1978；Catania，Binson，Canchola，Pollack，& Hauck，1996；Catania，Gibson，Marin，Coates，& Greenblatt，1990）。在涉及性行为的话题中，异性恋受访者在与异性访问员互动时，常表现出更强烈的情绪反应，如兴奋、厌恶或尴尬，这种情绪反应会促使他们提供更多或更少的回答（Catania et al.，1996）。即使是在电话访谈中，尽管受访者无法通过访问员的外貌特征进行判断，但访问员的声音也是重要的性别判断线索，从而影响受访者的回答程度。在某些地区，文化背景的不同可能导致同一话题的敏感性更为突出，例如在尼泊尔，男性访问员不被允许向女性受访者询问是否怀孕，因为当地人认为这是一种性挑逗行为（Axinn，1991）。与性行为议题相反，在有关毒品使用和疾病报告的研究中，研究者发现受访者更愿意向男性访问员报告自己使用毒品以及患病的情况，而男同性恋者更愿意向女性访问员报告毒品使用情况（Darrow et al.，1986；Johnson & Parsons，1994）。

在涉及一般性别不平等的议题中，女性受访者更容易拒绝男性访问员的采访。无论是男性还是女性受访者，他们都倾向于向女性访问员表达更平等的性别态度，或对现有性别不平等提出更多批评。例如，在关于育儿责任分担的问题上，男性受访者在女性访问员面前更容易表示双方应共同承担责任；而女性受访者在女性访问员面前则更倾向于支持政府在职业平等及日托方面的努力。可以总结为，在涉及性别利益的问题时，性别效应在女性受访者中更为显著。同样，无论在何种情况下，女性访问员都比男性访问员获得更多女权主义倾向的回答。在一些具有争议且敏感的政治问题上，男性受访者对男性和女性访问员的回答存在显著差异。例如，男性受访者在面对男性访问员时，比在面对女性访问员时更可能支持将强奸案中的堕胎行为定为犯罪（Flores-Macias & Lawson，2008）。总体而言，在敏感性问题上，受访者普遍更喜欢女性访问员，女性访问员收集的数据质量更高，也更容易进行入户调查，而男性访问员则更可能收到默许的回答。

性别效应的产生有多种原因。首先，相比男性，女性通常被认为更友好、更容易引发同情心理。因此，在一些敏感问题上，受访者更愿意向使自己感到舒适的女性访问员进行自我披露。例如，男同性恋者向女性访问员报告毒品使用情况，可能是因为他们认为女性访问员比男性访问员更容易同情越轨行为。另一方面，受访者向男性访问员报告自身患病及吸毒情况，可能是因为男性访问员更容易被认为是药物使用者或可能也有类似疾病。其次，在性别议题或女权相关的问题中，女性访问员可能被认为更具有威胁性，因此会从男性受访者口中得到更多符合社会期望的回答，这在某种程度上是因为受访者希望与访问员保持"礼貌的对话"，避免挑起性别对立等争端（Kane & Macaulay，1993）。同理，为了保护性别关系的现状，女性受访者在某些话题上面对不同性别的访问员时，可能会给出不同的回答。

　　不同群体受到性别效应影响的程度不同。研究表明，性别效应在文化保守地区最为明显，而在自由度较高的地区则较弱（Becker, Fey-isetan, & Makinwa-Adebusoye，1995）。在某些文化背景中，特定主题的采访需要男性家属陪同；而在其他文化中，被认为敏感的话题在不同环境中可能不再敏感。在亚洲国家，如中国、泰国、马来西亚，访问员访谈的同性多于异性，且男性访问员得到的默许答案也多于女性访问员，这与儒家传统文化强调男性优越性和女性从属性有关（Olson et al.，2020a）。此外，有证据表明，受教育程度较低、年龄较小、经济状况较差的受访者更容易受到访问员性别效应的影响（Huddy et al.，1997），因为这些群体在政治问题上立场不明确，更具可塑性，更易受到访问员性别带来的信息影响。关于性别效应对男性和女性的影响，研究尚未得出一致结论：认为女性受性别效应影响较小的人认为，女性具有天然的交流与倾诉欲望，因此她们的自我披露水平本已较高，不易受到性别效应的影响（Catania et al.，1996）；认为女性受性别效应影响较大的人则认为，女性在谈话中更习惯适应男性的地位，因此更容易受到性别效应的影响。

　　在社会调查中，性别效应可能会对测量误差产生显著影响，从而影响调查数据的可靠性和有效性。为了探明测量误差是否由性别效应引起，研究者需要详细记录受访者与访问员的社会人口学特征信息。这种做法不仅有助于识别潜在的性别效应，还可以为后续分析提供数据支持，从而更好地理解访问员特征对数据质量的影响（Durrant, R. M. Groves, Staetsky, & Steele，2010）。在实践中，为了减少性别效应对调查结果的影响，研究者通常采取两种主要策略：第一种策略是随机分配访问员给受访者。这种方法的优点在于，通过随机化过程，减少了特定性别组合（如男性访问员与女性受访者）带来的系统性偏差，从而增强了数据的内在效度（Internal Validity）（Flores-Macias & Lawson，2008）。随机分配不仅有助于平衡性别效应，还能控制其他潜在的影响因素，例如访问员的经验或教育背景。第二种策略是根据性别将受访者与访问员进行匹配，即在调查中尽量使受访者与访问员的性别一致。这种方法基于社会心理学的理论，认为相同性别的访谈双方更容易建立信任关系，进而提高受访者的合作意愿和回答的真实性（Kane & Macaulay，1993）。然而，无论采用哪种策略，研究者都应意识到性别效应可能存在的复杂性。例如，性别效应可能与其他因素（如文化背景、社会地位等）交织在一起，形成多重互动效应。

6.3.2　访问员年龄效应

在访问员效应的相关研究中，年龄是一个重要的变量。与信仰、观念等隐蔽性强的个人特性不同，年龄在访谈中是难以掩盖的特征。除了在面对面访问中可以被直观看出，甚至在电话访问中，受访者也能通过访问员的名字、讲话风格和声音特点察觉到年龄差异。访问员的年龄是否会对访问结果产生差异性影响，通常受到两个因素的影响：文化差异与研究操作化。前者较为容易理解，不同文化对年长者的尊重程度不同（Davis，Couper，Janz，Caldwell，& Resnicow，2009）。例如，在以尊老为传统的中国，年长的访问员可能更具权威性，更容易接近受访者，从而降低拒访率；而在美国，由于缺乏类似的尊老文化，年长的访问员可能并没有访问优势。在操作化方面，不同研究对年龄效应的结果各异，难以下定论。

学界对访问员年龄效应的研究角度多样且复杂。一些研究表明，访问员的年龄对访问结果具有显著影响，且可分为积极作用和消极作用。在积极作用方面，年长的访问员可能拥有更丰富的经验（Sudman，Fowler，& Mangione，1992）和更令人舒适的态度（Cleary，Mechanic，& Weiss，1981），从而降低拒访率（Blom，De Leeuw，& Hox，

2010），有利于访谈的顺利进行。然而，在消极作用方面，年长的访问员可能因反应力、阅读能力和遵从指示能力的下降而难以收集到完整的信息（Brüderl，Huyer-May，& Schmiedeberg，2013；Josten & Trappmann，2016），这可能导致访谈时间的延长（Olson & Bilgen，2011）。此外，年长的访问员可能被视为权威人物，从而导致他们收集的回答更符合社会普遍价值观或受访者认为权威人士希望听到的内容，这使得数据真实性受到影响。

还有研究指出，访问员的年龄可以缓和其他人口学特征的影响（Freeman & Butler，1976），即年龄与其他特征的相互作用可能对访问结果造成复杂的影响。在性别与年龄的交叉影响研究中，研究发现年长的男性访问员（30岁）在说服年长男性和年轻女性样本单位参与方面表现更好（Lipps，2010）。此外，访问员与受访者的年龄匹配程度也是一个需要关注的问题。研究表明，当访问员年龄大于受访者时，受访者的响应率显著低于访问员与受访者年龄相近（年龄差在5岁以内）时；当访问员与受访者年龄更相近时，受访者在回应调查参与请求和访谈过程中的合作程度更高（Vercruyssen et al.，2017）。然而，这种年龄匹配效应存在差异："老年"访问员与"老年"受访者之间的差异大于其他年龄组合，"年轻"访问员与"年轻"受访者之间的差异最小。另一些研究则表明，年龄与某些访问结果或主题无关，如默许回答与访问员年龄之间没有关联（Olson & Bilgen，2011），访问员年龄与最近药物使用报告的回答也没有关联（Johnson et al.，2000）。

总之，访问员的年龄效应对调查的影响不容忽视。在民族地区开展社会调查时，挑选访问员时应考虑不同年龄段所具备的特征、年龄与其他人口学特征的相互作用，以及访问员和受访者的年龄匹配程度。特别是民族与年龄的相互作用，在某些民族文化中，年长者被视为权威与智慧的象征；但在其他民族文化中，年长则意味着衰老和无用。

因此，在民族地区开展社会调查时，应因地制宜，提前了解当地文化，依据文化特性指派合适的访问员，以将年龄对调查的不利影响降到最低，从而实现对民族地区社会现状的真实了解。

6.3.3 访问员种族（民族）身份效应

关于访问员效应的诸多文献表明，种族（民族）身份作为访问员最重要的人口学特征之一，可以系统地、显著地影响受访者的回答，导致受访者以多种方式偏离正确结果，从而产生种族（民族）效应（An & Winship，2016），进而影响数据的有效性、真实性和显著性。不过，这种显著的身份效应似乎是例外现象而非常规影响（Davis et al.，2009），主要集中在与种族（民族）相关的敏感问题上，并且这种效应可能因受访者的种族（民族）而异。也就是说，访问员的种族（民族）身份效应受到调查中问题类型和受访者种族（民族）的强烈调节（West & Blom，2016）。

一般而言，访问员的种族（民族）身份会显著影响受访者在调查中的态度、行为，甚至是政治知识指标（Schaeffer，1980），尤其是在涉及种族（民族）等较为敏感的问题上。现有研究对此进行了详细探讨。例如，访问员的种族身份会影响受访者的种族相关态度。研究发现，接受白人采访的黑人受访者比接受黑人采访的黑人受访者更容易表达对白人的友好态度（Anderson，Silver，& Abramson，1988）。此外，黑人和白人受访者可能更倾向于向白人或西班牙裔访问员报告药物使用情况（Johnson & Parsons，1994; Fendrich et al.，1999）。黑人受访者在接受白人访问员采访时，更有可能隐瞒自己的真实政治信仰（Davis，1997）。然而，访问员的种族（民族）身份效应并不影响所有调查题目，大多数非种族（民族）相关问题（如人口统计问题）并未受到访问员种族（民族）身份的显著影响（Webster，1996; Zimmerman，Caldwell，& Bernat，2002)。

同时，访问员的种族（民族）身份效应还因受访者的文化态度而异。例如，研究发现，白人受访者的访问员种族效应似乎比黑人受访者要小（Schaeffer，1980)，但也有研究得出相反的结论（Cotter，Cohen，& Coulter，1982)。另一项研究显示，白人受访者通常不受访问员种族的影响，而黑人受访者向黑人访问员报告更多的酒精和大麻使用情况以及更差的整体健康状况（Livert，Kadushin，Schulman，& Weiss，1998)。此外，具有非洲中心主义或美国黑人认同的受访者更倾向于偏好非裔美国人访问员（Davis et al.，2012)。在跨文化背景下，种族（民族）虽然是一个非常有影响力的社会特征，但其具体影响可能因文化差异而不同。人们对陌生人（如访问员）的信任和态度在不同文化中也有所不同，这使得跨文化访问员种族（民族）效应成为一个持续探讨的研究领域（Weinreb，2006)。

尽管早期的研究表明，访问员的种族（民族）身份效应可能源于受访者对访问员种族（民族）身份的"人际尊重"（Schuman & Converse，1971; Campbell，1981; Davis，1997)，即在回答种族（民族）敏感问题时，受访者倾向于提供不会冒犯相关种族（民族）访问员的答案，这些答案可能不准确。即使在自我管理的调查模式中，这种现象也可能发生（Liu & Wang，2015b)。然而，最近的研究指出，访问员的种族（民族）身份效应可能源于种族（民族）刻板印象威胁引发的"社会讨好"或"社会焦虑"。所谓刻板印象威胁，是指当某个群体面临广为人知的负面刻板印象时（如智力差），其成员可能感受到威胁，影响其表现（Steele，1997)。研究发现，在态度和观点的问题上，"社会讨好"对访问员种族（民族）身份效应的作用更大，即受访者可能会掩盖真实感受，以取悦访问员或表现出符合社会期待的态度（Krysan & Couper，2003)。而"社会焦虑"则对事实性问题的访问员种族

（民族）身份效应更为重要。例如，黑人受访者在回答政治知识问题时，在白人访问员面前的正确率低于在黑人访问员面前的正确率（Davis & Silver，2003）。这些结果与"刻板印象威胁理论"的预期相一致。

基于以上研究，许多关于访问员种族（民族）身份效应的文献建议在调查中对访问员和受访者按种族（民族）进行匹配（Worcester & Kuar-ballagan，2002; Cobb，Boland-Perez，& LeBaron，2008），以减少受访者对访问员的不信任，使受访者感到更轻松，从而产生更有效的数据，提升数据质量。例如，相关研究表明，许多非裔美国人在进行有种族内容的电话调查时更倾向于非裔美国人访问员；在面对面调查中，这种偏好可能更为明显——非裔美国人更容易与非裔美国人访问员相处，这种更大的舒适度可能会减少测量误差，带来更积极的调查体验（Davis et al.，2012）。然而，种族（民族）匹配也可能增加访问员误差，因为它可能鼓励受访者报告更多支持其种族（民族）的观点，认为这样的回答更符合社会期望（Johnson et al.，2000）。如果种族（民族）匹配确实增加了访问员误差，那么我们对社会问题的认识可能会产生偏差，因为这种认识是建立在种族（民族）匹配设计的调查基础上的，这种匹配本质上会强化种族（民族）群体之间的差异。因此，未来的研究仍需进一步探讨会导致访问员种族（民族）效应的中间变量，如社会期望、刻板印象威胁和工作量等，而不仅仅是简单地将访问员和受访者进行种族（民族）匹配。

6.3.4　访问员社会经济地位效应

访问员的社会经济地位是影响受访者响应偏差的重要因素之一。一般来说，社会经济地位较高的访问员更可能对数据质量产生影响（West & Blom，2016），尤其是在受访者与访问员的社会地位差距较大时，这种差距会进一步加剧与访问员相关的误差效应。一项研究指出，访问员的收入越高，受教育水平越高，受访者就越可能受到影响，从而提供更符合社会期望和文化规范的答案（Katz & Cantril，1937）。这种社会经济效应在社会阶层分化严重的国家和地区可能更加明显（Campbell，1981）。访问员的社会经济效应对数据的影响主要体现在以下两个方面：首先是在测量误差方面。受访者可能会因为访问员的社会经济地位压力，进行印象管理，呈现出积极状态（Blaydes & Gillum，2013），或者提供更多符合社会主流的回答和默许的答案。其次，这种效应还会影响受访者对特定问题的响应。社会经济地位较低的受访者在发现自己与访问员的地位差距时，更不愿意回答与收入（Bailar，Bailey，& Stevens，1977）或不良精神症状相关的问题（Riessman，1979）。

关于访问员社会经济地位效应的理论解释，研究者提出了几个视角。首先是"预期奖励或惩罚"的视角，认为受访者在回答问题时，会考虑答案可能带来的后果，倾向于提供对自己有利的回答，以获得资源和好处（Blaydes & Gillum，2013）。例如，一些社会经济地位较低的非裔美国人可能为了获得更好的医疗保障，在地位较高的白人访问员面前呈现积极状态（Malat，Van Ryn，& Purcell，2006）。其次是社会距离理论，该理论认为，社会经济地位较高的访问员会给受访者带来压力和威胁，导致地位较低的受访者改变真实想法，提供符合预期的答案或给予更多的支持性回应。此外，喜好理论指出，人们更倾向于与有相似背景的人互动，揭露真实想法并获得理解。因此，社会经济地位较低的受访者不太可能向社会经济地位较高的访问员提供一致性回答（Vercruyssen et al.，2017）。

访问员的社会经济地位对不同人口群体的影响也有所不同。对于不同年龄段的影响，研究主要分为两种观点：一种观点认为，年龄较小的受访者在面对社会经济地位较高的访问员时，更容易感受到压力和威胁，因而倾向于提供看似合理的回答，以避免批评和惩罚（Blaydes & Gillum，2013）；另一种观点认为，老年人作为社会弱势群体，为了获得更好的医疗保健服务，更容易受到访问员社会地位的影响，表现出策略性的自我呈现（Malat et al.，2006）。在性别方面，访问员的社会经济地位对女性的影响可能大于男性，原因在于女性长期以来面临社会不平等，资源有限，地位从属，因此更注重积极展示自己以获得资源（Malat et al.，2006）。在社会经济地位方面，收入和受教育程度较低的受访者更容易在社会地位较高的访问员面前进行印象管理。例如，有研究发现，社会经济地位较低的受访者更可能在社会经济地位较高的访问员面前表现出良好状态（Blaydes & Gillum，2013），甚至可能为了减少与访问员的差距，贬低自己所属的种族，支持访问员所属的种族（Davis，1997）。

综上所述，访问员的社会经济地位可能对受访者的回答产生显著影响。这不仅会导致问卷中的敏感问题响应率降低，还会促使受访者为了追求利益或规避风险，提供更多符合社会默许和期望的答案，从而影响数据质量。因此，在进行社会调查时，访问员应尽可能注意形象管理，减少使用象征社会经济地位的语言、着装、首饰等符号，缩小与受访者之间的差距，营造一种背景相似的氛围，让受访者感到舒适，而不是感受到压力或胁迫，从而促使他们提供真诚的回答。此外，在调查开始前，访问员应清楚表明来意，强调问卷收集的用途，以消除受访者通过特定答案获得奖励的期望。

6.4　访问员培训

作为提高调查回应率的主要方法之一，访问员培训在调查过程中起着不可或缺的作用（Olson et al.，2020a），尤其对确保由访问员主导的调查的数据质量至关重要（Daikeler，Silber，Bosnjak，Zabal，& Martin，2017）。访问员培训的核心目标是减少访问员在调查过程中产生的非应答和测量误差（Fowler Jr & Mangione，1990）。研究表明，未经培训的访问员所收集的数据质量较低，容易导致单位无响应、社会期望偏差以及探究行为等问题（Dahlhamer，Cynamon，Gentleman，Piani，& Weiler，2010），并且在获得受访者合作方面会面临更多困难（R. M. Groves & McGonagle，2001）。在此背景下，许多大型调查项目的技术标准和实地工作规范，如欧洲社会调查，都要求由经过全面培训的访问员进行数据收集，即从事这些调查的访问员必须在实地调查前参加专门的培训课程。

一般而言，理想的访问员培训应集中在两个主要方面：获得受访者的合作（减少无回应率）和在调查过程中坚持标准化访谈（减少测量误差）（Alcser，Clemens，Holland，Guyer，& Hu，2016）。基于此，培训内容大致包括招募受访者的培训、一般（基本）的访问员培训以及特定项目的访问员培训。在调查过程中，访问员应接受培训，学习如何根据受访者的感知特征调整自身行为，并保持与受访者的互动，以提高潜在受访者的合作意愿；且互动时间越长，样本单位越可能难以拒绝参与调查（R. M. Groves & McGonagle，2001）。

针对一般（基本）调查项目的访问员培训，应重点涵盖以下几个关键方面，以确保调查数据的标准化和有效性（Fowler Jr & Mangione，1990; R. M. Groves et al., 2009）。第一，标准化的提问方式是访问员培训的核心内容之一。访问员应严格按照问卷中的顺序和措辞进行提问，以避免因个人解释或顺序变化而引发测量误差。这种标准化的方法确保了所有受访者在回答相同问题时，所处的情境尽可能一致，从而提高了数据的可比性。第二，澄清技巧也是访问员培训中的重要环节。当受访者要求澄清某一问题时，访问员应仅逐字重复问题的全部或部分内容，而非提供个人解释。这种方式避免了访问员对问卷内容的主观解读，从而降低了测量误差的风险（Hox & De Leeuw，2002）。澄清的标准化处理还帮助受访者在不受额外提示的情况下更好地理解问题，从而做出独立回答。第三，探究技术是培训的另一重点。当受访者的回答不够具体或充分时，访问员应以中立的方式进行探究，鼓励受访者提供更完整和详细的回答。这种探究必须在道德和专业允许的范围内进行，以避免任何形式的引导或暗示。探究的目的在于获取受访者的真实想法，而非影响其回答方向。第四，反馈机制也是有效培训的重要组成部分。在调查过程中，访问员需要在适当的情况下提供文化敏感的反馈，以鼓励受访者认真作答。比如，在受访者表现出合作或提供详细回答时，访问员可以通过语言或非语言方式表达感谢或认可。这种反馈不仅有助于建立融洽的互动关系，还能够提升受访者的参与度和回答质量。第五，答案记录的准确性对于减少测量误差至关重要。访问员应被培训逐字准确记录受访者的回答，避免因疏忽或主观修改而导致的数据偏差。这种记录的准确性是确保调查结果可信度的基础。第六，保密性是访问员职业道德的核心要求。访问员必须严格保密所有受访者的可识别信息及其回答。这不仅是保护受访者隐私的基本伦理要求，也是建立受访者信任的前提，从而提高受访者的合作意愿。

为了确保访问员培训达到最佳效果，采用视觉讲授与小组练习相结合的混合培训形式是一种行之有效的策略。这种培训方法能够满足不同学习风格的需求，例如视觉型、听觉型和动觉型学习者，从而提高培训的总体效果（Galbraith，1998）。通过将理论知识与实际操作相结合，访问员可以在模拟采访中将所学知识应用于实践，从而更好地掌握所需技能。在特定项目的访问员培训中，除了一般培训内容，还应根据项目特点和目标制定更具针对性的培训方案。这种针对性培训不仅有助于访问员更好地理解项目的整体目标，还能使访问员在执行任务时更加自信和高效。以下是具体的培训内容和方法：

（1）问卷练习与角色扮演：为帮助访问员熟悉问卷并真实体验调查流程，角色扮演和模拟练习是不可或缺的环节。在这些活动中，访问员可以通过扮演不同的角色来理解受访者可能遇到的问题和挑战，从而提高其应对复杂情况的能力（Marsden & Wright，2010）。这种实践性训练有助于巩固理论知识，并通过即时反馈改进访问员的提问和沟通技巧。

（2）培训手册：提供一本根据当地受访者意见和文化背景编写的详细培训手册，是支持访问员的关键措施。该手册不仅应包括一般的调查指导，还应涵盖特定项目的细节，如问卷设计、受访者背景信息、文化敏感性等内容。在实际调查中，培训手册可以作为访问员的重要参考工具，帮助访问员在遇到不确定性或困难时迅速找到解决方案。

（3）工具使用培训：在使用特定工具（如计算机辅助个人访谈）的项目中，访问员应接受专门的设备使用及故障处理培训（Daikeler et al.，2017）。这部分培训应涵盖设备的基本操作、数据输入流程、故障排除方法等，以确保访问员能够高效地使用技术工具，减少技术问题对调查过程的干扰。通过这些培训，访问员可以在技术层面上更加自信，从而集中精力应对其他调查挑战。

（4）敏感话题处理：当调查涉及敏感话题时，如性别暴力、健康状况或个人经济情况，访问员需接受额外的专业培训。这类培训旨在提升访问员处理敏感信息的技巧，确保在问询时能够以尊重、同理心和中立的方式进行。这不仅有助于提高受访者的回复率，还能确保数据的真实性和完整性（Lee & Renzetti，1990）。敏感话题的处理方式直接影响到受访者的信任度和配合度，因此，相关培训至关重要。

（5）培训地点选择：实际工作地点通常与培训地点有一定距离，因此在将访问员派往指定地区前，可安排他们在靠近培训地点的地方进行访谈，并与培训员讨论经验，检查问卷，以及时发现潜在问题（Alcser et al.，2016）。

在民族地区进行调查时，访问员培训还应包括有关当地文化习俗的内容，使访问员能够在访谈中使用受访者文化上可接受的策略。例如，在某些民族文化中，试图说服不情愿的受访者参与可能是令人反感的；访问员应在某些问题上表现出同情态度，而不是保持标准建议的中立语气。同时，访问员应注意减少目光接触，并接受受访者提供的食物和饮料等，这些都符合少数民族的文化传统（Christopher，Mc-Cormick，A. Smith，& Chambers，2005）。此外，培训时应关注文化敏感性教育，安排培训课程时考虑宗教节日，遵从饮食限制，并意识到不同文化中对休息的惯例有所不同（Alcser et al.，2016）。

总之，在项目调查前对访问员进行培训至关重要。培训不仅应侧重于避免受访者拒绝，从而提高调查回复率（Jäckle et al.，2012），还应强调在提问过程中坚持标准化的原则，以提高数据质量，减少测量误差（Fischer，West，Elliott，& Kreuter，2018）。通过使用各种培训方法，特别是包括实践和反馈环节的培训计划，可以确保访问员在经验中学习。此外，无论是新手访问员还是有经验的访问员，都应接受基本的访问技巧培训，以最小化访问员效应，获得更可靠、更真实、更完整的调查数据。

6.5 访问员管理

    一个完整的调查访谈流程通常包括访问员的招募与选择、访问员培训、接触被访者并获得合作，以及开展访谈。在这些流程中，访问员管理贯穿始终，尤其在接触被访者和数据收集的阶段尤为关键。访问员在访谈中的作用极为重要，因为他们的行为和特征直接影响访谈的合作率、响应率以及数据质量。因此，科学有效的访问员管理对于减少"访问员误差"或"访问员效应"导致的总调查误差至关重要（Olson et al.，2020a）。

    首先，在访问员的招募与选择阶段，研究人员应根据研究需求初步筛选访问员，并通过模拟访谈情境检验其能力。为了减少可能影响访谈数据的访问员特征所带来的偏差，调查研究人员可以在培训过程中进行适当的干预。例如，通过预先调整访问员的差异，或通过随机分配访问员的方式减少与性别或民族等要素相关的访谈偏差（Huddy et al.，1997; Fryer et al.，2015）。此外，研究人员还应为访问员提供支持，例如创造安全的访谈环境，让访问员能够更自然地开展工作，并定期举办访问员会议，鼓励他们汇报访谈中的问题，分享经验，从而逐步提升他们的技能（Urquiza, Wyatt, & Goodlin-Jones, 1997）。

    其次，访问员的行为也可能直接影响调查数据的质量，其中访问员造假行为（Interviewer Falsification）尤为引人关注。调查研究人员主要通过监测来管理访谈过程中的访问员行为，有时会提前告知监测行为的存在以起到威慑作用。监测的重点包括默许率变化、访问员接触尝试的被拒记录、访谈时长等（Olson & Bilgen, 2011; Olson et al.,

2020a）。随着信息网络技术的发展，计算机辅助录音访谈（Computer-Assisted Recorded Interviewing，简称CARI）等工具可以帮助快速监测和反馈访问员的异常行为，以确保调查数据的质量。此外，在调查过程中，必要时可以对访问员进行再培训，以实现更好的访谈实践。

关于访问员造假的定义，学界达成了相对一致的认识，认为是指访问员故意偏离既定的访问员指南或说明，或故意隐瞒不报数据，从而影响数据的行为。这种行为可分为"完全造假"和"部分造假"（B. Groves，2004）。尽管研究表明访问员造假的频率相对较低，但造假行为对数据质量和研究结果的影响却是巨大的。为了识别造假行为，研究人员可以采用多种方法，包括再接触被访者（通过邮件、电话或个人重访的方式）、监控访谈过程（如录音或GPS监测）、运用被访者的行政数据进行验证、持续审查过程数据和访谈数据，以及使用统计方法识别造假行为（B. Groves，2004; Murphy，Baxter，Eyerman，Cunningham，& Kennet，2004）。

访问员造假行为的出现往往是内外因素共同作用的结果，组织的监督不力、缺乏对访问员动机的关注、薪酬不足、绩效压力大等组织因素，以及家庭压力、财务问题、健康问题等个人因素，都可能影响访问员在访谈过程中的行为（B. Groves，2004; Murphy et al.，2004）。因此，对访问员的管理需要更具体的措施：首先，组织内部应营造重视数据质量的氛围，以防止造假行为的发生；其次，调整相关的组织管理条例，从根本上解决访问员造假问题；最后，改进识别和监测技术或方法，但也需考虑成本付出，避免适得其反（Murphy et al.，2004）。当发现访问员造假行为时，调查研究人员通常采取人事行动和数据修复的方式，确保数据质量和调查的顺利完成。

总而言之，访问员管理是调查研究中不可或缺的一环。访问员作为调查的执行者，其行为对整个研究过程产生重要影响。因此，调查研究人员应从内外两个方面入手进行管理。一方面，通过人员筛选、组织氛围营造、工作制度制定、监督和审查等方式提供外在的控制和支持；另一方面，关注访问员的具体行为特征，制定相应的对策，关注访问员的性格、需求及行动逻辑。随着研究的不断发展和相关技术的进步，访问员管理也在不断变化和完善，这预示着未来的研究有望达到更高层次的科学性和准确性。

6.6 访问员招募和培训实践

"少数民族地区综合社会调查数据库建设关键问题研究"项目组在云南民族地区和宁夏地区的试调查中，采用了计算机辅助个人访谈系统，全面收集了以上地区在社区、家庭和个体层面上的各种数据。这一调查特性不仅要求访问员掌握一般的调查技巧，还意味着访问员必须熟练应用计算机辅助个人访谈系统，并具备进行较长时间问卷调查的能力。计算机辅助个人访谈系统要求访问员具备相关的计算机知识，而较长的问卷则要求访问员不仅要具备优秀的阅读和解释能力，还要具备良好的记忆功能，以便在调查中能够及时检查受访者前后回答的一致性。基于这些考虑，本项目选择与距离各民族地区较近的大学合作，招募综合能力和学习能力较强的大学生作为访问员。这些大学生不仅具备所需的能力，而且他们长期生活在各民族地区，甚至许多学生本身就是本地人，对当地文化非常了解。为了更好地开展此次调查，项目组在招募访问员时还特别考虑了以下因素：

首先，访谈质量与访问员的培训、经验和表现密切相关。因此，本项目在招募访问员时，主要面向社会学、社会工作、民族学等与社会调查相关的专业，招收博士、硕士研究生和高年级本科生。一方面，这些学生接受过系统的社会调查方法和技巧培训，具备较好的理论知识；另一方面，高年级学生由于参加过实践课程，积累了一定的社会调查经验，能够更好地将理论知识应用于实践。此外，为了确保调查顺利进行，项目组还邀请了拥有丰富调查研究经验的社会学、社会工作和民族学领域的专任教师担任调查组领队，实时指导访问员，处理调查过程中遇到的常规和突发问题。分组时，项目组坚持各专业相互搭配、研究生与本科生相互搭配的原则，力求在各年级和专业之间达到最优匹配。

其次，语言障碍是阻碍社会调查获取少数群体信息的关键因素（Johnson et al.，2018）。尽管我国民族地区的普通话普及率逐年上升，但在一些偏远地区，部分民族仍主要使用自己的语言，特别是一些老年人，甚至不懂普通话。一般而言，少数民族参与者更愿意使用自己的语言与研究人员沟通交流（George et al.，2014），更倾向于接受文化背景相似的访问员的邀请。为了解决调查中的语言障碍，使少数民族受访者能够轻松理解访问员提出的问题，减少认知成本，我们在招聘访问员时将学生的民族和籍贯纳入招募条件，并按照"当地人回当地，少数民族调查员去相应民族地区，少数民族与汉族搭配，男生和女生搭配"的原则分配访谈地区，尽可能实现访问员文化背景的匹配，通过不同民族身份、性别的搭配，提升响应率和回答的一致性。

最后，本项目要求访问员具备吃苦耐劳的精神和良好的体能。尽管我国民族地区不断推进城镇化发展，但部分民族仍然居住在偏远、交通不便且分布分散的地区。因此，访问员在调查过程中需要花费大量时间在路上，这对个人体能是一个考验。而且，为了节省路途时间，访问员通常会在一个社区或村子完成相应任务后再离开，这意味着他们经常会面临饮食不规律和居住环境简陋的情况。因此，参与的访问员需要做好心理准备，不怕吃苦，能够高效完成调研任务。此外，在调查过程中，访问员可能会遇到受访者拒访或不配合的情况，这时访问员需要有足够的耐心，向受访者解释，在尊重的前提下尽可能邀请受访者参与。如果受访者不理解，访问员还需进行认真解答。为了确保调查的顺利进行，本项目将调查安排在暑假期间，以便学生能有足够的时间和精力投入。

在正式开展社会调查之前，对访问员的培训是必不可少的环节，因为培训可以减少访问员对响应率和测量误差的影响。经典的访问员培训包括邀请受访者、一般访问技巧和特定研究的培训，本项目的培训内容也主要围绕这三个方面展开。

为提高单位响应率，访问员在开始调查之前应向当地居委会或村委会了解受访者的基本信息。这一举措不仅有助于访问员合理安排访谈时间，还能帮助他们提前准备好针对受访者可能存在的问题和顾虑的应对策略。此外，项目组提前预想了一些常见的受访者质询或拒绝的理由，并为访问员提供了应对这些情况的参考意见。如果在针对性地解答了受访者疑问后，他们仍然拒访，访问员不应再次劝说，以免引发冲突，而是直接重新抽取一个样本进行访谈，以保证样本的容量和有效性。

在培训一般访问技巧时，首先，项目组针对不同类型的题目进行了提问技巧的讲解，包括单选题、多选题、矩阵题、排序题、量表题、条件题、开放式题目等类型。特别是结合少数民族调查的特点，重点培训了在不改动题目原意的基础上如何用方言准确进行语言转换。其次，项目组对个体、家庭和社区三个层次的问卷进行了全面解读，使访问员能够充分理解每个问题，并在问卷调查中能够通俗易懂地向受访者解释问题，从而提高问卷的质量和效果。最后，项目组详细说明了访问员在访谈开始、过程中以及结束时应注意的事项，并强调了访问员在调查中必须遵守的守则，如尊重、保密、客观、不批判、安全等原则，以确保整个调查过程的顺利进行。

本研究的特殊培训主要涉及四个方面的内容。首先，明确介绍了"少数民族地区综合社会调查数据库建设关键问题研究"项目的内容、意义和价值，使访问员对项目有一个清晰的认识。其次，介绍了本研究的抽样设计。由于难以获得民族地区的完整家户名单，项目组只能抽取到具体的村或社区，详细的访问名单需要访问员确定。因此，项目组对访问员进行了末端抽样方法的培训。再次，详细介绍了计算机辅助个人访谈系统的使用和数据收集的相关工作，确保每位访问员能够熟练使用系统并顺利完成每份调查。最后，详细介绍了调查地的基本情况，特别是各民族地区的风俗和文化，并要求访问员在调查中尊重民族地区的风俗和宗教信仰，避免任何侮辱或歧视行为。

6.7 小结

自调查研究兴起以来，访问员一直在数据收集过程中扮演着至关重要的角色。无论是用于监测人口变化的全国性大型政府调查（如全国人口普查和人口抽样调查），还是用于探讨人们思想和行为的学术调查（如综合社会调查），访问员的作用不仅体现在确保受访者的合作，还在于对数据质量的直接影响。访问员的作用既包含了积极的方面，如通过有效的沟通和建立信任来提高响应率，也存在消极的影响，如访问员的个人特征和行为引入的测量误差，这些因素统称为"访问员效应"。

访问员的社会人口学特征，包括性别、年龄、民族、教育背景和经济地位等，都会对受访者的回答产生潜在的影响。例如，同性别的访问员和受访者可能更容易建立信任关系，从而使受访者更愿意坦诚作答。然而，不同年龄段、民族或社会阶层的访问员与受访者之间的差异，可能会引发误解或不适，从而影响受访者的回答准确性。此外，访问员的性格特点、经验水平、态度和行为方式也在数据收集过程中起着重要作用。这些因素不仅影响了访问员与受访者之间的互动质量，还可能在无意间引导或暗示受访者的回答方向，进而影响调查结果的准确性和可靠性。

面对这些挑战，研究人员越来越认识到在调查设计和实施中，需要对访问员的选择、培训和管理进行严格把控。首先，在招募访问员时，研究人员应根据调查的具体需求筛选合适的候选人，并通过模拟访谈等方式评估其能力。其次，培训环节应强调标准化的提问方式、澄清与探究技巧，以及应对敏感话题的策略，以最大限度减少测量误差。此外，在调查过程中，定期的访问员管理和监督，如通过计算机辅助录音技术监测访谈行为，能够有效预防和发现潜在的造假行为，确保数据的真实性和完整性。

在涉及少数族群的社会调查中，访问员的作用显得尤为重要。由于文化背景、语言差异和社会信任度等因素，少数族群受访者在面对来自主流社会的访问员时，可能会表现出较低的合作意愿或提供经过修饰的回答。因此，在这类调查中，访问员的社会人口学特征、文化敏感性和沟通能力尤为关键。研究表明，通过匹配访问员与受访者的文化背景或提供文化敏感性培训，能够显著提高少数族群的响应率和数据质量。这对于提升研究结果的普遍性和对特定民族亚群体的分析准确性具有重要意义。

综上所述，明确了解和管理访问员在调查过程中的影响，是未来社会调查研究的重要课题之一。通过深入研究访问员的作用、探索有效的管理策略，调查研究人员可以更好地设计和执行社会调查，减少偏差，提高数据质量。最终，这些努力将使调查结果更加可靠，并能够更准确地反映社会现实，从而为政策制定和社会科学研究提供更坚实的依据。

第7章

社会文化与受访者响应行为

　　调查方法学家普遍认为，现代社会调查的响应率一直在持续下降，尽管这种下降趋势在不同国家表现有所不同：在一些国家较为明显，而在其他国家则相对稳定。调查响应率的下降使得概率抽样调查越来越趋向于自选调查，这严重削弱了调查的代表性，从而在估计总体特征时可能引发严重的误差（Stoop，Billiet，Koch，& Fitzgerald，2010；Sedgwick，2014）。为了获得较高的响应率并最小化响应误差，我们必须深入了解影响受访者响应行为的重要因素。在前面的章节中，我们探讨了问卷设计、抽样设计和数据收集模式对受访者响应行为的影响，重点考察了调查设计和调查实施对受访者响应的影响。然而，在不同文化背景下的社会调查中，单靠这些因素的分析仍然不足。我们还需要进一步从受访者的角度出发，探讨社会文化因素对响应行为的影响。这包括了解受访者的文化价值观、社会规范、信任度、语言障碍和社会经济地位等因素如何影响他们的响应意愿和行为。通过综合考虑这些文化因素，我们可以更有效地设计和实施调查，确保在多元文化背景下提高响应率，减少响应偏差，从而提高调查结果的代表性和准确性。这种文化敏感的调查方法不仅能提升数据的质量，还能确保研究成果更全面地反映不同社会群体的真实情况。

7.1 影响调查响应的七大因素

在过去几十年里，深刻的社会和技术变化导致人们对调查的响应率持续下降。尽管研究表明，较低的响应率并未显著增加无响应误差（R. M. Groves，2006; R. M. Groves & Peytcheva，2008)，且高响应率不一定必要，但这些分析主要集中在2000年之前的特定领域调查，其结论有限并已过时。实际上，调查方法学家一直在努力提高社会调查的响应率，以减少无响应误差（Williams & Brick，2018)。一些方法学家还积极发展各种理论来指导调查设计并提高响应率（Dillman，2020)。调查响应理论的主要研究焦点在于解释影响群体在接到调查请求后做出响应的因素，以此指导调查人员开发和测试数据收集策略。研究表明，影响调查响应的因素是多方面的，而曾被认为能提高响应率的有效因素如今不如过去有效。因此，我们需要研究当前可用且能有效提高响应率的普遍因素及其相互关系。为此，迪尔曼等人提出了一个分析框架，从七个方面总结了影响调查响应的因素（Dillman，Smyth，& Christian，2014)。

第一，采用多种调查和联系模式被视为提高响应率的重要决定因素。如前文所述，社会调查模式包括自填问卷、面对面访问、邮件调查、电话调查和网络调查等。某些人可能更倾向于通过某些调查模式（如自填问卷）而非其他模式（如面对面访问）做出回应。因此，提供多种调查模式已被证明可以有效增加响应率，提升那些无法或不愿通过某种模式回应人群的代表性（Smyth，Dillman，Christian，& O'Neill，2010; Messer & Dillman，2011）。此外，采用多种联系方式（如邮政、电子邮件、微信或电话）也能进一步提高响应率。由于越来越多的人通过某些联系方式比其他方式更容易联系到，因此将邮政、电子邮件、电话等联系方式综合运用，可以大大增加与受访者建立联系的机会。虽然多种调查和联系模式的使用为提高响应率提供了前所未有的机会，但如何有效地将它们结合起来须进一步研究。

第二，由受访者信任的调查机构发起或赞助的调查通常能提高响应率。以往研究一致发现，政府机构发起的调查通常比其他机构发起的调查具有更高的响应率（Heberlein & Baumgartner，1978）。尽管近年来大多数调查的响应率有所下降，政府调查的响应率仍然高于私营部门和大学资助的调查（Brick & Williams，2013）。通常情况下，人们认为政府有正当的权力和必要性进行社会调查。随着人们对数据安全问题的关注日益增加，对调查机构的信任及如何向潜在受访者传达这种信任已成为更为重要的问题。因此，如何与受访者建立或增强信任关系对提升响应率至关重要。

第三，简化调查响应任务有助于提高响应率。实际上，这涉及如何减少潜在受访者的响应负担。如果某些调查技术有一定门槛，如需要手机上网，或该技术让受访者感到不适，响应率可能会下降。研究表明，长时间的调查会导致受访者中途放弃或降低响应率（Dillman et al.，2014），尤其在电话调查中更为明显。为此，盖洛普（Gallup）将完成电话调查的标准时间设定为不超过18分钟，网络调查的完成时间限定在9分钟以内（Dillman，2020）。然而，在面对面调查中，调查问卷长度的影响不太显著，在已达30分钟的调查中添加几个问题不太可能影响完成率。此外，如果要求受访者必须回答所有问题，并在未回答当前问题前不允许出现下一个问题，这可能导致受访者提前终止调查。社会调查中，一些问题可能对受访者有吸引力，而其他问题可能无趣。因此，增加有趣的问题、减少难以回答的问题，并以特定方式排序，通常能提高接受和完成调查的可能性。

第四，奖励或激励措施可提高响应率。许多研究表明，激励措施通常能提高大多数调查的响应率（Singer & Ye，2013）。激励可以是货币或实物形式。货币激励可以是直接提供现金，也可以是购物券等间接形式。实物激励则可以是价格不高但有价值或纪念意义的礼品。有研究表明，随调查请求提供小额现金对潜在受访者有很大的积极影响，而事后提供小额现金的效果则相对较小。然而，如果承诺事后给予较高金额的奖励，响应率也会显著增加，在网络调查中效果尤其明显。对于某些强制性调查，如十年一次的国家人口普查，提供物质激励可能不太合适，因为这会暗示响应并非强制性的。因此，研究何时以及如何适当提供激励措施以提高响应率仍需进一步探讨。

第五，通过所有可能的沟通渠道向潜在受访者提出多次精心设计和及时的请求可以增加响应率。实际社会调查中，往往需要多次接触受访者。早期研究表明，对邮件调查响应的最重要因素就是联系次数（Scott，1961）。在面对面调查和电话调查中，联系次数同样至关重要。对于初次联系时拒绝的对象，联系次数与他最终是否接受调查密切相关。此外，在面对面的调查访问中，访问员的沟通能力和方式至关重要。虽然调查组织者在访问员培训中提供了标准指导，但实际工作中，访问员的举止、声音特征、个性以及与不同受访者建立融洽关系的能力都会影响响应率。随着社会调查和营销电话的增加，人们更可能在没有听完解释前就挂断电话，来自相同电话号码的回电可能被阻止或忽略。因此，社会调查向自我管理的转变以及多种联系和响应模式的采用会增加与受访者的沟通机会。对于不愿参与访问的人，可采用多种方式进行沟通，而不是在通话开始的几秒钟内进行沟通。此外，在后期沟通中，可对调查请求进行相应设计，以吸引那些早期沟通中未积极响应的人。

第六，优化每次调查请求的内容和展示方式有助于提高响应率。在自我管理调查模式中，需要将试图说服人们回应调查的内容以书面形式呈现。此外，访问员需要向潜在受访者解释调查的原因、受访者如何被选中、调查资助方以及调查结果的用途，还需解释数据如何保密、受访者如何获得报酬，甚至有时还需要提供批准调查的相关机构信息和联系方式、调查发起人及其机构的信息和联系方式。总之，调查请求的内容可能非常多，每次发送请求时应根据具体情况调整。一些调查人员试图在一个请求中包含受访者可能希望看到的所有内容，并在后续请求中不做任何修改，这种重复使用对提高响应率无益。针对不同受访者，调查请求的内容应更具针对性，保留相关内容，忽略无关内容，同时有效传达调查请求。

第七，针对不同特征受访者的调查设计有助于提高响应率。以往研究表明，个人特征与是否响应调查请求显著相关。与年长者相比，年轻人响应调查的可能性相对较低。教育程度也影响响应能力和意愿，较低的教育水平会限制人们对网络调查的响应。此外，人们对社会调查的态度也是重要因素。经常参与社区活动的人更可能响应调查。先前调查的响应情况也可能影响本次响应。尽管无法通过操纵个体特征来提高响应率，但了解其影响有助于确定哪些对象需要特别努力。

迪尔曼等人提出的七个方面的分析框架为提高响应率提供了全面视角。这些因素并非独立存在，而是相互关联、相互作用的。每个因素可能在不同情况下、对不同受访者产生不同影响。因此，在实际调查设计中，仅关注一两个因素不足以显著提高响应率。调查设计者需综合考虑所有因素，才能有效提升整体成功率。进一步来说，调查对象的多样性和复杂性要求我们精细组合和应用这些因素。例如，对于技术门槛较高的调查模式，研究人员需特别关注因技术限制无法参与的群体，并结合激励措施和多种联系方式，确保这些群体的响应率不被忽视。在文化背景深厚的地区，受访者对政府或特定组织的信任度可能显著影响他们的响应行为。在此情况下，调查发起方和资助方的选择及如何传达信任信息尤为重要。此外，研究人员还需灵活应对不同受访者的个体差异，如年龄、教育水平、社会经济地位等。这些因素不仅影响受访者对调查模式的接受度，还决定了他们对调查内容的兴趣和耐心。因此，调查设计时需针对这些差异进行个性化设计和调整，以确保在满足整体调查需求的同时，最大限度地提高每个子群体的响应率。总之，响应率的提升不是依赖于单一因素的优化，而是需要在设计阶段就将这些复杂且相互作用的因素纳入考量。通过系统整合这些因素，研究人员能够更好地应对多样化的受访者需求，从而获得更高的响应率和更可靠的调查结果。

7.2　文化取向与应答行为

除了上文提到的一般分析框架之外，以往研究还重点考察了调查群体的文化取向对响应行为的影响。早在20世纪四五十年代，研究者就意识到受访者的文化背景（通常以种族或民族身份为代表）与自我报告的调查数据质量存在关联（Collins，1946）。随着跨国调查和跨文化研究的逐渐增多，人们愈发认识到文化可能在数据收集过程中的多个方面影响受访者和研究人员的行为（Harkness et al.，2003，2010a）。尤其是在跨文化调查中，受访者对调查问题的回答可能受到文化因素的影响，而与真实回答有所偏离。由于文化因素引起的测量误差，跨文化比较研究的有效性可能会受到显著影响。例如，A 文化群体和 B 文化群体的受访者在回答问题时，受各自文化特征的影响可能回答方式不同。当合并或比较这两个文化群体的数据时，必须考虑 A 文化群体与 B 文化群体的受访者是否以相同方式回答问题。如果两个文化群体的受访者在回答方式上存在差异，那么这两个群体的数据就不能直接进行比较，因为我们无法确定这些差异是由文化特征的客观差异造成的，还是由回答方式的不同造成的。因此，在多元文化背景下的社会调查中，不同文化群体对调查问题的应答方式必须作为一个关键的理论问题进行研究。

尽管关于文化的概念化定义非常多，但基本上有一个共同点，即文化是"人类与环境之间适应性互动"的产物，它包括语言、规范、价值观念、生活经验等代代相传的共同元素（Triandis，2007）。然而，在实证研究中，文化往往被简单地操作化为客观的生物学特征（如种族或民族）或居住地（如国家或地区），而非主观的社会规范。近几十年来，通过识别不同的价值观和行为，并以此解释广泛社会群体之间在信仰、价值观和行为上的相似性和差异性，文化的测量更加精确。霍夫斯泰德（G. Hofstede，2001；G. Hofstede，G. J. Hofstede，& Minkov，2010）、施瓦兹（Schwartz，1994）和英格尔哈特（Inglehart，1997）是这方面的代表人物，其中霍夫斯泰德的文化取向理论应用最为广泛。

霍夫斯泰德的文化取向理论最初确定了四个维度，这些维度在不同国家的文化中存在系统差异。这四个文化维度分别是：个人主义（Individualism）对集体主义（Collectivism）、权力距离（Power Distance）、不确定性回避（Uncertainty Avoidance）、男性气质（Masculinity）对女性气质（Femininity）。其中，个人主义对集体主义这一文化取向维度受到了学者们的最大关注。个人主义代表了一种自我增强

（Self-enhancement）的取向，而集体主义则代表了一种群体增强（Group-enhancement）的取向。来自个人主义文化的人通常表现为强调个人利益的独立行动者。相比之下，集体主义文化中的人更加强调个体在社会群体中的身份和责任，并且拥有更多相互依赖的社会关系（Triandis，2007）。此外，在集体主义文化中，内部群体成员和外部群体成员之间存在明显的区别，这些区别对个人行为的影响比在个人主义文化中更为显著（Gudykunst，1997）。

　　权力距离维度用于衡量社会中权力分配不均的接受程度，以及社会中权力较小的成员对这种不平等的认可程度（G. Hofstede & Bond，1984）。这一维度深刻反映了一个社会内部不同社会地位群体之间的关系性质，揭示了权力不平等在不同文化中的合法性和接受程度。在高权力距离文化中，权力的不平等分配被广泛接受，且通常被视为社会秩序的正常组成部分。社会结构更为垂直化，权力集中在少数精英手中，决策过程通常由上而下，普通成员对权威的服从被高度重视。这种文化背景下的组织和家庭关系往往更加专制，领导者或上级的指示通常不容置疑。教育体系也常反映出这一点，教师被视为绝对的知识权威，学生被鼓励服从而非质疑。在这种社会中，社会流动性较低，不平等被视为自然或必然的现象。例如，在一些东亚和中东国家，高权力距离表现为强烈的等级制度和对权威的严格尊重。相比之下，低权力距离文化强调平等和权力分配的公平性。在这种文化中，权力关系较为平等，社会成员更倾向于质疑权威，强调独立思考和自主决策。社会结构更为扁平化，组织中的领导者被视为团队的一部分，而不是绝对的控制者。沟通方式更加开放，决策过程通常包含更多的协商和共同参与。教育系统中，教师与学生之间的互动更为平等，学生被鼓励批判性思考和提问。在低权力距离社会，个人有更多的机会通过教育、职业等途径实现社会流动，社会不平等被视为需要解决的社会问题，而非自然现象。北欧国家和北美国家通常体现了较低的权力距离，这些国家的社会制度注重平等和个体的权利。

不确定性回避维度用于衡量一个社会对不确定性和模棱两可情况的容忍程度。这个维度揭示了社会成员在面对未知、不可预测的情况时的焦虑水平，以及社会在多大程度上通过制度和文化来减少这种不确定性所带来的不安。在高度不确定性回避的文化中，社会成员倾向于对不确定性和模糊性产生较强的焦虑感。这种焦虑反映在社会生活的各个方面，如制定严格的法律、规则和规范，以减少不确定性带来的风险。这类文化通常强调共识、稳定性和秩序，偏好结构化的环境，并通过复杂的制度来规范行为，从而降低混乱和不可预测性对社会的影响。在这种文化中，社会对越轨行为的容忍度较低，通常对创新、冒险行为持保留态度，并倾向于遵循传统和惯例。教育体系中，学习通常是高度结构化的，强调标准化的考试和明确的学习目标。例如，希腊和葡萄牙等国家体现了较高的不确定性回避，它们的社会结构和文化强调严格的规则和规范，以维持社会的稳定。相比之下，在低不确定性回避的文化中，社会成员对不确定性和模糊性持较高的容忍度。这种文化倾向于接受变化和新奇事物，社会通常对创新和变革持开放态度。规则和规范在这种文化中往往较为宽松，个人有更大的自由度去探索和尝试新事物。在面对不确定性时，社会成员更愿意接受风险，甚至把不可预测性视为机会，而不是威胁。在这种文化中，教育体系可能更加灵活，鼓励学生独立思考和探索。对于社会行为的偏差，低不确定性回避的文化通常表现出更大的宽容度，认为多样性和变异性是社会发展的自然组成部分。例如，新加坡和丹麦等国家往往体现了较低的不确定性回避，这些国家的社会文化更开放，更愿意接受变化和多元化。

男性气质对女性气质是霍夫斯泰德文化维度理论中的另外一个核

心维度，用以描述社会在性别角色分工上的差异以及对这些角色的期望。这个维度反映了一个社会在养成（Nurturance）和价值观方面的倾向，尤其是对成功、竞争与生活质量的关注程度。在男性气质文化（Masculine Cultures）中，社会倾向于强调传统的男性特质，如自信、竞争、野心和物质成功。这些社会通常鼓励个人在职业和社会生活中积极争取成就，并将成功与地位的获得视为个人和集体的首要目标。在这种文化背景下，性别角色分化较为明显，男性通常被期望是家庭中的主要经济支柱，展现坚强和果断；而女性则可能被期望在家庭中扮演支持性角色，但她们在职业追求中也可能面对较大的社会压力。这类文化往往注重物质财富、职业成就和权力的象征，个人成功常被视为社会认同和尊重的标志。例如，日本和德国在霍夫斯泰德的研究中被视为具有较高男性气质的文化，表现出对竞争、效率和绩效的高度重视。相对而言，女性气质文化（Feminine Cultures）则更强调传统女性特质，如合作、谦逊、关怀和生活质量。这种文化倾向于弱化性别角色的区分，鼓励男女都参与到照顾他人、合作共赢的活动中，强调人与人之间的和谐关系。在这些社会中，生活质量和工作生活的平衡被视为比个人成功和物质财富更为重要的价值观。竞争在这种文化中不被视为主要的生活目标，反而，社会更倾向于支持平等、社会福祉和集体责任感。例如，荷兰和瑞典是典型的女性气质文化，更注重社会福利、环境保护和家庭生活的平衡。

在《文化的后果》（*Culture's Consequences*）第二版中，霍夫斯泰德（G. Hofstede，2001）扩展了他的文化维度理论，加入了一个新的维度：长期取向（Long-term Orientation）对短期取向（Short-term Orientation）。这一维度揭示了不同文化在应对时间和传统方面的深层次差异。长期取向文化在以中国为代表的东方国家中较为普遍，其核心价值观包括节俭、坚持不懈以及务实的态度。这些社会倾向于规划长远，愿意在短期内做出牺牲，以追求更长远的目标。长期取向文化还强调适应性，愿意在必要时调整或修正传统，以应对不断变化的外部环境。例如，中国文化中的"修身、齐家、治国、平天下"体现了个人发展与社会责任之间的长期规划和系统性思考。相比之下，短期取向文化则更加注重对传统的尊重，倾向于维护现有的社会秩序和习俗，且对外部变化的适应能力较弱。这类文化通常更强调即时的成果和个人的社会地位，而不是长远的目标和集体的利益。在这些文化中，传统的价值观被视为社会稳定的重要基础，因此变革常常受到抵制。这一维度的引入，帮助人们更好地理解不同社会在应对全球化、经济发展以及社会变革时所表现出的多样性反应。长期取向与短期取向的区分，不仅为跨文化管理提供了理论基础，也为理解不同国家和地区的经济行为、社会政策和文化发展提供了有力的解释框架。

最近，霍夫斯泰德（G. Hofstede et al., 2010）在其文化维度理论中添加了第六个维度：放纵（Indulgence）对克制（Restraint），进一步丰富了对文化差异的理解。这个维度主要关注文化在个人需求满足与社会规范之间的平衡。放纵文化（Indulgent Cultures）强调个人需求和欲望的满足，鼓励人们追求快乐、享受生活，并积极表达自己的情感和冲动。在这种文化背景下，社会对个人自由度的限制较少，个人的满足感被视为幸福的重要组成部分。放纵文化通常鼓励开放的沟通、较少的社会约束，以及对生活中即时满足的重视。例如，许多西方国家，尤其是北美和部分西欧国家，体现了较高的放纵倾向，这些社会倾向于追求物质享受、个人幸福感和自由表达。克制文化（Restrained Cultures）则倾向于对个人欲望和满足感进行限制，通常通过严格的社会规范和道德标准来调节个人行为。在这种文化中，个人的情感表达和欲望满足往往受到控制，强调克己、自律和对社会秩序的遵守。克制文化倾向于认为过多的享受和放纵会带来社会问题，因此鼓励自我控制和节制。许多亚洲国家，如中国和印度，往往表现出较高的克制倾向，社会更注重集体利益、传统道德观念和对个人行为的规范。这一维度的提出，不仅为理解文化对个人行为和社会规范的影响提供了新的视角，也为跨文化沟通和管理提供了重要的参考框架。通过这一维度，我们可以更好地理解为什么一些社会更注重物质享受和个人自由，而另一些社会则更强调自律和传统道德。放纵与克制的文化差异，深刻影响了不同社会在消费、娱乐、教育和社会政策等方面的选择与倾向。

考虑到社会调查过程中受访者的应答行为受到其文化取向的显著影响，以往的研究大多采用霍夫斯泰德的文化取向理论对受访者在社会调查中的行为进行深入分析。研究发现，受访者是否参与一项社会调查可能与其文化取向有关。在一项针对22个国家的邮件调查中，研究发现一个国家的权力距离水平与该国的调查响应率呈负相关（Harzing，2000; Jans et al.，2018）。有研究还发现，集体主义文化取向与邮件调查响应率也呈负相关，但未能证实权力距离和女性气质文化取向与邮件调查响应率之间存在显著相关性（Johnson et al.，2000）。另外的研究也表明，集体主义文化取向与调查筛选和访谈的响应率呈负相关（Jans et al.，2018）。虽然有研究发现女性气质文化取向与调查筛选的响应率呈负相关，但也有研究显示两者呈正相关（Lyness & Kropf，2007）。此外，一些研究表明，文化取向还显著影响受访者是否决定回答某些调查问题。在较少强调不确定性规避的国家中，受访者项目无响应的问题更为严重，因为这些国家对含糊回答有较高的容忍度（Meitinger & Johnson，2020）。不过，尚无研究发现集体主义和权力距离与项目无应答之间存在显著相关性。

文化取向不仅影响受访者是否参与社会调查，还对受访者在接受访问时的认知过程产生显著影响。尽管已有大量研究探讨了调查响应背后的认知过程，但关于文化取向对认知过程影响的研究相对较少。越来越多的证据表明，不同文化取向的群体在基本心理过程方面存在普遍差异（Kitayama & Cohen，2007）。因此，在社会调查中，来自不同文化取向的受访者在问题理解、信息检索与处理方式、判断和应答模式等方面可能存在重要差异（Schwarz，Oyserman，& Peytcheva，2010）。在社会调查中，受访者首先需要理解问题的含义。通常认为，受访者对调查问题的理解主要与文字和语法复杂性有关。只要避免使用受访者不熟悉的术语和复杂的语法，受访者在理解问题上就不会有太大问题。然而，这种看法忽略了一个关键问题，即语言理解不仅限于词汇本身，还与语境相关。例如，问受访者"你的婚姻满意度如何"时，尽管受访者在语义理解上没有问题，但在给出有意义的答案之前，通常需要考虑问题的意图。为了推断问题的意图或语用意义，受访者需广泛利用背景信息，如调查机构的性质、调查主题、先前被询问的问题和备选项等，即所谓的语境。换句话说，人们的日常对话通常是基于语境进行的。

此外，不同文化取向群体对语境信息的敏感度存在差异，这导致他们对同一问题的理解可能不同。除了语境敏感度的差异，不同文化群体在回答同一问题时所处的文化背景或文化框架也不同。在回答某些特定问题时，受访者需要具备与问题相关的信息或知识，而不同国家在此方面可能存在显著差异。例如，对"是否反对婚前性行为"的理解可能受到文化背景的影响。在传统社会中，受访者在理解这一问题时可能会自动联想到青少年；而在现代社会中，则需要考虑不同年龄组的群体。此外，受访者对这一问题的理解还可能受到国家或地区的意识形态模式、宗教以及未成年怀孕是否普遍等因素的影响（Harkness et al.，2003）。

受访者在从记忆中检索与问题相关的信息时，可能存在文化差异。

在记忆的深度和广度上，不同文化取向的群体之间存在显著差异。有研究表明，来自个人主义文化取向的受访者在被要求回忆与童年生活相关的事情时，通常能回忆起更早、更详细的童年记忆，他们通常能回忆起3岁半时发生的事情；而来自集体主义文化取向的受访者则通常回忆起4岁到5岁之间的事情。此外，来自个人主义文化取向的受访者往往能够回忆起更多发生在5岁之前的事情，这是因为个人主义文化取向下的个体记忆更多关注自我，且更为详细（Kitayama & Cohen，2007）。这表明，在回忆与成长经历有关的事情时，不同文化取向下的受访者在回忆内容上可能存在显著差异（Weintraub，1978）。这种差异可能反映出不同文化背景下的群体在编码和回忆阶段上的不同处理方式。一方面，文化取向可能影响人们在事件发生时关注哪些信息以及如何组织这些信息，从而导致记忆编码阶段的差异。另一方面，文化取向也可能影响人们在回忆和报告阶段选择检索哪些信息以及如何组织这些信息（Schwarz et al.，2010）。

例如，有研究表明，在集体主义文化取向下，社会关系和角色在记忆中占据更为突出的位置；而在个人主义文化取向下，个体特征和经验则更为突出。此外，在调查访谈过程中，如果访谈语言与相关生命阶段的语言相匹配，受访者就更容易检索或回忆起那个生命阶段的事情。也就是说，当回忆的背景与编码的背景相匹配时，回忆会更为容易（Tulving & Thomson，1973）。有研究表明，使用汉语访谈时，受访者更容易回忆起与集体主义相关的记忆，而使用英语访谈时则更容易引发与个人主义相关的回忆（Ross，Xun，& Wilson，2002）。

此外，在不同文化背景下，个体对他人行为的关注程度和对具体社会规范的认可、重视程度也可能不同。例如，在集体主义文化取向中，个体往往更在意自己的社会关系，并高度关注社会适应。为了保证良好的社会适应，个体需要不断注意自己的行为以及他人的行为，以避免不必要的差异。因此，亚洲人比西方人更了解他们自己的公共行为（如参观博物馆、上课迟到的次数等），也更容易回忆起这些行为，并且在报告公共行为频次时较少依赖于情境信息（Ji，Schwarz，& Nisbett，2000）或研究人员提供的频率尺度。还有研究认为，文化背景会影响受访者对具体社会规范的认可和重视程度。在社会调查中，一些特定的问题可能会激活受访者内在的社会文化规范，从而影响他们对这些问题的回答（Schuman et al.，1981）。这也导致了语境效应（如问题的顺序）在不同文化背景群体中存在明显差异。调查过程中使用的语言被认为是一个重要因素，受访者往往根据问卷语言或访谈语言所唤起的文化框架进行回答。

除了对认知过程的影响，文化取向还显著影响受访者在回答调查问题时的具体应答方式。在社会调查访谈过程中，受访者可能会系统性地选择极端选项，包括正向和负向的极端选项，而不考虑问题的实质内容，这种行为被称为极端应答方式。实证研究表明，无论是在个体层面还是在国家层面，极端应答方式都与个人主义文化取向存在正相关关系（Van Herk，Poortinga，& Verhallen，2004; De Jong, Steen-kamp，Fox，& Baumgartner，2008）。研究还发现，国家层面上的较高权力距离、不确定性规避以及男性气质等文化取向更容易出现极端应答行为（Johnson，Kulesa，Cho，& Shavitt，2005; De Jong et al.，2008）。换句话说，在不确定性容忍度较低，强调独立、竞争、自信和果断的文化中，最有可能出现极端应答方式（Liu，2015）。相反，在谦虚、温和、强调人际和谐和不加评判的文化中，极端应答方式较为少见（Kitayama，Markus，Matsumoto，& Norasakkit，1997）。

文化取向还会影响受访者的默许（Acquiescence）应答行为。默许应答是指受访者在回答一些选项为同意/不同意、是/否或者对/错的调查问题时，倾向于给予肯定的回答。研究表明，默许应答与集体主义文化取向有关（P. B. Smith，2004; Harzing，2006）。在集体主义文化取向中，默许应答更为常见，这是因为集体主义文化更强调遵从、亲切、礼貌和好客，也倾向于使用整体和辩证的思维方式，更容忍相互矛盾的想法（Wong，Rindfleisch，& Burroughs，2003）。有研究发现，在社会顺从规范更为强烈的文化群体中，默许应答更为普遍（Lechner，Partsch，Danner，& Rammstedt，2019）。

在男性文化取向越强的社会中，受访者的默许应答行为往往更少，这可能是因为男性文化取向更强调行为的果断性（Johnson et al.，2005）。不过，在一些亚洲国家中，男性访问员会引发更多的默许应答行为，这些国家通常比较强调男性文化取向，并且男性在社会中享有较多特权（Liu & Wang，2016）。一些研究还发现，默许应答行为与权力距离指标之间存在正相关关系（Harzing，2006; Krautz & Hoffmann，2019），这是因为在权力距离较高的文化中，人们更容易顺从。然而，也有研究发现，权力距离与默许应答之间存在负相关关系，即在权力距离较高的文化取向中，受访者的默许行为反而更少（Johnson et al.，2005）。

此外，有研究表明，在不确定性规避较高的文化中，受访者的默许应答行为更为常见（P. B. Smith，2004）。然而，另一些研究则发现，在不确定性规避较低的文化中，默许应答行为更为普遍，这表明在不确定性容忍度较低的文化环境中，默许应答行为可能不太常见。这些相互矛盾的发现提示，文化取向与默许应答行为之间的关系可能受其他因素影响，需要进一步研究。

7.3　社会地位与应答行为

除了认知和文化取向之外，以往研究还指出，调查访谈作为一种日常对话实践，也可能受到双方地位特征的影响。研究表明，感知到的社会不平等——例如无能为力、边缘化和污名化的感觉——至少与问题无应答、测量误差以及其他类型的调查误差密切相关。如果受访者认为他们的观点和生活经历被贬低或鄙视，他们就不太可能与调查访问员分享，或者即使他们选择参与调查并回答相关问题，也更有可能报告错误答案（Brenner，2020）。虽然经过精心策划和执行良好的概率抽样设计可以反映边缘化群体和有权势群体的行为、态度和观点，但社会不平等很可能会显著影响个人是否参与调查的决定以及他们给出的答案。因此，在调查设计的各个阶段，都应该考虑社会地位特征对调查应答的影响。我们可以借鉴地位特征和期望状态理论（Status Characteristics and Expectation States Theory，简称SC-EST）来解释地位特征对调查访谈过程的影响。

SC-EST主要解释了地位特征（如种族、民族或性别差异）如何影响社会互动的过程（Berger，Cohen，& Zelditch，1972;Berger，Rosen-holtz，& Zelditch,1980; Berger & Zelditch，1985; Berger & Fişek，2006）。地位特征可能随时间而变化，并且可能包含广泛的、具有社会重要性的社会差异。这些差异至少包含两种状态，例如性别地位特征包括男性和女性两种状态，并且假设处于不同状态的个体具有不同的能力，这就是所谓的表现期望（Performance Expectations）假设。尽管这些假设并非基于事实，并且许多人可能不相信它们，但它们仍然会影响群体之间的互动，因为个体意识到他人持有这些想法并据此行事。这个过程被称为地位概化过程（Status Generalization Process），它导致处于较高地位状态的人在群体互动中比处于较低地位状态的人更有影响力。前者更容易被倾听、同意和征求意见，这也被称为可观察到的权力和声望（Observable Power and Prestige）。

地位特征可以分为两种类型：具体性地位特征（Specific Status Characteristics）和弥漫性地位特征（Diffuse Status Characteristics）。具体性地位特征是指那些与个体在特定领域的能力或成就直接相关的特征。这些特征在特定任务或情境中显得尤为重要，并被用来评估个体在该领域中的地位。例如，在涉及田径运动的任务中，运动员的体能和体育技能会被视为主要的具体性地位特征，因为这些特征直接与任务相关，因此运动员可能被认为在该任务中具有较高的能力和地位。然而，这种地位特征的影响通常是情境性的，即运动员在体育相关任务中可能享有高地位，但这种地位不一定会延伸到其他领域，如教学或学术任务（Manago，2020）。因此，具体性地位特征的作用通常是有限的、任务特定的，并且随任务的变化而变化。

弥漫性地位特征则是指那些在多个领域或任务中被普遍认为影响个体地位的特征。这些特征不局限于某一特定情境，而是在各种社会互动和任务中对个体的地位评估产生广泛影响。例如，种族/民族、性别、年龄和教育背景等被认为是弥漫性地位特征，因为它们常常在多种情境下影响个体的社会地位。研究表明，这些特征能够在不同行业和社会活动中持续影响个体的地位评估和社会互动。例如，种族/民族特征可能影响一个人如何被看待或对待，无论是在职场、教育环境还是社交场合（Thye & Harrell，2017）；性别则在广泛的社会和职业背景中影响人们对个体能力和地位的认知（Correll & Benard，2006）；年龄和教育背景也会影响个体在社会中的地位，这些特征通常被用来推断一个人在多方面的能力和社会价值（Freese & Cohen，1973；Zelditch，Lauderdale，& Stublarec，1980）。

　　弥漫性地位特征的重要性在于，它们通常代表了社会中根深蒂固的偏见和结构性不平等，这些特征不仅影响个体在特定情境中的地位评估，还会影响他们在社会中被赋予的机会和资源分配。例如，性别偏见可能导致女性在许多职业领域中面临更高的晋升障碍，而种族偏见可能导致某些族群在教育或就业机会中受到系统性的不公待遇。如果一个地位特征具备以下三个组成部分，就被称为弥漫性地位特征（Berger & Fişek，2006）：（1）地位特征的不同状态被赋予不同的价值，分为地位特征的高状态和低状态；（2）与地位特征状态相关的行为期望；（3）对能力的一般性期望。通常，种族被认为是一种弥漫性地位特征，至少存在两种不同的价值评价状态：白人和黑人。白人被视为地位特征的高状态，而黑人则处于低状态，这导致了人们对能力的普遍看法，即认为白人在广泛的层面上比黑人更有能力。重要的是，这些对地位特征不同状态的评价以及对行为的期望是基于广泛共享的刻板印象，而非个人信念。换句话说，这些对地位特征状态的看法深植于文化上突出的刻板印象中（Ridgeway，2009）。由于这些刻板印象在文化上是突出的，即使个人不认可这些刻板印象，仅仅意识到它们也会影响群体互动中的表现和行为期望（Ridgeway & Correll，2004）。

　　在解释地位特征如何影响群体的社会互动时，SC-EST主要通过群体互动中的发言机会、不同意见和顺从的分布情况进行测量和解释，这也被称为可观察的权力和声望秩序（Observable Power and Prestige Order，简称OPPO）。OPPO提供了对群体互动过程中信息交换情况的客观和精确的测量，主要包括四个方面：表现产出、行动机会、影响力和顺从。通过对这四个方面的测量，可以确定每个群体成员的权力和声望顺序，以及每个群体成员对群体的相对影响力（Manago，

2020）。通常情况下，地位较低的群体成员比地位较高的成员拥有更少的表现产出和行动机会，对群体的影响力和被顺从的可能性也较小。这是因为地位低的个体更可能顺从地位高的个体，而地位高的个体顺从地位低的个体的情况较少。此外，地位低的个体对其他地位低个体的顺从也较少，而地位高的个体对其他地位高个体的顺从则更多。这种现象被称为无负担过程（Burden-of-proof Process），即拥有较高地位的人更可能被顺从。

SC-EST对社会调查的最大贡献在于解释了受访者与研究人员的社会互动如何影响数据质量。研究表明，访问员的特征可能显著影响受访者的反应和行为，尤其当调查问题与访问员的特征直接相关时，对数据的影响尤为明显（R. M. Groves et al.，2009）。例如，受访者在回答与性别相关的态度问题时，会受到访问员性别的影响（Kane & Macaulay，1993）。有研究表明，当访问员为女性时，男性受访者报告的性伴侣数量要比访问员为男性时更多（Fisher，2007）；此外，男性受访者还可能报告更努力工作或身体痛苦较少（Siegwarth，Larkin，& Kemmner，2012）。另有研究发现，回答与种族相关的态度问题时，也会受到访问员种族身份的影响（Campbell，1981）。即使一些调查问题与种族身份没有明显相关，访问员的种族身份仍可能影响受访者的回答。例如，有研究发现，访问员的种族身份会影响受访者对危险健康行为或自杀行为的报告（Samples et al.，2014）。

在访问员的地位特征（相对于受访者的地位特征）可能影响应答的情况下，SC-EST可能会建议将具有相关地位特征的访问员与受访者进行匹配。通过消除访问员和受访者之间在地位特征上的差异，访问员的地位特征就不会凸显，从而最大限度地限制地位特征对调查互动的影响（Manago，2020）。例如，如果房间里只有女性，我们就不会将性别视为一种地位特征。换句话说，即使群体成员之间存在地位特征差异，如果这种差异未被群体成员注意到，地位特征也不会发生作用。如果在社会调查过程中，通过调查设计让受访者和访问员都没有注意到各自的民族身份，那么民族身份就不会如预期那样发挥作用。而如果希望民族身份在调查中发挥作用，那么相应的调查设计就需要让受访者和访问员明确意识到这种身份差异。

除了地位特征匹配的方法外，我们还可以通过增加或强调群体成员拥有的其他地位特征信息，来减少弥漫性地位特征的低状态所带来的负面影响（Pugh & Wahrman，1983; Markovsky, Smith, & Berger，1984）。例如，当访问员为女性而受访者为男性时，如果没有其他附加信息，双方的互动主要基于性别这一弥漫性地位特征。由于女性处于低状态，男性处于高状态，女性访问员在可观察的权力和声望上低于男性受访者，男性受访者可能不如听从男性访问员那样听从女性访问员，从而影响数据质量。为避免这类问题，我们可以增加一些具体的地位特征信息，例如，特别强调女性访问员在调查管理方面是专家，这可能会改变访问员和受访者的期望，从而改变他们的行为，使得女性访问员和男性受访者之间的互动变得更加平等，后者更有可能听从前者的意见。由此可见，通过增加或强调具体的地位特征信息，可以减弱原本处于弥漫性地位特征低状态的访问员与处于高状态的受访者之间的互动对数据质量的影响。

相反，如果访问员处于弥漫性地位特征的高状态，而受访者处于低状态，这种不平衡可能导致访问员无意中低估或忽视受访者的回答，尤其是在社会层级差异明显的情况下。例如，白人访问员对黑人受访者的访谈过程中，可能由于种族/民族这一弥漫性地位特征的影响，导致访问员不充分重视受访者的观点和经历。这种现象不仅可能降低数据的准确性，还可能使调查结果偏向于反映访问员的主观偏见，而不是受访者的真实想法。为了解决这一问题，引入受访者的具体地位特征信息是一种有效的策略。具体地位特征，如受访者在特定领域的专业知识或经验，可以在访谈过程中被特别强调，以提升受访者在这一特定情境中的相对地位。例如，当访问员在进行关于社区组织的调查时，可以特别介绍受访者是该领域的专家，具有丰富的经验和深入的见解。这种强调不仅有助于增强受访者的自信心，使他更愿意分享深刻和详细的观点，还可以促使访问员更加重视受访者的回答，从而在心理上平衡访问员和受访者之间的地位差异。通过这种方式，访问员与受访者之间的互动质量可以得到显著提升，因地位不平等导致的潜在偏见和误差可以减少。具体地位特征的引入，不仅提高了受访者在调查任务中的参与感和重要性，还促使访问员采取更为尊重和认真的态度对待受访者的回答。这种策略在涉及敏感话题或少数群体的调查中尤为重要，因为这些情境中，弥漫性地位特征的影响可能更加显著。此外，这种做法还可以帮助建立更为平等和信任的访谈氛围。受访者在感受到自己的观点和经验被访问员充分重视时，往往更愿意提供详细和准确的回答，从而提高数据的质量和代表性。这不仅有助于减少数据收集过程中的系统性误差，还可以增强调查结果的可信度和有效性。

7.4 社会期望响应

社会期望响应（Socially Desirable Responding）指的是受访者在回答调查问题时，尤其是在涉及敏感性问题时，希望被视为一个符合社会价值规范的人，从而倾向于以符合社会期望和他人评价的方式作答。例如，当被问及有关社会规范行为的问题时，即使受访者没有做出符合社会规范的行为，他们也可能声称自己实施了这些行为；如果他们的实际行为频率低于社会可接受的水平，他们可能会夸大报告的行为频率。相反，受访者报告的不符合社会规范的行为频率则往往低于他们的实际频率。无论是哪种形式，受访者根据社会期望而非真实情况进行响应，会导致数据的严重偏误。除了通常的报告偏误之外，社会期望响应还可能对研究移民政策偏好、本土主义、种族主义以及反移民情绪等问题的结果产生严重影响。

在面对面调查中，受访者可能会特别注意访问员的可观察特征，如民族、性别、年龄和宗教信仰等。受访者可能会根据访问员的这些特征调整他们的回答，以满足访问员期望的社会规范。尤其是，当受访者和访问员在一些显著特征上相同或不同的情况下，相关问题的回答更容易出现社会期望响应偏差（Schaeffer，1980; R. M. Groves et al.，2009）。例如，不支持平权行动的白人受访者可能会向黑人访问员报告支持平权行动，而不是向白人访问员报告（An & Winship，2016）。同样，坚持传统性别规范的男性受访者可能会向女性访问员报告更多性别平等主义的观点，但在面对男性访问员时则会更诚实地回答（Huddy et al.，1997）。

对于受访者的社会期望响应问题，以往研究大多将其解释根源追溯到戈夫曼的印象管理理论（Goffman，1959），这一理论后来扩展到社会心理学中的社会期望理论（Crowne & Marlowe，1960; Marlowe & Crowne，1961）、自我呈现理论（Leary，1996）以及自我监控理论（Snyder，1974）。这些理论都假设，印象管理是个体内在性格结构的表现，这种人格结构使得个体非常关注主流社会规范的期望和他人的意见。一些实证研究也表明，在社会期望人格结构上得分较高的受访者在回答调查问题时，与其他社交活动一样，会更加在意访问员对他们的印象，并可能调整回答以给访问员留下好印象。

根据早期的社会期望响应理论，印象管理被认为是受访者做出社会期望响应的内在原因，是与采访者互动的结果，在采访者不在场的情况下，例如在自填问卷、邮寄调查问卷和网络调查问卷中，社会期望响应的发生率应当降低。尽管一些研究发现，在自填问卷调查中，受访者会表现出较少的社会规范行为（Holbrook & Krosnick，2010）以及较多的反社会规范行为（Aquilino，1994），但也有研究表明，受访者在自填问卷中可能会夸大他们的社会规范行为（Brenner & J. D. DeLamater，2014）。虽然自填问卷在一定程度上缓解了受访者面临的社会期望压力，但在报告规范行为或态度时，仍然可能与真实情况存在偏差。

根据社会期望响应理论，在社会期望人格结构上得分较高的受访者，往往会强烈倾向于夸大报告那些在社区或社会中被视为符合社会规范的态度或行为，而减少报告被认为是违反社会规范的态度或行为。相反，那些在社会期望人格结构上得分较低的受访者则不太可能夸大报告与社会规范有关的内容，报告的内容应更符合实际情况。然而，这种解释过于强调了单一人格结构对调查响应的决定性影响，而忽视了调查问题内容或性质对受访者响应偏差的影响。实际上，有些人对某些社会规范、态度、观点和行为非常在意，因此可能会朝着社会期望的方向作答；而另一些人则可能并不在意或根本不关心，在回答相关问题时不会受到社会期望或印象管理的影响（Brenner，2020）。对于不同身份或认同的受访者而言，同一个社会调查问题可能具有不同的社会规范含义，他们对回答结果的关心程度也不同。

如果从印象管理的视角来看待受访者的社会期望响应，可能会过于强调受访者的有意识过程。根据这一视角，受访者在理解调查问题并从记忆中检索信息后，会在正式回答之前在头脑中有意识地进行评估和编辑，这个过程也可以被视为一种以访问员为对象的"他人欺骗"

（Other-deception）过程。然而，实际上，受访者并不总是为了给访问员留下好印象而编辑自己的回答，有时是为了维持其内在观点而编辑要报告的内容，这可以被视为一种"自我欺骗"（Self-deception）的过程。因此，我们需要将受访者错误报告的动机聚焦在受访者自身上（Sackeim & Gur，1978）。

自我欺骗与印象管理不同，自我欺骗并不是通过有意识地编辑回忆的信息以迎合社会期望，而是在理解调查问题并回忆相关信息时，已经发生了系统性的偏差（Holtgraves，2004）。在这一过程中，受访者倾向于回忆那些与其先前存在的自我观点一致的信息。因此，自我欺骗是一种无意识的现象，对调查响应误差的影响与印象管理中的"他人欺骗"显著不同。

以往研究表明，受访者以符合社会期望的方式回答调查问题与文化有着紧密的相关性，因为文化取向决定了一个社会中哪些态度和行为被视为符合社会期望（Malham & Saucier，2016）。早期社会期望概念就特别强调了文化认可行为的重要性。此外，不同文化取向对社会期望的认知差异被认为是一个重要的研究领域，尤其在研究不同文化群体在一些敏感话题（如毒品和酒精使用）上的差异时，需要深入考察这些差异是实质性的，还是源于不同文化群体在自我报告时的响应差异（Johnson & Bowman，2003）。

研究表明，在集体主义文化取向的环境中，受访者以社会期望方式响应调查问题的倾向更大。集体主义文化更强调从众（Bond and P. B. Smith，1996）和和谐的社会互动，倾向于以符合社会规范的方式展示自己（Lalwani，Shavitt，& Johnson，2006）。具有集体主义文化背景的受访者似乎不太愿意向调查人员提供坦率的答案，而更可能在调查中提供含糊其词的回答（Park & Goerman，2019）。相比之下，身处个人主义文化取向环境中的人可能会感受到较少的遵从社会规范和提供社会期望信息的压力。其他研究还发现，一个国家的个人主义得分越高，在测谎量表上的平均得分就越低，在社会期望量表上的得分也会越低（Bernardi，2006）。然而，个人主义文化更加强调个人隐私，受访者在接受访问时不愿意其他人在场（Mneimneh et al.，2018）。这表明，集体主义和个人主义都可能导致较高的社会期望响应，只是方式有所不同（Lalwani et al.，2006）。集体主义对社会期望响应的影响主要通过印象管理实现，即通过歪曲自己的态度和行为以符合自身感知的社会文化规范。个人主义对社会期望响应的影响更多与自我欺骗的强化有关，即持有夸大的自我看法，对自己的技能和能力进行过高的评价。

与处于低权力距离文化的人相比，处于高权力距离文化中的人可能会感到更大的社会压力，更容易以社会期望的方式做出响应（Middleton & Jones，2000）。此外，处于高不确定性规避文化中的人，可能会感受到更大的顺从压力，在面对较为模糊的调查问题时，更倾向于提供社会期望的响应。这些发现表明，文化取向不仅影响受访者的行为和态度，也显著影响他们在调查中响应社会期望的方式和程度。

7.5　身份认同与受访者响应机制

考虑到传统上对社会期望响应的理解存在一些局限性，一些研究主张从社会互动的角度来理解受访者的调查响应偏差（Brenner，2020）。在社会互动理论看来，个体参与社会交往的一个重要目的就是确保互动对象的观点与自己的观点相匹配。如果他人对自己的评价与自我评价一致，就会产生积极情绪；如果不一致，就会产生负面情绪

（Burke，1991; Burke & Stets，1999）。社会调查本质上也是一种社会互动方式。受访者希望访问员对他们的印象与他们自我认知的方式一致。虽然这一过程与传统的印象管理有相似之处，但它并不依赖于个性特征或社会结构。

尽管受访者无法确切知道访问员对他们的印象如何，但他们可以通过互动中的言语或非言语信息感知访问员的评价，这通常被称为反映评价（Cooley，2017）。例如，访问员的口头评价（如"您看起来很善良"）和身体语言（如微笑、肯定地点头）都能传达对受访者的评价，受访者通过这些信息来感知对方对自己的看法。在社会调查过程中，受访者希望感知到的反映评价与他们的自我评价一致。如果受访者对调查问题的回答与他们的自我评价不一致，就会产生反映评价与自我评价不一致的情况。例如，受访者可能认为自己是一个积极的社区参与者，但由于某些原因最近没有参与任何社区志愿活动，所以在回答"上周是否参与了社区志愿活动"这一问题时，如果回答"否"，就可能导致反映评价与自我评价不一致。在这种情况下，受访者要么试图回避或修改答案以使反映评价符合自我评价，要么认为反映评价不重要而忽视它。

除此之外，受访者还有另一种更容易接受的选择：他们可以通过报告符合自我认知的行为来避免反映评价与自我评价不一致的问题。例如，在被问到"上周是否参与了社区志愿活动"时，受访者可能会将问题理解为对其身份的考验（如"你是一个社区参与积极分子吗?"）而非对具体行为的询问（如"你上周参与社区活动了吗?"）。在这种情况下，响应偏差发生在问题理解阶段。研究表明，受访者在报告宗教行为时，往往通过语用解释来报告与其宗教身份一致的自我认知，而不是与实际行为不一致的事实（Brenner，2017）。

因此，受访者如何看待自己是影响调查响应的关键。由于每个人的身份具有多个方面，而且并非所有身份对个人都同等重要或有价值，要理解哪些身份影响受访者的调查响应，就需要了解哪些身份对受访者来说最为重要。通过深入研究受访者的身份认同及其在社会互动中的表现，可以更准确地理解和预测调查响应偏差的产生机制。要理解身份认同对调查响应的影响，可以借助三个核心概念：身份承诺（Identity Commitments）、身份重要性（Identity Prominence）和身份突出性（Identity Salience）。

身份承诺指的是个体通过与他人的关系建立联结的数量和质量，以及这些联结对其身份认同的影响。身份承诺可以通过两个主要维度来衡量：数量和质量。数量，即身份承诺的扩展，指的是一个人通过某个身份与他人建立的关系数量。这些关系越多，个体在社会中与这一身份相关的互动和联系就越广泛。例如，一个医生可能与大量同事、患者、医学院校的同学、行业协会成员等建立了关系，这些关系网络的广泛性意味着该医生在其职业身份上的高扩展承诺。这种广泛的关系网络不仅增强了个体对该身份的认同，也加强了其在社会角色中的地位和责任感。质量，即身份承诺的强度，指的是这些关系的情感深度和紧密性。关系的情感深度越强，个体对该身份的认同和情感投入就越高。例如，一个父母可能只与少数家庭成员建立关系联结（低扩展），但这些关系可能充满深厚的爱和依赖（高强度）。这种情感上的深度联结使得个体对其父母身份有更强的认同感和责任感，从而在行为和决策上更倾向于维持和强化这一身份。

值得注意的是，身份承诺的数量和质量并不是相互排斥的。在某些情况下，个体可能在一个身份上同时具有高数量和高质量的关系联结，这意味着该个体在该身份上的承诺非常强。例如，一个有经验的教师可能不仅与大量学生、家长、同事建立了广泛的关系网络（高扩展），而且这些关系中也可能充满了尊重、信任和情感支持（高强度）。

这种双重高承诺进一步加强了该教师对其职业身份的认同，并可能影响其职业满意度和长期职业发展。无论是关系的数量还是质量，二者对身份认同的作用都不可忽视。高数量的关系扩展可以增加个体在某一身份中的社会影响力和资源获取能力，而高强度的情感联结则增强了个体对该身份的内在认同和情感依附。两者结合能够促使个体在特定身份中表现出更高的投入和忠诚，这不仅有助于个人的身份维持和角色履行，也对社会互动和群体动态产生积极影响。

身份重要性是指个体在其自我概念中对某一特定身份的情感联结和重视程度。这一概念反映了个体如何在其多重身份中进行价值排序，并揭示了个体希望如何看待自己以及他人如何看待自己。在个体的自我概念中，不同身份的价值和优先级通常是不一样的，那些排序较高的身份通常代表着个体的理想自我，即他们希望成为的那种人（Brenner，& J. D. DeLamater，2014）。个体对某一身份的重视程度通常与他在社会生活中的投入和表现密切相关。排序较高的身份，往往是个体最为看重的身份，是他们在日常生活和职业生涯中投入最多时间和精力的方面。例如，一个教授可能会高度重视其学术身份，这不仅是因为这个身份与其职业生涯密切相关，更因为它在个体的自我概念中占据了核心地位。这样的身份通常也与个体的价值观、目标和生活使命紧密联系，构成了个体理想自我的一部分。因此，个体在这些高优先级身份上的表现往往更加投入和卓越，因为他们希望通过这些身份实现个人价值和社会认同。另一方面，排序较低的身份则通常是个体较少关注或投入的身份。这些身份在个体的自我概念中占据次要地位，可能与个体的日常生活或核心价值观关联较弱。例如，一个人可能拥有"邻居"这个身份，但如果这个身份在他们的自我概念中并不重要，他们可能不会在社区活动中表现出太多的参与和投入。这并不意味着这些身份完全无关紧要，而是它们在个体的整体自我认同中处于次要位置，影响力相对较小。

身份重要性在某种程度上也会影响个体在不同情境中的行为选择和决策过程。当面对多重身份之间的冲突时，个体通常会优先考虑那些在其自我概念中占据更高地位的身份。例如，当一个人同时是父母和职业经理人时，如果"父母"身份对他而言更为重要，他可能会优先安排与孩子相处的时间，即使这意味着要在工作上做出某些牺牲。这种身份优先级的决策过程显示了身份重要性对个人行为的深远影响。此外，身份重要性还可以影响个体在社会互动中的表现和人际关系的建立。那些高度重视某一身份的个体，往往会在相关的社交网络中表现出更大的积极性和参与度。例如，高度认同自己学术身份的教授，可能会更加积极地参与学术会议、发表论文，并与同行保持紧密联系。这不仅增强了他们在这一领域的专业形象，也进一步巩固了这一身份在其自我概念中的核心地位。

身份突出性指的是某一身份在特定情境中被表现的可能性，或者个体将某一情境解释为与该身份表演有关的倾向性（Stryker，1980）。不同身份在突出性上的排序是不同的。高度突出的身份是指个体很可能表现的身份，或者个体倾向于将某种情境理解为与该身份相关。例如，教授在学术会议上表现出教授身份是与情境实际相关的，但教授在社交聚会上讨论研究工作则可能是与情境无关，但被个体认为有关的。与身份重要性不同，个体未必总是意识到某个身份的突出性。因此，身份越重要，个体就越有可能看到或定义与该身份相关的情境，从而表现或表演该身份。一个高度重要的身份可能会在各种情境下被表现，即使这些情境与身份没有事实上的关联。然而，在某些日常生活的限制条件下，个体可能无法表现某些重要身份，从而导致身份重要性和身份突出性之间的不一致。例如，一个人可能非常重视自己作为运动员的身份，但由于工作、家务等限制，几乎没有机会去表现这一身份（Brenner，2016）。

这种身份重要性与突出性的不一致可能导致调查响应偏差。受访者在回答与某个身份相关的问题时，可能会根据其理想自我（即重要身份）而非实际行为作答。例如，在回答锻炼行为的问题时，受访者的回答可能反映了他们对自己作为"运动员"身份的理想认同，而不是他们实际的锻炼行为。传统的社会调查方法要求受访者报告日常或当前的行为，或在长时间内的行为，这在涉及社会规范行为（如宗教行为、投票行为、环保行为等）时，可能会遇到较大的响应偏差。当某个身份对个体而言非常重要时，受访者通常不需要夸大报告的行为，因为他们在生活中较多地表现与身份相关的行为，因此实际行为与报告的行为相匹配。相反，如果某个身份的重要性较低，受访者也不太可能夸大相关行为，因为他们对该身份和相关行为不关心。一般情况下，中等重要性的身份最有可能导致受访者夸大其实际行为（Brenner & J. DeLamater，2016）。

目前关于身份认同与调查响应的研究主要集中在社会规范行为上，而对身份认同如何影响受访者对反社会规范行为报告的研究还相对较少。基于类似的原因，如果受访者不认为自己是从事某些反社会规范行为的"那种人"，他们很可能会低报某些类型的反社会规范行为。通过从身份认同的视角考察调查响应误差问题，有助于我们更好地理解受访者如何报告过去的反社会规范行为，如吸毒、酗酒、刑事犯罪等。这种视角还可以帮助研究人员更好地理解这些行为在自我报告中的稳定性问题，尤其是随着时间的推移（Shillington，Woodruff，Clapp，Reed，& Lemus，2012）。此外，基于身份认同的解释，可以将调查响应误差的根源转移到问题理解阶段，并假设受访者并非刻意欺骗，无论是他人欺骗还是自我欺骗。相反，受访者会反思他们的自我认知，并以此解释调查问题，从而以诚实的方式报告他们的自我看法。这种解释方式提供了一个新的视角，认为受访者在回答调查问题时，更多的是根据自己对身份的认知，而非故意扭曲事实。因此，问题理解阶段成为调查响应误差产生的关键环节。

如果在问题设计时，我们抛开对问题敏感性的传统关注，转而关注身份认同在社会期望响应中的作用，并采用特定的设计方式以避免受访者根据自己重要的身份来回答问题，我们或许能够在理解这种调查响应误差的社会来源以及如何改进未来的测量方法方面取得积极进展。例如，设计问题时可以避免让受访者联想到他们不愿承认的身份，从而减少低报反社会规范行为的倾向。通过这种方式，我们不仅能更准确地捕捉受访者的真实行为，还能更深入地理解身份认同在调查响应中的作用，从而提高调查数据的质量。

7.6　减少响应偏差

为了解决受访者的响应偏差问题，研究人员采用了许多策略。例如，与通过电话或面对面进行的调查相比，越来越多的在线自我管理调查问卷会使社会期望偏差有所减少，这可能是由于额外的匿名感知。匿名是减少社会期望响应的一个关键因素。研究表明，当受访者感觉到他们的回答是匿名的时，他们更有可能提供真实的回应。自我管理调查，如在线问卷或纸质问卷，通常能够提供更高的匿名性，从而减弱受访者的社会期望响应倾向。尤其是在处理敏感问题时，匿名可以减少受访者因为担心社会评价而调整回答的可能性。通过设计不记名的问卷调查或保证回答的保密性，研究人员可以在一定程度上减轻受访者的社会压力。

　　研究人员为了减少响应偏差，采用了多种问题形式和测量方法。其中之一是询问受访者他们认为"大多数人"会如何回答的问题形式，称为"大多数人投射性提问"（Most People Projective Questioning，简称MPPQ）。然而，一些研究表明，MPPQ方法可能会高估个人层面的歧视和负面情绪（Ostapczuk & Musch，2011b）。因此，如果研究人员感兴趣的是受访者对社会规范的看法（或计划行为理论中的"主观规范"），MPPQ方法可能是合适的；但如果研究人员的重点是了解受访者个人的观点，则应避免使用MPPQ方法（Manago，2020）。此外，还有多种方法可以帮助减少响应偏差，如短文解释、非指导性测量、隐性测量、项目计数或列表响应等方法（Brenner & J. DeLamater，2016; K. B. Coffman，L. C. Coffman，& Ericson，2017）。

　　短文解释或合理化问题方法（Vignette Method）是一种有效的调查技术，通过为受访者提供详细的背景或情境描述，帮助他们更准确地理解问题，并在具体情境下做出回应。这种方法特别适用于涉及复杂道德或社会问题的研究，因为它能够减少由于理解错误或语境误解导致的响应偏差，从而提高数据的准确性和有效性。短文解释方法的核心在于通过设计一个精心构建的情境或故事，让受访者置身于一个特定的情境中，从而更好地感受问题的实际含义。这种方法通常包括一段描述性文字，详细阐述一个情境或案例，然后提出与该情境相关的问题。受访者需要根据他们对情境的理解做出反应，而不是单纯基于抽象或模糊的概念作答。这种方法的优点在于，它能够将复杂的概念或抽象的问题具体化，使受访者更容易理解和回应。例如，在研究涉及道德判断的问题时，直接询问受访者对某一抽象道德原则的看法可能会产生较大的回答偏差，因为受访者可能对问题的理解有所不同。然而，通过短文解释方法，研究人员可以呈现一个关于道德困境的具体情境，让受访者基于具体情境进行判断，从而获得更为一致和真实的回答。在探讨社会态度和行为时，短文解释方法也非常有用。研究人员可以设计包含社会交互或制度背景的情境，帮助受访者在更为真实的社会语境下表达其态度或预期行为。例如，在研究偏见或歧视时，通过描述具体的社会互动场景，让受访者基于情境反应，而非直接询问受访者对某一群体的态度，从而减少社会期望效应的影响。

非指导性测量（Non-Directive Measures）也是一种有效的研究方法，通过避免使用明确的指导语或引导性语言，减少受访者受到暗示或诱导的可能性，从而降低响应偏差。这种方法尤其适用于需要获取受访者真实想法和未受外部影响的回答的研究。非指导性测量的核心在于，通过设计中立或开放式的问题，让受访者有更大的自由表达空间。研究人员在提出问题时，避免使用可能暗示特定答案的词语或语气，从而减少引导性语言对受访者回答的干扰。这种方式不仅能够更好地捕捉受访者的真实态度和观点，还能够揭示他们在没有外部影响下的自然反应。在访谈或调查中，研究人员可以通过中立性语境的设定来避免引导性影响。例如，在询问受访者对某个社会问题的看法时，可以先陈述事实或背景信息，而不加入任何主观评价或情感倾向。这种方法有助于受访者独立思考，而不受研究人员观点的影响，从而促进受访者提供更为客观的回答。在某些定性调查研究中，研究人员可以鼓励受访者自由联想或讨论某一主题，而不提供具体的框架或方向。这种方法让受访者能够更自然地表达他们的观点和情感，从而减少因为研究者的引导或预设框架导致的响应偏差。

隐性测量（Implicit Measures）是一种创新且有效的研究方法，旨在减少调查中的响应偏差，特别是当研究涉及敏感问题或受社会期望影响的主题时。这类测量通过评估受访者的潜在态度、偏见或信念，而不是依赖于他们的显性观点或自我报告，减少因社会期望效应导致的回答失真。隐性测量的核心在于通过间接的方式揭示个体的内在心理状态，避免受访者在回答问题时有意或无意地掩饰其真实态度或行为。例如，隐性联想测验（Implicit Association Test，简称IAT）是一种广泛使用的隐性测量工具，通过评估个体对特定词语或概念的反应速度，来揭示他们潜在的态度或偏见。隐性联想测验的基本原理是，人们对与其内在信念一致的词语或概念组合反应速度更快，而对不一致的组合反应速度则较慢。这种测量方法能够在不直接询问的情况下，捕捉到受访者潜意识中的偏见或态度。

在研究种族、民族、性别、性取向等社会敏感问题时，受访者往往会因社会期望压力而提供经过修饰的答案，隐性测量方法则能够避免这种自我报告的局限性。例如，在研究种族（民族）偏见时，隐性联想测验可以揭示个体在面对不同种族（民族）群体时的潜在态度，而不仅仅是他们在公开场合的表面言论。隐性测量也特别适合揭示那些受访者可能并不自觉的偏见或态度。通过测量无意识的反应，研究人员可以发现个体潜在的心理倾向，这些倾向可能与他们的显性观点不一致。例如，尽管一个人声称对某个社会群体没有偏见，但隐性测量可能显示出他们在潜意识层面对该群体的负面联想。由于隐性测量不直接依赖于受访者的自我报告，受访者不容易控制或调整他们的回答来迎合社会期望。因此，这种方法能够在一定程度上减少因受访者试图迎合社会规范而产生的响应偏差，从而提高数据的准确性。

7.7 小结

随着社会和技术的深刻变革，调查响应率的持续下降成为研究者们日益关注的问题。传统上，许多研究已经总结了影响受访者响应的因素，并提出了一些相关的理论观点。然而，这些现有的调查响应理论大多是独立发展的，彼此之间缺乏有机联系。此外，这些理论通常集中于社会心理学的视角，强调认知、态度和观念对人类行为的影响，却往往忽略了诸如调查赞助者、激励措施、联系频次等外部因素对调查响应行为的影响。这种局限性导致了现有理论在解释实际调查响应行为时的有效性受到了限制。

为应对这些挑战，迪尔曼提出了一个更为全面的一般分析框架，从七个方面概括总结了影响调查响应的因素。这一框架不仅涵盖了社会心理学的基本因素，还扩展到了更广泛的社会和环境变量，如调查的设计、受访者的社会背景、调查方法和技术手段的应用等。这种整合性的分析框架有助于研究者更全面地理解调查响应行为，并为提高响应率提供了更为实用的指导。

在此基础上，本章还深入探讨了文化取向和社会地位等因素对受访者响应的影响机制。文化取向决定了个体在面对调查时的行为模式和反应倾向。例如，高权力距离文化中的受访者可能更倾向于接受权威指示而参与调查，而低权力距离文化中的受访者可能更注重独立性和自我表达，从而表现出不同的响应行为。类似地，社会地位也影响着受访者的响应率，较低社会地位的个体可能由于信任缺乏或资源有限，而对调查表现出较低的参与意愿。

此外，本章还重点分析了社会期望和身份认同对受访者响应的影响。社会期望指向个体在回答调查时，为符合社会或群体的期望而调整其回答的倾向。身份认同则涉及个体如何通过响应行为来维护或表达其社会身份。例如，一个高度认同其职业身份的个体可能会根据职业角色的期望来调整其回答，以维持职业形象。理解这些社会心理因素的作用，有助于设计更有效的调查策略，减少响应偏差，提高数据的真实性和可靠性。

文化敏感的社会调查：理论与实践

　　然而，当前大多数调查响应理论是在移动互联网兴起之前发展和应用的。随着技术的发展，混合调查模式（如网络调查、电话访谈和面访相结合）的普及，对传统理论提出了新的挑战，不仅改变了调查实施方式，也影响了受访者的响应行为和动机。因此，研究者们需要重新思考和重建现有的理论框架，以适应新时代的调查环境。特别是在混合调查模式日益普及的背景下，未来的研究应更加注重整合多学科的理论视角，考虑更广泛的社会和技术因素。通过这种方式，新的理论框架将能够更好地解释和预测受访者的响应行为，从而为提高调查的有效性和数据质量提供更加坚实的理论支持。

第8章

总调查误差视角与数据质量

　　理想情况下，研究人员希望通过社会调查获得对目标总体参数的准确估计。然而，社会调查结果与"实际数值"之间往往存在差异，这种差异被称为调查误差（Survey Error）。由于调查误差的来源多种多样，调查方法学家提出了总调查误差这一概念。总调查误差旨在描述社会调查的统计特性，包含了影响调查估计的各种误差源，是调查测量可能出错的所有因素的总和（T. W. Smith，2011），因此被视为评价数据质量的重要指标。与传统抽样调查设计主要关注抽样误差不同，总调查误差不仅关注抽样误差，还关注非抽样误差。非抽样误差包括样本的选择偏差、数据收集过程中产生的各种误差，以及由于受访者的响应行为导致的误差。总调查误差的广泛应用表明，它关注的是调查设计的各个方面，包括如何确定调查总体、抽取样本、接触样本单位、概念的操作化以及获得受访者的响应等内容。因此，总调查误差不仅是一个衡量调查数据质量的工具，还经常被调查设计人员当作一种思维方式（Lyberg & Stukel，2017）。

　　调查设计人员可以将总调查误差作为规划标准，从而在给定调查成本的条件下选择最优的调查设计，即选择一个总调查误差最小的设计。这样做可以有效地平衡抽样误差和非抽样误差，确保在不超出预算的情况下，最大限度地提高数据质量。总调查误差的核心理念是全面考虑调查过程中可能出现的各种误差源，并通过优化设计和方法来最小化这些误差，从而提高调查结果的准确性和可靠性。总调查误差提供了一个系统的框架，使调查设计人员能够在整个调查过程中全面考虑并管理误差，最终达到更高的数据质量。通过这种方式，研究人员不仅能够更好地理解调查结果的局限性，还能够在未来的调查中不断改进设计和方法。

8.1　总调查误差的提出和发展

在20世纪40年代，戴明总结了抽样调查中的多种误差来源，并列出了13个影响因素，旨在提醒调查研究人员和用户在解释调查结果时不能只关注抽样误差（Deming，1944）。尽管早期的调查方法论者提出了多种影响调查质量的误差来源，但他们的研究仍然主要集中在抽样误差上（Hansen et al.，1953）。基什在1965年出版的《调查抽样》（*Survey Sampling*）一书中，详细讨论了"偏误和非抽样误差"（Biases and Nonsampling Errors），特别区分了观测误差和非观测误差（Kish，1965），这是一个显著的进步。基什及后来的调查方法学家尽量列出影响调查的误差来源，尽可能不遗漏重要方面。然而，任何列表都不可能是完整的，因为技术、调查方法的创新或调查设计决策可能会带来新的误差源（R. M. Groves & Lyberg，2010）。此外，由于研究目的不同，研究人员对调查误差的来源及分类的看法也存在较大差异。

1979年，安德森等人在《总调查误差》（*Total Survey Error*）一书中首次提出了"总调查误差"这一概念（Andersen, Kasper, & Frankel, 1979）。书中，总调查误差被分为方差（Variance）和偏误（Bias）两个部分，或抽样误差（Sampling Error）和非抽样误差（Nonsampling Error），或观测误差（Observation Error）和非观测误差（Nonobservation Error）。随后，格罗夫斯试图将总调查误差的概念与心理测量学和计量经济学中的误差概念联系起来（R. M. Groves, 1989）。他首先将均方误差（Mean Squared Error）分解为方差和偏误，然后再细分为非观测误差和观测误差。非观测误差通常包括覆盖误差（Coverage Errors，指目标总体和抽样框总体的不一致性）、抽样误差、样本单位无响应和题目无响应。观测误差通常涉及调查变量的报告值或记录值与其"真实"或"潜在"值之间的差异。以往的文献考察了访问员、数据收集模式、问卷、受访者以及数据处理等因素对观测误差的影响。

2003年，比默和莱伯格在《调查质量简介》（*Introduction to Survey Quality*）一书中，试图将注意力转移到抽样误差和非抽样误差的主要区分上（Biemer & Lyberg, 2003）。他们将非抽样误差归为五个来源：设定误差（Specification Error）、抽样框误差（Frame Error）、无响应误差（Nonresponse Error）、测量误差（Measurement Error）和处理误差（Processing Error）。为了应对随着方法和技术的变化可能出现的新误差源，比默和莱伯格对这五个误差来源进行了广泛定义，以确保基本涵盖调查中的所有非抽样误差源。此外，他们还试图将总调查误差与处理质量（Process Quality）整合，通过持续的质量改进来减少总调查误差。

2009年，格罗夫斯等人在《调查方法》（*Survey Methodology*）一书中，首次将调查设计、数据收集和统计估计等方面与总调查误差的框架联系起来（R. M. Groves et al., 2009）。他们从调查质量的角度审视

文化敏感的社会调查：理论与实践

了社会调查的整个周期，试图通过阐明各种误差来源的原因来改进调查设计，从而减少调查误差。如图8-1所示，格罗夫斯等人从调查的两个推理过程，即测量过程和代表性过程，考察了调查误差。测量过程主要涉及测量误差和处理误差，而代表性过程主要涉及覆盖误差、抽样误差和无响应误差。

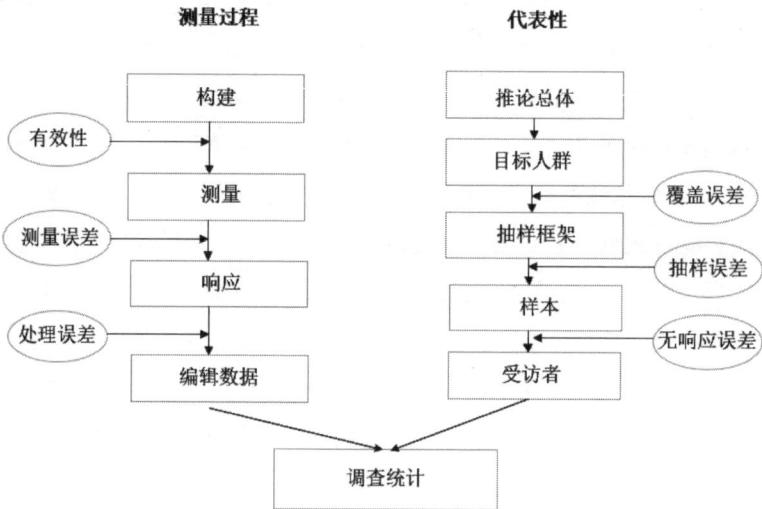

图8-1　总调查误差框架

　　2005年，韦斯伯格在其著作《全面调查误差方法：调查研究新科学指南》（*The Total Survey Error Approach：A Guide to the New Science of Survey Research*）中通过冰山模型将调查误差分为三个层次：受访者选择问题、应答准确性问题和调查管理问题（Weisberg，2005）。如图8-2所示，在这一模型中，受访者选择问题包括抽样误差、覆盖误差和样本单位无响应误差，这些误差类型被比喻为冰山一角或接近冰山一角；应答准确性问题包括题目无响应误差、与受访者相关的测量误差以及与访问员相关的测量误差，这些误差类型则隐藏在冰山下的一部分；调查管理问题位于最底层，涵盖了调查后误差、模式效应以及可比性效应。需要注意的是，其他研究人员在讨论调查误差时，通常不会包括由调查管理问题引起的误差或效应。

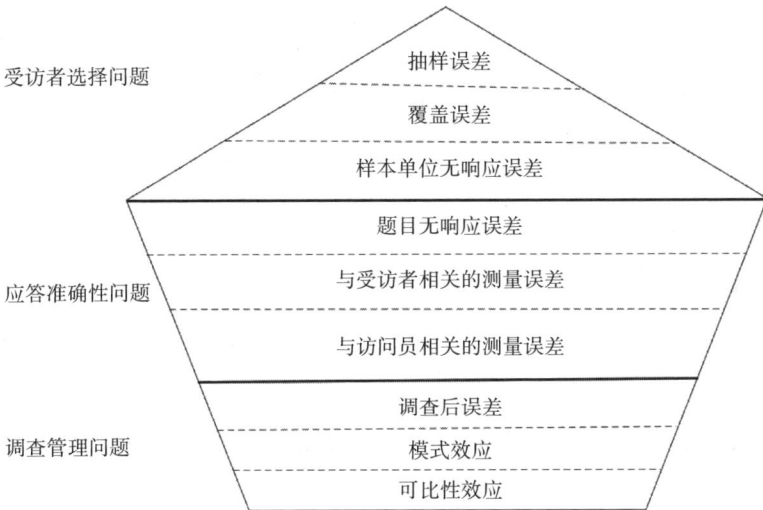

图8-2　调查误差类型（Weisberg，2005）

　　之后，史密斯又对总调查误差框架进行了一次改进。他认为，总调查误差视角不仅要考虑调查结果与真实值之间的差异，还应该包括与测量有关的其他形式的变异，因此总调查误差应该重新命名为总调查测量变异（Total Survey Measurement Variation，简称TSMV）。此外，总调查误差在某种程度上应该被看作不同类型误差之间的交互，并且应把比较误差（Comparison Error）的概念包括进来，以便涵盖多种调查类型（T. W. Smith，2011）。

8.2 总调查误差的测量和应用

如 8.1 节所述，总调查误差视角的产生源于在抽样误差之外识别其他影响调查估计准确性的误差来源。尽管不同研究人员对调查误差的分类有所差异，但对基本的误差类型划分大致相同。考虑到消除所有误差的方法难以找到，调查研究的目标通常是将误差保持在最低水平并对它进行测量。为了评估误差对统计估计的影响，研究人员通常将误差分为两种类型：方差和偏误（Biemer，2010）。方差是一种非系统性的随机误差。例如，当人们对某个问题的回答不够认真而未能给出正确答案时，如果有些人在一个方向上犯错（如倾向于高估），而另一些人在相反方向上犯错（如倾向于低估），在没有系统趋势的情况下，这种调查误差即为随机误差。由于随机误差的平均值为零，它不会影响对目标总体平均值的估计，但会增加估计的方差。与方差不同，偏误是一种系统性误差，它使调查估计值有方向性地偏离真实数值，从而影响对目标总体平均值的估计。因此，深入考察并尽力消除社会文化因素对偏误的影响是调查设计中的一项重要任务。

为了将总调查误差最小化并指导调查设计过程，重要的是要有一种方法来量化调查过程中的总调查误差，这样可以将总调查误差作为确定最佳调查设计的标准。如果有两个调查设计都满足成本和其他条件要求，应该选择总调查误差较小的设计。因此，总调查误差提供了一种在竞争性调查设计之间进行选择的方法。此外，总调查误差还可以帮助分配调查资源以最大限度地减少调查误差。例如，如果某个调查设计的主要误差来源是不响应，我们可以重新分配资源以更好地减少不响应带来的影响。如果调查误差主要源自样本覆盖误差，则应采取相应措施解决抽样框的问题。如果误差主要来自调查模式，我们应采取措施减少受访者对敏感问题的社会期望响应（R. M. Groves & Lyberg，2010）。

如图 8-3 所示，我们通常通过计算一个变量的均方误差（Mean Squared Error，简称 MSE）来表示总调查误差，均方误差主要包括偏误和方差两个部分，反映了所有抽样误差和非抽样误差源对调查估计的累积影响。从图中我们也可以看到，无论是抽样误差还是非抽样误差，都可能产生系统误差（偏误）、随机误差（方差），或两者兼而有之（Biemer，2010）。因此，我们需要同时关注偏误和方差。尽管统计学家和许多社会科学领域已接受概率抽样范式，并且通常提供抽样方差的估计值，但对非抽样方差的属性及其估计基本仍未得到发展，尤其是非抽样误差中的覆盖误差和无响应误差在很大程度上被大部分数据分析人员忽略（R. M. Groves & Lyberg，2010）。

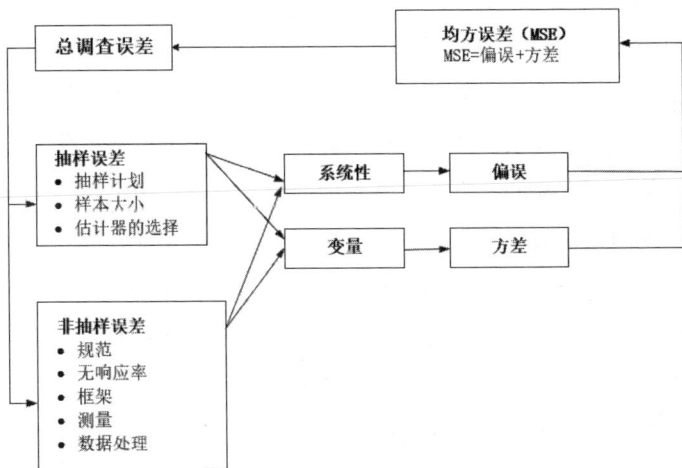

图8-3 总调查误差的两分法

除了关注各种误差来源，不同来源误差之间的相互作用也是一个值得注意的研究问题。例如，无响应误差和测量误差之间可能存在关联，即响应倾向较低的受访者可能会有更高的测量误差。此外，未来的研究还应考虑方差与偏误之间的相互作用问题。例如，如果面对面访问成功减少了因理解错误而产生的响应偏误，那么相关的响应方差会发生什么变化？如果自填问卷减少了因问题的敏感性而导致的漏报偏误，它是否也会影响响应方差（R. M. Groves & Lyberg，2010）？因此，采用总调查误差视角并不是要在调查过程的每个阶段都尽可能消除误差，而是要将主要误差来源控制在可接受的水平。即使在最理想的条件下，并且给定足够的预算和时间，调查误差仍然可能存在。我们的目标是避免最严重的误差，并将其他误差控制在可以容忍的范围内，使剩余误差无关紧要（Biemer，2010）。

在调查设计过程中，了解调查误差的主要来源、它们对数据质量的相对重要性、控制它们的措施及其相关成本是至关重要的。然而，在实际调查中，我们很少能够获得这些方面的精确信息。例如，我们知道减少样本量会增加抽样误差，增加访问员的培训和监督会减少访问员误差，但我们很少知道两者之间的权衡是否会导致总调查误差的净减少。因此，在缺乏有关误差来源信息的情况下，最小化总调查误差并不是一项容易的任务。此外，即使调查设计合理，执行过程中也可能出现问题，因此需要一些质量控制程序来确保调查按照计划进行（T. W. Smith，2011）。尽管如此，一些调查学家通过对涉及广泛主题的数百个调查进行荟萃分析，确定了邮件调查或互联网调查设计和实施技术的"最佳"组合，以最大限度地减少总调查误差。然而，目前还没有发展出适用于面对面的数据收集模式或多元文化背景下少数民族群体调查的标准化的调查设计方法。

8.3 不同文化背景下的总调查误差

尽管总调查误差视角越来越多地被用于设计和评估国家或地区的调查组织框架，但在比较研究或多元文化背景调查中应用较少（Pennell，Cibelli Hibben，Lyberg，Mohler，& Worku，2017）。在单一文化背景的调查中，设计的主要挑战在于如何在成本和时间的约束下优化资源分配，以最大限度地减少总调查误差。然而，在不同文化背景下，文化因素本身可能成为调查误差的重要来源，从而在设计决策时带来更多限制。如2.4节所述，开展民族地区社会调查本质上是一项多元文化社会群体的调查，面临着一些特殊的困难，这些困难可能成为调查误差的重要来源。因此，研究人员需要特别设计，以减少这些特殊困难所带来的误差。由于不同调查设计决策之间可能相互影响，为应对特殊困难而选择的设计很可能会限制设计的其他功能。例如，为减少抽样误差而选择覆盖地区更分散的概率样本，这样的设计可能会增加访问员的交通成本，进而减少访问时间，从而增加访问员误差。

除了特殊调查困难引起的误差，不同文化背景下的社会调查还面临一项独特的问题，即不同文化群体的调查结果是否具有可比性。在多元文化社会调查中，调查对象通常来自多个文化背景的社会群体。例如，在云南民族地区的综合社会调查中，调查对象包括汉族、彝族等多个文化群体。由于不同文化群体在语言、文化、社会结构等方面存在显著差异，具体的社会调查工作也因此存在差异，这就可能引发不同文化群体调查结果是否具有可比性的问题。为了解决这个问题，史密斯在总调查误差中引入了"比较误差"的概念（T. W. Smith，

2011)。所谓比较误差，是指在多元文化调查中，由于一些误差来源或所有误差来源的累积，导致不同文化群体的调查结果之间存在差异，这种差异可能威胁到结果的可比性，即所谓的"等价问题"（Weisberg，2005）。例如，不同文化群体对相同问题措辞的理解不同所带来的误差差异，就是一种比较误差。这种比较误差使得研究人员无法确认不同文化群体在调查结果上的差异是客观存在的，还是由调查误差引起的。

无论在理论上还是实践中，消除所有调查误差是不可能的。理想的目标是使调查误差在研究中具有可比性，这可以通过采用可比较的研究设计和数据收集方法来实现。如果调查设计特征相同且执行相似，我们可以预期不同文化群体中产生的调查误差具有可比性。虽然这是一个合理且通常正确的假设，但不能视为既定。例如，饮酒在大多数社会中并不是特别敏感的话题，但在保守的穆斯林文化群体中却是敏感的。因此，关于酒精消费问题的测量误差在后者可能比前者大得多（T. W. Smith，2011）。因此，试图采用"一刀切"的调查设计可能会威胁数据的可比性（Harkness et al.，2003; De Leeuw et al.，2012）。例如，一种情况的最优抽样设计在另一种情况下可能并非最优，甚至不利于调查质量（Heeringa & O'Muircheartaigh，2010）。因此，多元文化调查的挑战在于确定每个文化群体或地区内某种程度的标准化设计，并监测和记录对这些标准化设计的遵守情况，以优化不同文化群体调查的可比性。例如，在多元文化社会调查中，可以普遍要求进行概率抽样和达到最小样本量，但每个地区的抽样框可能存在差异，一些地区可以采用多阶段抽样方法，而其他地区则可以采用单阶段抽样设计。

为了系统地理解多元文化调查中的误差问题，彭内尔等人提出了一个用于进行可比较多元文化调查研究的总调查误差框架（Pennell et al.，2017）。该框架将误差来源与调查过程中的几个关键阶段联系起来：设计、实施和评估。误差来源主要包括两个部分：代表性误差和测量误差。代表性误差，包括覆盖误差、抽样误差、无响应误差和调整误差，是衡量调查估计在多大程度上能够概括到目标总体的指标。与测量相关的误差，包括有效性、测量误差和处理误差，则是衡量调查问题在多大程度上准确测量了所关注概念的指标。

在彭内尔的总调查误差框架中，有两个重要的概念：投入一致性和产出一致性。投入一致性旨在通过使用等效的方法收集数据，以实现多元文化群体的标准化测量方法和过程。产出一致性则规定了所需的统计产出，但允许各个地区或文化群体自行决定如何收集和处理数据，以实现所需的产出。在数据收集后，各个地区或文化群体的产出测量可以"映射"到一个统一的测量方案中。如果在没有投入一致性的情况下收集数据，通常会使用产出一致性来将收集的数据统一起来。

尽管投入一致性是比较调查或多元文化调查的首选方法，但并不是在所有情况下都可行。例如，在民族地区的社会调查中，虽然对不同民族群体采用了投入一致性，例如相同的问题顺序、回答类别、过滤规则等，但我们也必须认识到每个民族的风俗习惯是不同的，有关风俗习惯的问题应做出调整以适应当地情况，然后在输出阶段对收集的数据进行一致性调整。如果在投入阶段没有对问卷进行适当的调整，可能会引入文化误差或测量误差（Granda，Wolf，& Hadorn，2010）。因此，多元文化调查需要事先详细说明哪些问题需要调整，并在相应的文化群体中对问卷进行预测试。然而，在多元文化调查中，决定哪些设计方面需要标准化或一致化，哪些方面需要考虑本地情况，以最大限度地减少误差，这并不是一个容易的决策。

在彭内尔的总调查误差框架中，还特别强调了成本、负担、专业性、伦理和其他约束条件对多元文化调查的重要影响。理想情况下，多元文化调查应优化成本，尽量减少受访者负担，并考虑所有设计限制，以尽量减少总调查误差，同时最大限度地提高文化之间的可比性或等效性。在保持对当地调查环境敏感的同时，还须遵守专业标准化和当地的法规和规范。此外，彭内尔的总调查误差框架显示，每个误差成分（如覆盖误差、抽样误差、测量误差等）及其关键的误差来源，都可能为多元文化调查的设计和实施带来新的挑战，从而增加比较误差（Pennell et al.，2017）。

8.4　小结

总调查误差视角为调查设计提供了一种有用的方法。它提醒我们识别、讨论、衡量调查误差，并寻找方法以尽量减少导致调查误差的各种因素。这不仅包括抽样误差，还涵盖了非抽样误差。该视角也强调，在误差最小化与调查成本、时间和道德考虑之间取得平衡的必要性。尽管总调查误差是组织和改进调查研究的一个有力范式，但这一范式本身仍需改进和扩展，才能发挥其最大潜力。

此外，总调查误差视角为理解少数民族调查研究中的困难，以及调查研究人员在设计少数民族调查研究时面临的选择及相应后果，提供了一个有用的框架。在衡量总调查误差时，除了使用方差（随机误差）和偏误（系统误差），少数民族调查数据的质量评价还需引入比较误差的概念。少数民族调查数据经常需要与一般人口数据或其他来源的数据进行比较，因此，确保这些调查数据具有有效的可比性，是少数民族调查研究设计中的一项重要任务。

第9章

未来方向

9.1　加快推动完整的、统一的社会调查

自21世纪初以来，中国综合社会调查已成为社会科学学术研究和政策咨询研究中不可或缺的重要数据库资源。与此同时，其他一些全国性社会调查项目也逐渐兴起，产生了大量研究成果。然而，目前中国大部分的全国性社会调查项目主要由非民族高校和科研机构承担，对民族地区的调查明显不足，少数民族样本规模非常小，导致在主流学术领域中鲜有关于少数民族和民族地区的高质量的研究成果。以铸牢中华民族共同体意识研究为例，大部分研究集中在民族类高校和科研机构，学科视角主要以民族学和人类学为主，相关成果大多发表在民族类学术期刊，而较少出现在具有更大影响力的综合性学术期刊和其他专业权威期刊中。我国作为一个统一的多民族国家，铸牢中华民族共同体意识的研究不仅是民族学的任务，更是所有哲学社会科学学科的重要任务。然而，当前的相关研究处于一种二元割裂状态，并未

形成实际意义上的研究共同体。在主流学术研究领域中，少数民族和民族地区的研究往往被忽略，而民族类高校的科研成果也难以在更广泛的学术领域中产生影响。导致这一局面的一个重要原因是少数民族和民族地区调查数据资料的匮乏。因此，进一步推动少数民族和民族地区的综合社会调查，不仅有利于推动民族类科研机构和科研人员研究范式和内容的转变，也有助于引起主流学术界对少数民族和民族地区研究议题的关注。

基于以上考虑，"少数民族地区综合社会调查数据库建设关键问题研究"项目，立足于我国统一多民族国家的基本国情，试图将现代社会调查技术应用于民族地区的综合社会调查，力求全面、客观地展现我国少数民族地区经济社会发展的全貌。在调查理念、抽样设计、问卷内容、调查实施和数据库建设等方面，该项目力求采用最佳实践策略，同时考虑到民族地区的特殊情况，使中国民族地区综合社会调查成为中国综合社会调查的重要组成部分，构建一个能够完整反映我国多民族国家现实的综合性社会调查数据库。这对打破现有的学科壁垒，使少数民族和民族地区的经济社会发展问题成为诸多学科的研究议题具有重要意义。

习近平总书记在党的二十大报告中强调："问题是时代的声音，回答并指导解决问题是理论的根本任务。今天我们所面临问题的复杂程度、解决问题的艰巨程度明显加大，给理论创新提出了全新要求。我们要增强问题意识，聚焦实践遇到的新问题、改革发展稳定存在的深层次问题、人民群众急难愁盼问题、国际变局中的重大问题、党的建设面临的突出问题，不断提出真正解决问题的新理念新思路新办法。"毋庸置疑，少数民族和民族地区的一系列问题都是需要解决的深层次和突出问题。真正解决这些问题需要新理念、新思路和新办法。这就要求我们的研究和决策建立在经验证据而非纯粹逻辑推理和想象的基础之上，通过在实践层面开展民族地区的综合社会调查，为相关政策制定提供更准确的信息或依据，以便进行理性和科学的决策。"少数民族地区综合社会调查数据库建设关键问题研究"项目以云南民族地区和宁夏地区为试点，初步进行了相关工作并积累了一些经验。下一步，我们需要在全国范围内针对少数民族和民族地区开展社会调查，从而建立一个用于中华民族共同体研究的完整数据库。

一个统一且完整的反映中国多民族国家现实的社会调查数据库，对中华民族共同体建设具有深远的意义。这个数据库不仅是获取民族地区经济、社会、文化等方面关键数据的工具，更是实现国家治理现代化、增强民族团结、促进社会和谐的重要基础设施。包含少数民族的统一社会调查数据库能够为政府在制定和实施相关政策时提供科学、全面的数据信息支持。由于各少数民族和民族地区在经济发展水平、文化传统和社会结构等方面存在显著差异，统一的政策往往难以全面适应这些差异化需求。通过建立数据库，可以详细记录各民族和地区的实际情况，帮助政策制定者更好地理解少数民族的特殊需求，从而制定出更具针对性、精准性和有效性的政策，避免"一刀切"政策带来的不良后果。此外，建立统一的社会调查数据库有助于增强各民族之间的相互理解与信任。在中华民族共同体建设中，国家与少数民族之间的信任关系至关重要。数据库能够全面收集少数民族的文化习俗、价值观念、社会互动等方面的数据，通过这些数据的分析和公开，能够让社会各界更加深入地了解少数民族的实际状况和独特文化，消除误解，增进信任。同时，这也能使少数民族对国家政策的制定和实施过程有更好的了解，能够促进各民族之间的认同感和凝聚力。

包含少数民族的统一社会调查数据库不仅关注当前的社会状况，还能为未来的发展提供重要的历史数据支持。通过长期、持续的数据收集和积累，数据库将成为观察民族地区社会变迁、经济发展和文化融合的动态工具。这种历史性和连续性的数据可以帮助研究者和政策制定者准确预测和规划民族地区的未来发展路径，确保中华民族共同体建设能够与时俱进，持续推进。

9.2　提高社会调查的文化敏感性

随着经济社会的不断变迁，调查响应率持续下降，使得社会调查变得越来越困难。尤其是针对少数民族和民族地区的社会调查，面临的挑战比一般性的社会调查更多，包括方法论挑战和实施挑战。尽管一般性的社会调查方法论经过长期发展已经相当成熟，无论是问卷设计、抽样设计还是调查模式，都有大量的研究和实践支持。然而，基于最佳实践原则设计的调查工具在不同文化群体中是否仍然有效，以及如何将标准化的成熟方法论应用于多元文化背景下的社会调查，这些重要议题仍需不断探索。

基于以上考虑，本书从理论和实践两个层面探讨了如何将现代社会调查技术应用于我国民族地区的综合社会调查，重点研究了文化因素和社会互动因素在社会调查中的重要性。本研究认为，在民族地区的社会调查中，研究人员和访问员不仅要遵循现代社会调查的最佳实践策略，还必须具备高度的文化敏感性，将文化关联性和适当性贯穿于社会调查生命周期的各个阶段。民族地区的社会调查并不是一个完全标准化的过程，其目标群体识别、抽样、问卷设计以及调查执行等方面都需要进行相应的调整。

在问卷设计方面，必须考虑测量的等效性、敏感问题设计以及受访者的认知负担等问题，如何将文化因素与一般性问卷设计有机结合尤为重要。在多元文化背景下，问卷设计特别需要考虑不同群体的文化背景如何影响调查的认知过程。在问题的措辞、格式、顺序等方面，文化因素发挥的作用需要得到充分考虑。同时，本研究也重点分析了社会文化因素对受访者响应行为的影响。随着社会和技术的深刻变革，人们对调查的响应率持续下降。本研究首先依据迪尔曼提出的一般分析框架，从七个方面总结了影响调查响应的因素，随后重点探讨了文化取向、社会地位、社会期望和身份认同等因素对受访者响应的影响机制。

除了问卷设计和受访者响应问题，本书还深入探讨了民族地区的概率抽样设计问题和调查实施问题。随着少数民族人口流动的增加以及调查响应率的下降，民族地区的抽样设计面临越来越多的挑战。尽管现代社会调查方法论中的抽样设计理论和方法已经形成了一套系统而完备的知识体系，但在实际操作中，理想条件难以完全满足，抽样设计往往需要进行调整和变通，民族地区的调查尤为如此。尽管本项目在抽样设计上坚持以概率抽样为主、非概率抽样为辅，但样本仍可能存在一定的选择偏误，尤其是在青壮年劳动人口的代表性方面，这可能与人口流动有关。随着少数民族人口流动的增加以及调查响应率的下降，少数民族地区的抽样设计面临的挑战日益增多，相关的方法论研究需要进一步加强和深化。

调查实施阶段同样受到文化因素的影响。考虑到民族地区受访者的整体文化水平、互联网普及率等问题，"少数民族地区综合社会调查数据库建设关键问题研究"项目采用了相对昂贵的面对面访问模式。由于我国的许多民族地区位于交通不便的偏远地区，再加上各自的风俗习惯与语言文化背景，为了取得少数民族群体对调查的信任，该项目与地方民族高校合作，招募了以少数民族大学生为主的访问员，由少数民族教师带队，并寻求地方民族宗教部门的支持，从而顺利完成了试点调查。

9.3 计算机辅助访问系统的开发与使用

借鉴国内外综合社会调查问卷设计的经验，"少数民族地区综合社会调查数据库建设关键问题研究"项目设计了包括村（居）问卷、家庭问卷和成年个人问卷在内的三个层级问卷，以便收集多层次数据。同时，考虑到民族地区的异质性，问卷设计在主题模块的基础上增加了专题模块，以适应具体调查需求。为了提升调研的效率和质量，本项目利用开源问卷调查系统 LimeSurvey 搭建了计算机辅助访问系统。

计算机辅助访问系统在 20 世纪 80 年代中期还是一种新兴技术，如今已成为面对面数据收集的常用方法之一（Tourangeau & T. W. Smith，1996）。数据收集过程的计算机化对最终数据质量有重要影响。例如，计算机辅助访问系统可以显著减少无意中跳过问题的情况，并及时核对数据是否超出合理范围或与其他答案在逻辑上不一致。此外，计算机辅助访问系统还可以收集调查过程中的相关信息，以便对调查过程进行实时监测。例如，计算机辅助访问系统可以记录调查开始和结束的时间，访谈持续时间可以帮助判断访问员在调查过程中是否存在造假或不合规的情况。访谈时间过短或过长都可能预示着潜在问题。访谈时间过短可能意味着访问员跳过了大量问题，或者加快了访谈进程，以便在一天内完成更多访谈。在试点调查中，"少数民族地区综合社会调查数据库建设关键问题研究"项目专门安排人员负责监测访问员的调查过程，如果发现某次访谈时间明显异常，会立即进行质询并记录。在后期的数据处理中，计算机辅助访问系统记录的辅助信息对数据质量的评估起到了关键作用。

　　然而，在民族地区调查时，计算机辅助访问系统也面临一定局限性。由于一些地区互联网普及率不高，项目组在访问员的笔记本电脑上安装了本地服务器软件XAMPP，以便在没有互联网连接的情况下进行调查。访问员在完成当天的访问后，将数据从电脑中导出。这种方式难以实现对访问过程的实时监测，只能进行事后监控，在一定程度上限制了计算机辅助访问系统的效率。不过，在有移动互联网信号的地区，访问员可以借助手机进行访问，从而实现实时访谈、实时监测和实时上传数据。

　　尽管如此，使用笔记本电脑或手机进行访问对许多受访者来说仍然是一种新奇的体验，可能会影响他们对访谈的感知。当使用电脑收集数据时，调查可能被受访者认为更加重要或客观，但电脑的使用也可能让部分受访者感到紧张。此外，由于手机屏幕较小，在计算机辅助访问系统设计时，必须特别注意图形语言、答案空间的大小和标签等问题，否则可能导致访问员无法准确记录，影响调查质量。为此，本项目在计算机辅助访问系统的设计上花费了大量时间，进行了细致的设计和测试，并在此过程中积累了宝贵的经验。

9.4　人工智能和大语言模型的地位与作用

　　人工智能（Artificial Intelligence，简称AI）和大语言模型（Large Language Models，简称LLMs）在现代社会调查中的地位与作用正变得越来越重要。随着技术的不断进步，AI和LLMs为社会调查的各个方面带来了显著的变革和创新，从设计到数据收集、分析、解释再到结果传播，都在重新塑造社会科学研究的面貌。

AI 和 LLMs 在问卷开发中正发挥着越来越重要的作用，尤其是在涉及不同文化背景的研究中。通过自然语言处理（Natural Language Processing，简称 NLP）技术，研究人员不仅能够利用 LLMs 自动生成问题和优化问题的措辞，还可以在设计阶段就预测和识别可能引发响应偏差的因素。这些技术的应用正在改变问卷设计的方式，使之更加精准、个性化，并且能够更好地适应全球化背景下的多元文化群体。在不同文化背景的研究环境中，问卷设计面临的重要挑战之一是文化差异的影响。不同文化背景的受访者可能在对相同问题的理解和反应方式上存在显著差异，这些差异可能导致响应偏差，从而影响数据的有效性和可靠性。例如，一个在西方文化中常见的表达方式在东方文化中可能被误解，反之亦然。此外，不同文化中的社会规范、价值观和语言习惯也会影响受访者对问卷问题的解读和回答。AI 和 LLMs 通过 NLP 技术，可以分析大量的跨文化文本数据，从而更好地理解和预测不同文化背景下的语言使用和回应模式。这些模型能够识别出不同文化中常见的语言表达和语义差异，进而自动生成适合于特定文化的问卷问题。

比如，AI 可以根据不同语言和文化的习惯，调整问题的措辞，使问题更符合受访者的语言习惯和文化背景，从而减少误解和响应偏差。AI 和 LLMs 在问卷设计中的一个重要应用是支持多语言和文化敏感的问题设计。通过 AI 对多个语言版本的问卷进行自动化的比对和优化，能够确保问卷在不同语言中的措辞和语境保持一致性。例如，在进行不同文化背景群体调查时，AI 可以生成并评估问卷的多种语言版本，识别潜在的文化不一致或误译问题，并提供调整建议。这种能力对确保问卷的有效性和数据的可比性至关重要。此外，AI 还可以通过分析受访者的语言和文化背景，提供定制化的问题设计建议。对那些来自不同文化背景的受访者，AI 可以动态调整问题的内容或呈现方式，以提高受访者的理解和参与度。这种文化敏感的设计不仅能够提高数据质量，还能够尊重和体现文化多样性，增强研究的包容性和公平性。

AI还能够利用历史调查数据和跨文化响应模式，预测不同问题表述在特定文化背景下可能引发的响应偏差。例如，通过分析过往数据，AI可以识别出某些措辞在特定文化中更容易引发社会期望效应或其他形式的偏差。这使得研究人员能够在设计阶段主动调整问题，减少文化因素带来的偏差。这种预测和调整能力尤其重要，因为文化背景不仅影响受访者的回答内容，还可能影响他们是否愿意参与调查。例如，在高度重视集体主义的文化中，受访者可能倾向于提供符合社会期望的答案，而不是他们的个人真实想法。AI通过分析这些文化特征，可以帮助研究人员设计出更具适应性和灵活性的问题，确保获取更真实的受访者反应。随着AI和LLMs的发展，个性化的问卷设计成为可能。AI可以根据受访者的文化背景、语言偏好、社会地位等特征，实时生成或调整问卷问题。这种个性化设计不仅提高了问卷的文化适应性，还增强了受访者的参与感和数据的准确性。例如，在一个多元文化背景的调查中，AI可以根据受访者的个人资料，定制化地调整问题的措辞和内容，使问题更贴近受访者的文化习惯。这种文化背景下的个性化设计能够有效减少因文化差异导致的理解偏差，从而提高问卷的整体响应质量。

除了问卷设计，AI驱动的聊天机器人和虚拟助手在现代社会调查中的应用，正在彻底改变数据收集的方式，尤其是在大规模在线调查中，这些技术表现出极高的效率和灵活性。它们不仅能够自动化收集数据，还可以模拟人类对话，为受访者提供更自然、更具互动性的问卷体验，从而大大提高受访者的参与度和响应率。值得注意的是，在跨文化背景下，这些智能系统的作用尤为突出，因为它们能够灵活适应不同文化群体的需求，确保数据收集的准确性和完整性。在设计AI驱动的聊天机器人和虚拟助手时，可以融入文化敏感性元素，使它们能够与来自不同文化背景的受访者进行更自然的互动。这些系统可以根据目标文化的语言习惯、表达方式和社会规范，调整对话的语气、用词和结构，从而避免文化误解或不适。

例如，在与日本受访者互动时，聊天机器人可能会更加重视礼貌和间接表达；而在与美国受访者互动时，则可能采用更直接和开放的沟通方式。通过这种文化敏感的调整，能够营造出一种更加贴近受访者文化背景的对话氛围，使得受访者更愿意参与调查并提供真实的回答。AI具有实时监控和分析受访者响应模式的能力，能够根据受访者的文化背景和实时反应，动态调整问卷问题的顺序或内容。例如，某些问题在某些文化背景下可能被视为敏感或不适宜直接问及，AI可以通过分析受访者的初步反应，判断是否需要调整问题的措辞或顺序，甚至在必要时跳过某些问题。这样，不仅提高了问卷的适应性和灵活性，还确保了受访者在整个调查过程中的舒适感和回答的真实性。

AI驱动的聊天机器人和虚拟助手能够支持多种语言，并根据不同文化进行本地化处理。这对于多语言调查至关重要，因为语言不仅是沟通的工具，也是文化的载体。通过AI的多语言支持功能，调查可以在不同语言和文化背景下无缝进行，而不会因为语言障碍或文化差异而影响数据的质量。例如，AI可以根据受访者的首选语言自动切换对话语言，并调整对话的文化内容，以确保调查在全球范围内的有效性和一致性。

先进的AI能够通过分析受访者的语言模式、语调变化甚至面部表情（在视频互动中）来识别情感状态，并据此调整互动方式。例如，如果AI检测到受访者对某一问题表现出不安或困惑，可以提供进一步的解释，或者适时调整问题的表达方式。这种情感识别功能在处理涉及文化敏感性或个人隐私的调查时尤为重要，因为它可以帮助避免引发不必要的情感反应，从而提升受访者的体验和数据的准确性。还有，

AI驱动的聊天机器人和虚拟助手可以提供高度个性化的调查体验，通过实时调整互动内容来反映受访者的文化背景和个人偏好。例如，在问候语、结束语或特定问题的表达上，AI可以采用符合受访者文化习惯的语言和礼仪，增强受访者的参与感和认同感。这种个性化的处理不仅能提升受访者对调查的积极性，还能确保他们感受到被尊重，从而愿意更坦诚地作答。

通过监控和分析受访者的响应模式，AI能够识别出由于文化差异导致的异常响应或偏差。例如，如果一个问题在某一文化背景下持续引发不一致或偏离预期的回答，系统可以实时标记这些数据，并在后续分析中给予特殊处理。这种能力使得AI驱动的系统在全球化调查中具备显著优势，因为它们能够帮助研究人员及时识别和纠正文化相关的响应偏差，确保数据在不同文化背景下的准确性和可比性。此外，AI可以通过不断地接收和分析来自不同文化背景的数据进行自我学习，从而不断优化其文化适应性。例如，AI可以通过分析过往的调查数据，识别出特定文化群体在某些问题上的响应模式，并据此调整未来的问卷设计和互动方式。随着时间的推移，这些系统会变得越来越"聪明"，能够更好地适应多元文化背景下的调查需求，提供更加精确和有效的解决方案。

LLMs在处理和分析非结构化数据方面展现了强大的能力，在处理如开放式问答这样的复杂数据类型时表现尤为出色。LLMs的应用不仅极大地减少了研究人员在数据处理上的工作量，还显著提高了数据分析的效率和一致性。在跨文化研究中，LLMs的作用更为突出，因为它们能够理解和处理来自不同文化背景的语言和表达方式，从而在大规模数据集中发现传统分析方法可能难以检测到的微妙关系。

在处理来自不同文化背景的开放式问答数据时，语言的多样性和文化特异性使得分类和编码过程极具挑战性。LLMs通过其强大的自然语言处理能力，能够准确识别和理解不同语言中的文化特征和语境，从而自动对文本数据进行分类和编码。例如，在一个包含多语言受访者的调查中，LLMs可以识别并正确分类不同语言中的文化特有表达，并根据其文化背景进行恰当的编码。这不仅提高了数据处理的效率，也确保了在多文化背景下数据的分类和编码的一致性和准确性。LLMs在总结和提炼大量文本数据方面表现出色，尤其是在处理不同文化数据时更具优势。这些模型能够识别和理解文本中的文化背景和情感内涵，从而生成既简洁又尊重文化差异的总结。例如，在分析来自不同文化背景的受访者关于某一社会问题的开放式回答时，LLMs可以提炼出各文化背景中具有代表性的观点，并总结出既符合每种文化表达方式，又能够在全球范围内被理解的概念。这种文化敏感的文本总结，有助于研究人员更好地理解和解释多元文化背景下的调查数据。在大规模不同文化背景数据集中，识别模式和趋势的复杂性是一个重大挑战。LLMs具备在不同文化背景下分析数据的能力，能够在大量非结构化文本中发现文化间的微妙差异和共同趋势。例如，LLMs可以分析来自不同文化背景的开放式问答，识别出某些社会态度或行为在各文化中的共性和差异性。通过跨文化模式的识别，LLMs能够揭示传统分析方法可能忽略的细微关系，从而为文化比较研究提供更深入的洞见。

  LLMs在处理非结构化数据时，能够识别并理解文本中的语义差异，特别是在涉及文化特定的概念和表达时。例如，在处理涉及文化特定隐喻或习语的文本时，LLMs能够识别这些表达方式背后的文化意义，并在分析中适当处理。这对研究跨文化沟通、文化特定的行为模式或社会态度等问题尤为重要，因为这些问题往往涉及复杂的语义和文化背景。LLMs通过理解这些文化差异，能够更准确地分析和解释数据，从而提高研究的精度和可靠性。LLMs能够在处理大量非结构化数据时，保持较高的一致性，这对多元文化背景下的数据处理尤为重要。

不同文化的受访者可能以不同的方式表达相似的观点或情感，LLMs可以通过其强大的学习和适应能力，统一这些表达方式，从而确保数据处理的一致性。例如，某些文化中，表达同样的情绪可能使用不同的词汇或句式，LLMs能够识别这些不同，并在编码时进行标准化处理，确保跨文化数据的可比性和一致性。此外，通过分析大规模的不同文化数据，LLMs不仅能够识别趋势和模式，还能够生成文化敏感的洞见，帮助研究人员理解不同文化背景下的社会现象。例如，在分析不同文化背景下的社会问题时，LLMs可以揭示各文化中对该问题的独特看法和处理方式，从而为政策制定和社会干预提供更具文化适应性的建议。这种数据驱动的文化洞见，有助于在不同文化背景下，更好地理解和应对复杂的社会问题。

除此之外，LLMs具备动态学习的能力，能够随着数据的不断输入而持续优化对文化差异的理解。例如，随着更多来自不同文化背景的数据输入，LLMs能够不断调整和改进其处理方式，确保在多元文化背景下的高效处理。这种持续的文化学习能力，使得LLMs在面对新兴的文化趋势或语义变化时，依然能够保持高水平的分析能力，从而为研究者提供最新、最准确的分析结果。LLMs在处理和分析非结构化数据时，能够充当跨文化沟通与解释的桥梁。通过理解和处理不同文化背景中的语言和表达方式，LLMs能够帮助研究人员在多元文化背景下进行有效的沟通和解释。这不仅有助于在多元文化团队中进行协作研究，也为跨文化研究的结果传播和应用提供了坚实的基础。

9.5 数据发布与共享

考虑到民族问题的敏感性，在发布和分享有关少数民族和民族地区的调查数据时，必须非常谨慎。通常，在数据发布前需要对数据进行加密处理，以保护隐私并降低潜在的政策风险。然而，这也引发了降低风险与增加数据有效性之间的矛盾。一方面，为了减少数据公开带来的隐私风险和政策风险，数据发布前可能需要进行处理，如删除地址信息、个体身份信息，或者限制公开的数据范围，比如只公开部分数据。这些处理虽然有效保护了隐私并降低了风险，但也可能限制了数据的有用性。

因此，如何在降低披露风险和增加数据有效性之间进行权衡是一个关键问题。在保证数据完整性和有效性的前提下，可以通过限制数据访问的方式来降低披露风险。例如，可以在具有法律约束力的"最终用户许可协议"下或要求用户填写数据保证书的条件下，远程访问数据或在数据实验室进行物理访问。这些方案依赖于技术和基础设施的支持，能够有效控制数据的访问和使用权限。

此外，采用匿名化或假名化数据也是保护数据的一种重要手段。例如，可以用人工标识符替代个体身份信息，以进一步降低数据被识别的风险。"少数民族地区综合社会调查数据库建设关键问题研究"项目在云南和宁夏的试调查数据已经免费对外开放使用，但考虑到民族数据的高度敏感性，目前仅限于高校或科研机构人员访问，并且需要经过严格的身份验证和审批。在试点数据公开之前，项目组已对数据进行了匿名化和加密处理，以确保数据在公开过程中不会对个体隐私或社会稳定产生不利影响。

9.6 结论

越来越多的人认识到，人类社会正在逐步进入所谓的数字社会或大数据时代。近年来，随着大数据的广泛应用，一些人开始质疑：在大数据时代，是否还需要进行高成本的社会调查？对此，我们的答案是肯定的。虽然大数据相较于传统社会调查数据具有一些明显的优势，但它也存在根本性的缺陷。例如，大数据存在代表性问题、数据的可靠性和质量问题、测量局限性问题以及数据深度问题。尽管大数据获取速度快、数据量大，但每个个体的信息往往较为有限，无法全面反映一个个体的各个方面。大数据往往是"薄数据"或"浅数据"，而非"深数据"，这使得它难以支持对深入学术问题的研究。相比之下，传统的社会调查通常涉及数百甚至上千个变量，涵盖生活的各个层面，这对深入理解生活现象之间的关联性或因果性具有重要意义。

如第2章所述，传统社会调查不仅是一个数据收集过程，更是一个社会互动过程，相关理论与实践能够丰富我们对人类行为的认识。如果将社会调查中出现的问题视为社会现象本身，通过研究这些现象发生的原因，我们可以进一步理解行为发生的机制。因此，将传统社会调查方法应用于少数民族和民族地区，有助于揭示不同文化群体之间的差异，为相关问题的比较研究提供了机会，并对社会理论的产生和检验具有重要价值。未来，需要进一步推动将民族地区的社会调查纳入更大规模的全国性调查，建立一个涵盖我国所有民族群体的数据库，为中华民族共同体建设及其相关研究奠定坚实的基础。

参考文献

习近平.（2016）. 在哲学社会科学工作座谈会上的讲话. 北京：人民出版社.

习近平.（2019）. 在全国民族团结进步表彰大会上的讲话. 北京：人民出版社.

习近平.（2020）. 在经济社会领域专家座谈会上的讲话. 北京：人民出版社.

习近平.（2021）. 在全国脱贫攻坚总结表彰大会上的讲话. 北京：人民出版社.

国家统计局.（2020）. 中国统计年鉴2020. 北京：中国统计出版社.

新华网.（2021-01-11）. 习近平在省部级主要领导干部学习贯彻党的十九届五中全会精神专题研讨班开班式上发表重要讲话. http://www.xinhuanet.com/politics/leaders/2021-01/11/c_1126970918.htm.

王卫东.（2006）. 美国综合社会调查（GSS）综述. 社会科学家, 21（3）, 146-148.

王延中.（2018）. 新时代中国民族地区发展调查研究. 北京：社会科学文献出版社.

罗贤贵.（2015）. 少数民族人口流动与村落变迁：以贵州9个少数民族村落为典型. 贵州社会科学,（7）, 83-87.

谢宇, 胡婧炜, 张春泥.（2014）. 中国家庭追踪调查:理念与实践. 社会, 34（2）, 1-32.

Abramson, P. R., & Handschumacher, I. W.（1978）. Experimenter effects on responses to double-entendre words. *Journal of Personality Assessment*, 42（6）, 592-596.

Alcser, K., Clemens, J., Holland, L., Guyer, H., & Hu, M.（2016）. Interviewer recruitment, selection, and training: Guidelines for best practice in cross-cultural surveys. *Survey Research Center, Institute for Social Research*, University of Michigan.

Alwin, D. F., & Beattie, B. A.（2016）. The KISS principle in survey design: Question length and data quality. *Sociological Methodology*, 46（1）, 121-152.

An, W., & Winship, C.（2016）. Causal inference in panel data with application to estimating race-of-interviewer effects in the General Social Survey. *Sociological Methods & Research*, 46（1）, 68-102.

Andersen, R., Kasper, J., & Frankel, M. R.（1979）. *Total survey error.*（1st ed）. San Francisco, CA: Jossey-Bass Publishers.

Anderson, B. A., Silver, B. D., & Abramson, P. R.（1988）. The effects of the race of the interviewer on race-related attitudes of Black respondents in SRC/CPS National Election Studies. *Public Opinion Quarterly*, 52（3）, 289-324.

Anderson, N. H.（1981）. *Foundations of information integration theory.* NY: Academic Press.

Andreenkova, A. , & Javeline, D. (2018) . Sensitive questions in comparative surveys. In T. P. Johnson, B. Pennell, I. A. L. Stoop, & B. Dorer (Eds.), *Advances in comparative survey methods* (pp. 139-160) . Hoboken, NJ: John Wiley & Sons.

Aquilino, W. S. (1994) . Interview mode effects in surveys of drug and alcohol use: A field experiment. *Public Opinion Quarterly*, *58* (2), 210-240.

Ariely, G., & Davidov, E. (2011) . Can we rate public support for democracy in a comparable way? Cross-national equivalence of democratic attitudes in the World Value Survey. *Social Indicators Research*, *104* (2), 271-286.

Axinn, W. G. (1991) . The influence of interviewer sex on responses to sensitive questions in Nepal. *Social Science Research*, *20* (3), 303-318.

Bailar, B., Bailey, L., & Stevens, J. (1977) . Measures of interviewer bias and variance. *Journal of Marketing Research*, *14* (3), 337-343.

Baker, R., Brick, J. M., Bates, N. A., Battaglia, M., Couper, M. P., Dever, J. A., et al. (2013) . Summary report of the AAPOR Task Force on non-probability sampling. *Journal of Survey Statistics and Methodology*, *1* (2), 90-143.

Battaglia, M. P., Link, M. W., Frankel, M. R., Osborn, L., & Mokdad, A. H. (2008) . An evaluation of respondent selection methods for household mail surveys. *Public Opinion Quarterly*, *72* (3), 459-469.

Beatty, P. C., & Willis, G. B. (2007) . Research synthesis: The practice of cognitive interviewing. *Public Opinion Quarterly*, *71* (2), 287-311.

Becker, S., Feyisetan, K., & Makinwa-Adebusoye, P. (1995) . The effect of the sex of interviewers on the quality of data in a Nigerian family-planning questionnaire. *Studies in Family Planning*, *26* (4), 233-240.

Benson, L. E. (1946) . Mail surveys can be valuable. *Public Opinion Quarterly*, *10* (2), 234-241.

Berger, J., Zelditch, M. Jr., & Cohen, B. P. (1972) . Status characteristics and social interaction. *American Sociological Review*, *37* (3), 241-255.

Berger, J., & Fişek, M. H. (2006) . Diffuse status characteristics and the spread of status value: A formal theory. *American Journal of Sociology*, *111* (4), 1038-1079.

Berger, J., Rosenholtz, S. J., & Zelditch, M. (1980) . Status organizing processes. *Annual Review of Sociology*, *6* (1), 479-508.

Berger, J., & Zelditch, M. (Eds.) (1985) . *Status, rewards, and influence.* (1st ed) . CA: Jossey-Bass.

Bernardi, R. A. (2006) . Associations between Hofstede's cultural constructs and social desirability response bias. *Journal of Business Ethics*, *65* (1), 43-53.

Biemer, P. P. (2001). Nonresponse bias and measurement bias in a comparison of face to face and telephone interviewing. *Journal of Official Statistics*, *17* (2), 295-320.

Biemer, P. P. (2010). Total survey error: Design, implementation, and evaluation. *The Public Opinion Quarterly*, *74* (5), 817-848.

Biemer, P. P., & Lyberg, L. E. (2003). *Introduction to survey quality*. Hoboken, NJ: John Wiley & Sons.

Billiet, J. (2013). Quantitative methods with survey data in comparative research. In *A handbook of comparative social policy* (pp. 264-300). England: Edward Elgar Publishing.

Blair, G., Imai, K., & Lyall, J. (2014). Comparing and combining list and endorsement experiments: Evidence from Afghanistan. *American Journal of Political Science*, *58* (4), 1043-1063.

Blaydes, L., & Gillum, R. M. (2013). Religiosity-of-interviewer effects: Assessing the impact of veiled enumerators on survey response in Egypt. *Politics and Religion*, *6* (3), 459-482.

Blom, A. G., De Leeuw, E., & Hox, J. (2010). Interviewer effects on nonresponse in the European Social Survey. *ISER Working Paper Series*, *25*.

Bollen, K. A., Entwisle, B., & Alderson, A. S. (1993). Macrocomparative research methods. *Annual Review of Sociology*, *19* (1), 321-325.

Bond, R., & Smith, P. B. (1996). Culture and conformity: A meta-analysis of studies using Asch's (1952b, 1956) line judgment task. *Psychological Bulletin*, *119* (1), 111-137.

Bourdieu, P. (1990). *The logic of practice*. CA: Stanford University Press.

Bradburn, N. M. (2016). Surveys as social interactions. *Journal of Survey Statistics and Methodology*, *4* (1), 94-109.

Bradburn, N. M., Sudman, S., Blair, E., & Stocking, C. (1978). Question threat and response bias. *Public Opinion Quarterly*, *42* (2), 221-234.

Bredl, S., Winker, P., & Kötschau, K. (2008). A statistical approach to detect cheating interviewers. *Discussion Paper*, *39*.

Brenner, P. S. (2016). Time as a situational constraint to role-identity performance. In Stets, J. E., & Serpe, R. T. (Eds.), *New directions in identity theory and research* (pp. 279-307). New York: Oxford University Press.

Brenner, P. S. (2017). Narratives of response error from cognitive interviews of survey questions about normative behavior. *Sociological Methods & Research*, *46* (3), 540-564.

Brenner, P. S. (2020). *Understanding survey methodology: Sociological theory and applications*. Cham, Switzerland: Springer.

Brenner, P. S., & DeLamater, J. (2016). Lies, damned lies, and survey self-reports? Identity as a cause of measurement bias. *Social Psychology Quarterly, 79* (4), 333-354.

Brenner, P. S., & DeLamater, J. D. (2014). Social desirability bias in self-reports of physical activity: Is an exercise identity the culprit? *Social Indicators Research, 117* (2), 489-504.

Brenner, P. S., Serpe, R. T., & Stryker, S. (2014). The causal ordering of prominence and salience in identity theory: An empirical examination. *Social Psychology Quarterly, 77* (3), 231-252.

Brick, J. M. (2011). The future of survey sampling. *Public Opinion Quarterly, 75* (5), 872-888.

Brick, J. M., & Williams, D. (2013). Explaining rising nonresponse rates in cross-sectional surveys. *The ANNALS of the American Academy of Political and Social Science, 645* (1), 36-59.

Broadhead, R. S., & Rist, R. C. (1976). Gatekeepers and the social control of social research. *Social Problems, 23* (3), 325-336.

Brüderl, J., Huyer-May, B., & Schmiedeberg, C. (2013). Interviewer behavior and the quality of social network data. In Winker, P., Menold, N., & Porst, R. (Eds.), *Interviewers' deviations in surveys: Impact, reasons, detection, and prevention* (pp. 147-160). Frankfurt am Main: Peter Lang GmbH.

Burke, P. J. (1991). Identity processes and social stress. *American Sociological Review, 56* (6), 836-849.

Burke, P. J., & Stets, J. E. (1999). Trust and commitment through self-verification. *Social Psychology Quarterly, 62* (4), 347-366.

Campbell, B. A. (1981). Race-of-interviewer effects among Southern adolescents. *Public Opinion Quarterly, 45* (2), 231-244.

Carmines, E. G., & Zeller, R. A (1979). Reliability and validity assessment. CA: Sage Publications.

Catania, J. A., Binson, D., Canchola, J., Pollack, L. M., Hauck, W., & Coates, T. J. (1996). Effects of interviewer gender, interviewer choice, and item wording on responses to questions concerning sexual behavior. *Public Opinion Quarterly, 60* (3), 345-375.

Catania, J. A., Gibson, D. R., Marin, B. V., Coates, T. J., & Greenblatt, R. M. (1990). Response bias in assessing sexual behaviors relevant to HIV transmission. *Evaluation and Program Planning, 13* (1), 19-29.

Christopher, S., McCormick, A. K., Smith, A., & Christopher, J. C. (2005). Development of an interviewer training manual for a cervical health project on the Apsáalooke Reservation. *Health Promotion Practice*, *6* (4), 414-422.

Cleary, P. D., Mechanic, D., & Weiss, N. (1981). The effect of interviewer characteristics on responses to a mental health interview. *Journal of Health and Social Behavior*, *22* (2), 183-193.

Cobb, P. D., Boland-Perez, C., & LeBaron, P. (2008). Race-matching: Interviewers' reactions to the race-matching process. *Survey Practice*, *1* (5), 1-5.

Coffman, K. B., Coffman, L. C., & Ericson, K. M. M. (2017). The size of the LGBT population and the magnitude of antigay sentiment are substantially underestimated. *Management Science*, *63* (10), 3168-3186.

Collins, S. D. (1946). The incidence of poliomyelitis and its crippling effects as recorded in family surveys. *Public Health Reports*, *61* (10), 327-355.

Converse, J. M., & Presser, S. (1986). *Survey questions: Handcrafting the standardized questionnaire.* CA: Sage Publications.

Cook, C., Heath, F., & Thompson, R. L. (2000). A meta-analysis of response rates in web- or internet-based surveys. *Educational and Psychological Measurement*, *60* (6), 821-836.

Cooley, C. H. (1983). *Human Nature and the Social Order.* NY: Routledge.

Correll, S. J., & Benard, S. (2006). Biased estimators? Comparing status and statistical theories of gender discrimination. *Advances in Group Processes*, *23*, 89-116.

Corstange, D. (2009). Sensitive questions, truthful answers? Modeling the list experiment with LISTIT. *Political Analysis*, *17* (1), 45-63.

Cotter, P. R., Cohen, J., & Coulter, P. B. (1982). Race-of-interviewer effects in telephone interviews. *Public Opinion Quarterly*, *46* (2), 278-284.

Couper, M. P. (2011). The future of modes of data collection. *Public Opinion Quarterly*, *75* (5), 889-908.

Crawford, S. D., Couper, M. P., & Lamias, M. J. (2001). Web surveys: Perceptions of burden. *Social Science Computer Review*, *19* (2), 146-162.

Creighton, M. J. (2020). Stigma and the meaning of social desirability: Concealed Islamophobia in the Netherlands. In P. S. Brenner (Ed.), *Understanding Survey Methodology* (pp. 115-142). Cham, Germany: Springer International Publishing.

Crowne, D. P., & Marlowe, D. (1960). A new scale of social desirability independent of psychopathology. *Journal of Consulting Psychology*, *24* (4), 349-354.

Dahlhamer, J. M., Cynamon, M. L., Gentleman, J. F., Piani, A. L., & Weiler, M. J. (2010). Minimizing survey error through interviewer training: New procedures applied to the National Health Interview Survey (NHIS). In *Proceedings of the Joint Statistical Meetings*, Vancouver, British Columbia, Canada. Alexandria, VA: American Statistical Association.

Wengrzik, J., Silber, H., Bosnjak, M., Zabal, A., & Martin, S. (2017). *A general interviewer training curriculum for computer-assisted personal interviews (GIT-CAPI) (Version 1.0)*. Mannheim: GESIS - Leibniz Institute for the Social Sciences.

Darrow, W. W., Jaffe, H. W., Thomas, P. A., Haverkos, H. W., Rogers, M. F., Guinan, M. E., et al. (1986). Sex of interviewer, place of interview, and responses of homosexual men to sensitive questions. *Archives of Sexual Behavior*, *15* (1), 79-88.

Davidov, E. (2009). Measurement equivalence of nationalism and constructive patriotism in the ISSP: 34 countries in a comparative perspective. *Political Analysis*, *17* (1), 64-82.

Davis, D. W. (1997). The direction of race of interviewer effects among African-Americans: Donning the black mask. *American Journal of Political Science*, *41* (1), 309-322.

Davis, D. W., & Silver, B. D. (2003). Stereotype threat and race of interviewer effects in a survey on political knowledge. *American Journal of Political Science*, *47* (1), 33-45.

Davis, R. E., Couper, M. P., Janz, N. K., Caldwell, C. H., & Resnicow, K. (2010). Interviewer effects in public health surveys. *Health Education Research*, *25* (1), 14-26.

Davis, R. E., Caldwell, C. H., Couper, M. P., Janz, N. K., Alexander, G. L., Greene, S. M., et al. (2013). Ethnic identity, questionnaire content, and the dilemma of race matching in surveys of African Americans by African American interviewers. *Field Methods*, *25* (2), 142-161.

De Heer, W., De Leeuw, E. D., & Van Der Zouwen, J. (1999). Methodological issues in survey research: A historical review. *Bulletin of Sociological Methodology/Bulletin de Méthodologie Sociologique*, *64* (1), 25-48.

De Jong, M. G., Steenkamp, J. B. E. M, Fox, J. P., & Baumgartner, H. (2008). Using item response theory to measure extreme response style in marketing research: A global investigation. *Journal of Marketing Research*, *45* (1), 104-115.

De Leeuw, E. D. (1992). *Data quality in mail, telephone, and face to face surveys*. Amsterdam: TT-Publications.

De Leeuw, E. D. (2005). To mix or not to mix data collection modes in surveys. *Journal of Official Statistics*, *21*, 233-255.

De Leeuw, E. D., Suzer-Gurtekin, Z. T., & Hox, J. J. (2019). The design and implementation of mixed-mode surveys. In T. P. Johnson, B.-E. Pennell, I. A. L. Stoop, & B. Dorer (Eds.), *Advances in Comparative Survey Methods: Multinational, Multiregional,* and *Multicultural Contexts*（*3MC*）(pp. 387-408）. Hoboken, NJ: John Wiley & Sons.

De Leeuw, E. D., Hox, J., & Dillman, D. A.（2012）. *International Handbook of Survey Methodology*. NY: Routledge.

De Leeuw, E. D., & Toepoel, V.（2018）. Mixed-mode and mixed-device surveys. In D. L. Vannette & J. A. Krosnick（Eds.）, *The Palgrave Handbook of Survey Research*（pp. 51-61）. Cham, Germany: Springer International Publishing.

Deming, W. E.（1944）. On errors in surveys. *American Sociological Review, 9*（4）, 359-369.

Dillman, D. A.（2011）. *Mail and Internet Surveys: The Tailored Design Method —— 2007 Update with New Internet, Visual, and Mixed-Mode Guide*（2nd ed.）.Hoboken, NJ: John Wiley & Sons.

Dillman, D. A.（2020）. Towards survey response rate theories that no longer pass each other like strangers in the night. In P. S. Brenner（Ed.）, *Understanding Survey Methodology*（pp. 15-44）. Cham, Germany: Springer International Publishing.

Dillman, D. A., & Christian, L. M.（2005）. Survey mode as a source of instability in responses across surveys. *Field Methods, 17*（1）, 30-52.

Dillman, D. A., Smyth, J. D., & Christian, L. M.（2014）. *Internet, Phone, Mail, and Mixed-Mode Surveys: The Tailored Design Method*. Hoboken, NJ: John Wiley & Sons.

Dotinga, A., Van Den Eijnden, R. J. J. M., Bosveld, W., & Garretsen, H. F. L.（2005）. The effect of data collection mode and ethnicity of interviewer on response rates and self-reported alcohol use among Turks and Moroccans in the Netherlands: An experimental study. *Alcohol and Alcoholism, 40*（3）, 242-248.

Durrant, G. B., Groves, R. M., Staetsky, L., & Steele, F.（2010）. Effects of interviewer attitudes and behaviors on refusal in household surveys. *Public Opinion Quarterly, 74*（1）, 1-36.

Dykema, J., Garbarski, D., Schaeffer, N. C., Anadon, I., & Edwards, D. F.（2020）. Correlates of differences in interactional patterns among Black and White respondents. In P. S. Brenner（Ed.）, *Understanding Survey Methodology*（pp. 277-304）. Cham, Germany: Springer International Publishing.

Dykema, J., Schaeffer, N. C., Garbarski, D., & Hout, M.（2019）. The role of question characteristics in designing and evaluating survey questions. In P. Beatty, D. Collins, L. Kaye, J. L. Padilla, G. Willis, & A. Wilmot（Eds.）, *Advances in Questionnaire Design, Development, Evaluation and Testing*（pp. 119-152）. Hoboken, NJ: John Wiley & Sons.

Eyler, A. A., Baker, E., Cromer, L., King, A. C., Brownson, R. C., & Donatelle, R. J. (1998). Physical activity and minority women: A qualitative study. *Health Education & Behavior*, *25* (5), 640-652.

Faugier, J., & Sargeant, M. (1997). Sampling hard to reach populations. *Journal of Advanced Nursing*, *26* (4), 790-797.

Fendrich, M., Johnson, T., Shaligram, C., & Wislar, J. S. (1999). The impact of interviewer characteristics on drug use reporting by male juvenile arrestees. *Journal of Drug Issues*, *29* (1), 37-58.

Feskens, R., Hox, J., Lensvelt-Mulders, G., & Schmeets, H. (2006). Collecting data among ethnic minorities in an international perspective. *Field Methods*, *18* (3), 284-304.

Fischer, M., West, B. T., Elliott, M. R., & Kreuter, F. (2019). The impact of interviewer effects on regression coefficients. *Journal of Survey Statistics and Methodology*, *7* (2), 250-274.

Fisher, T. D. (2007). Sex of experimenter and social norm effects on reports of sexual behavior in young men and women. *Archives of Sexual Behavior*, *36* (1), 89-100.

Flores-Macias, F., & Lawson, C. (2008). Effects of interviewer gender on survey responses: Findings from a household survey in Mexico. *International Journal of Public Opinion Research*, *20* (1), 100-110.

Fowler Jr., F. J., & Mangione, T. W. (1990). *Standardized Survey Interviewing: Minimizing Interviewer-Related Error*. CA: Sage Publications.

Fowler, F. J., Jr., Roman, A. M., & Zhu, X. D. (1998). Mode effects in a survey of Medicare prostate surgery patients. *Public Opinion Quarterly*, *62* (1), 29-46.

Freeman, J., & Butler, E. W. (1976). Some sources of interviewer variance in surveys. *Public Opinion Quarterly*, *40* (1), 79-91.

Freese, L., & Cohen, B. P. (1973). Eliminating status generalization. *Sociometry*, *36* (2), 177-193.

Freitag, M., & Bauer, P. C. (2013). Testing for measurement equivalence in surveys: Dimensions of social trust across cultural contexts. *Public Opinion Quarterly*, *77* (S1), 24-44.

Fricker, S., Galesic, M., Tourangeau, R., & Yan, T (2005). An experimental comparison of web and telephone surveys. *Public Opinion Quarterly*, *69* (3), 370-392.

Fryer, C. S., Passmore, S. R., Maietta, R. C., Petruzzelli, J., Casper, E., Brown, N. A., et al. (2016). The symbolic value and limitations of racial concordance in minority research engagement. *Qualitative Health Research*, *26* (6), 830-841.

Galbraith, M. W. (1998). *Adult Learning Methods: A Guide for Effective Instruction*

（2nd ed.）. Malabar, FL: Krieger Publishing Company.

Galesic, M. （2006）. Dropouts on the web: Effects of interest and burden experienced during an online survey. *Journal of Official Statistics*, *22* （2）, 313-328.

Garbarski, D., Schaeffer, N. C., & Dykema, J. （2016）. Interviewing practices, conversational practices, and rapport: Responsiveness and engagement in the standardized survey interview. *Sociological Methodology*, *46* （1）, 1-38.

Garland, J., Spalek, B., & Chakraborti, N. （2006）. Hearing lost voices - Issues in researching "hidden" minority ethnic communities. *The British Journal of Criminology*, *46* （3）, 423-437.

Gaziano, C. （2005）. Comparative analysis of within-household respondent selection techniques. *Public Opinion Quarterly*, *69* （1）, 124-157.

Gellner, E. （1983）. *Nations and Nationalism*. NY: Cornell University Press.

George, S., Duran, N., & Norris, K. （2014）. A systematic review of barriers and facilitators to minority research participation among African Americans, Latinos, Asian Americans, and Pacific Islanders. *American Journal of Public Health*, *104* （2）, E16-E31.

Godambe, V. P. （1955）. A unified theory of sampling from finite populations. *Journal of the Royal Statistical Society: Series B （Methodological）*, *17* （2）, 269-278.

Goffman, E. （1959）. *The Presentation of Self in Everyday Life*. NY: Anchor.

Gollin, L. X., Harrigan, R. C., Calderón, J. L., Perez, J., & Easa, D. （2005）. Improving Hawaiian and Filipino involvement in clinical research opportunities: Qualitative findings from Hawaili. *Ethnicity & Disease*, *15* （4）, S111-S119.

Granda, P., Wolf, C., & Hadorn, R. （2010）. Harmonizing survey data. In J. A. Harkness, M. Braun, B. Edwards, T. P. Johnson, L. Lyberg, P. Ph. Mohler, et al. （Eds.）, *Survey Methods in Multinational, Multiregional, and Multicultural Contexts* （pp. 315-332）. Hoboken, NJ: John Wiley & Sons.

Groves, B. （2004）. Interviewer falsification in survey research: Current best methods for prevention, detection, and repair of its effects. *Survey Research*, *35* （1）, 1-5.

Groves, R. M. （1979）. Actors and questions in telephone and personal interview surveys. *Public Opinion Quarterly*, *43* （2）, 190-205.

Groves, R. M. （1989）. *Survey Errors and Survey Costs*. Hoboken, NJ: John Wiley & Sons.

Groves, R. M. （2006）. Nonresponse rates and nonresponse bias in household surveys. *Public Opinion Quarterly*, *70* （5）, 646-675.

Groves, R. M., Fowler Jr., F. J., Couper, M. P., Lepkowski, J. M., Singer, E., & Tourangeau, R. （2009）. *Survey Methodology*. Hoboken, NJ: John Wiley & Sons.

Groves, R. M., & Lyberg, L. (2010). Total survey error: Past, present, and future. *Public Opinion Quarterly*, *74* (5), 849-879.

Groves, R. M., & Magilavy, L. J. (1986). Measuring and explaining interviewer effects in centralized telephone surveys. *Public Opinion Quarterly*, *50* (2), 251-266.

Groves, R. M., & McGonagle, K. A. (2001). A theory-guided interviewer training protocol regarding survey participation. *Journal of Official Statistics*, *17* (2), 249-265.

Groves, R. M., & Peytcheva, E. (2008). The impact of nonresponse rates on nonresponse bias: A meta-analysis. *Public Opinion Quarterly*, *72* (2), 167-189.

Gubrium, J. F., Holstein, J. A., Marvasti, A. B., & McKinney, K. D. (2012). *The SAGE Handbook of Interview Research: The Complexity of the Craft*. CA: SAGE Publications.

Gudykunst, W. B. (1997). Cultural variability in communication: An introduction. *Communication Research*, *24* (4), 327-348.

Gwaltney, C. J., Shields, A. L., & Shiffman, S. (2008). Equivalence of electronic and paper-and-pencil administration of patient-reported outcome measures: A meta-analytic review. *Value in Health*, *11* (2), 322-333.

Haberstroh, S., Oyserman, D., Schwarz, N., Kühnen, U., & Ji, L. (2002). Is the interdependent self more sensitive to question context than the independent self? Self-construal and the observation of conversational norms. *Journal of Experimental Social Psychology*, *38* (3), 323-329.

Han, H., Kang, J., Kim, K. B., Ryu, J. P., & Kim, M. T. (2007). Barriers to and strategies for recruiting Korean Americans for community-partnered health promotion research. *Journal of Immigrant and Minority Health*, *9* (2), 137-146.

Hansen, M. H., Hurwitz, W. N., & Madow, W. G. (1953). *Sample Survey Methods and Theory*. Hoboken, NJ: John Wiley & Sons.

Harkness, J. A., van de Vijver, F. J. R., & Mohler, P. Ph. (Eds.). (2003). *Cross-Cultural Survey Methods*. Hoboken, NJ: John Wiley & Sons.

Harkness, J. A., Braun, M., Edwards, B., Johnson, T. P., Lyberg, L., Mohler, P. Ph., et al. (Eds.) (2010). *Survey Methods in Multinational, Multiregional, and Multicultural Contexts*. Hoboken, NJ; John Wiley & Sons.

Harkness, J. A., Edwards, B., Hansen, S. E., Miller, D. R., & Villar, A. (2010). Designing questionnaires for multipopulation research. In J. A. Harkness, M. Braun, B. Edwards, T. P. Johnson, L. Lyberg, P. Ph. Mohler, et al. (Eds.), *Survey Methods in Multinational, Multiregional, and Multicultural Contexts* (pp. 33-57). Hoboken, NJ: John Wiley & Sons.

Harkness, J. A., Villar, A., & Edwards, B. (2010). Translation, adaptation, and de-sign. In J. A. Harkness, M. Braun, B. Edwards, T. P. Johnson, L. Lyberg, P. Ph. Mohler, et al. (Eds.), *Survey Methods in Multinational, Multiregional, and Multicultural Contexts* (pp. 117-140). Hoboken, NJ: John Wiley & Sons.

Harkness, J., Stange, M., Cibelli, K. L., Mohler, P., & Pennell, B.-E. (2014). Surveying cultural and linguistic minorities. In R. Tourangeau, B. Edwards, T. P. Johnson, K. M. Wolter, & N. Bates (Eds.), *Hard-to-Survey Populations* (pp. 245-269). Cambridge, England: Cambridge University Press.

Harzing, A.-W. (2000). Cross-national industrial mail surveys: Why do response rates differ between countries? *Industrial Marketing Management, 29* (3), 243-254.

Harzing, A.-W. (2006). Response styles in cross-national survey research: A 26-country study. *International Journal of Cross Cultural Management, 6* (2), 243-266.

Haviland, S. E., & Clark, H. H. (1974). What's new? Acquiring new information as a process in comprehension. *Journal of Verbal Learning and Verbal Behavior, 13* (5), 512-521.

Heberlein, T. A., & Baumgartner, R. (1978). Factors affecting response rates to mailed questionnaires: A quantitative analysis of the published literature. *American Sociological Review, 43* (4), 447-462.

Heckathorn, D. D. (1997). Respondent-driven sampling: A new approach to the study of hidden populations. *Social Problems, 44* (2), 174-199.

Heeringa, S. G., & O'Muircheartaigh, C. (2010). Sample design for cross-cultural and cross-national survey programs. In J. A. Harkness, M. Braun, B. Edwards, T. P. Johnson, L. Lyberg, P. Ph. Mohler, et al. (Eds.), *Survey Methods in Multinational, Multiregional, and Multicultural Contexts* (pp. 251-267). Hoboken, NJ: John Wiley & Sons.

Heerwegh, D., & Loosveldt, G. (2008). Face-to-face versus web surveying in a high-Internet-coverage population: Differences in response quality. *Public Opinion Quarterly, 72* (5), 836-846.

Hofstede, G. (2001). *Culture's Consequences: Comparing Values, Behaviors, Institutions, and Organizations across Nations* (2nd ed.). CA: SAGE Publications.

Hofstede, G., & Bond, M. H. (1984). Hofstede's culture dimensions: An independent validation using Rokeach's value survey. *Journal of Cross-Cultural Psychology, 15* (4), 417-433.

Hofstede, G., Hofstede, G. J., & Minkov, M. (2010). *Cultures and Organizations: Software of the Mind: Intercultural Cooperation and Its Importance for Survival* (3rd ed.). NY: McGraw-Hill.

Holbrook, A., Cho, Y. I., & Johnson, T. (2006). The impact of question and respondent characteristics on comprehension and mapping difficulties. *Public Opinion Quarterly*, *70* (4), 565-595.

Holbrook, A. L., Green, M. C., & Krosnick, J. A. (2003). Telephone versus face-to-face interviewing of national probability samples with long questionnaires: Comparisons of respondent satisficing and social desirability response bias. *Public Opinion Quarterly*, *67* (1), 79-125.

Holbrook, A. L., & Krosnick, J. A. (2010). Social desirability bias in voter turnout reports: Tests using the item count technique. *Public Opinion Quarterly*, *74* (1), 37-67.

Holtgraves, T. (2004). Social desirability and self-reports: Testing models of socially desirable responding. *Personality and Social Psychology Bulletin*, *30* (2), 161-172.

Horn, J. L., & McArdle, J. J. (1992). A practical and theoretical guide to measurement invariance in aging research. *Experimental Aging Research*, *18* (3-4), 117-144.

Hox, J., De Leeuw, E., & Klausch, T. (2017). Mixed-mode research: Issues in design and analysis. In P. P. Biemer, E. De Leeuw, S. Eckman, B. Edwards, F. Kreuter, L. E. Lyberg, et al. (Eds.), *Total Survey Error in Practice* (pp. 511-530). Hoboken, NJ: John Wiley & Sons.

Hox, J. J., & De Leeuw, E. D. (2002). The influence of interviewers' attitude and behavior on household survey nonresponse: An international comparison. In R. M. Groves, D.A. Dillman, J. L. Eltinge, & R. J. A. Little (Eds.). *Survey Nonresponse* (pp. 103-120). Hoboken, NJ: John Wiley & Sons.

Huddy, L., Billig, J., Bracciodieta, J., Hoeffler, L., Moynihan, P. J., & Pugliani, P. (1997). The effect of interviewer gender on the survey response. *Political Behavior*, *19* (3), 197-220.

Huddy, L., & Khatib, N. (2007). American patriotism, national identity, and political involvement. *American Journal of Political Science*, *51* (1), 63-77.

Inglehart, R. (1997). *Modernization and Postmodernization: Cultural, Economic, and Political Change in 43 Societies.* Princeton, NJ: Princeton University Press.

Williams Jr., J. A. (1968). Interviewer role performance: A further note on bias in the information interview. *Public Opinion Quarterly*, *32* (2), 287.

Jäckle, A., Lynn, P., Sinibaldi, J., & Tipping, S. (2011). The effect of interviewer personality, skills and attitudes on respondent co-operation with face-to-face surveys. *IS-ER Working Paper Series*, *14*. Colchester: University of Essex, Institute for Social and Economic Research (ISER).

Jackle, A., Lynn, P., Sinibaldi, J., & Tipping, S. (2013). The effect of interviewer experience, attitudes, personality and skills on respondent co-operation with face-to-face surveys. *Survey Research Methods*, *7*（1）, 1-15.

Jans, M., McLaughlin, K., Viana, J., Grant, D., Park, R., & Ponce, N. A. （2018）. Geographic correlates of nonresponse in California: A cultural ecosystems perspective. In T. P. Johnson, B. Pennell, I. A. L. Stoop, & B. Dorer（Eds.）, *Advances in Comparative Survey Methods: Multinational, multiregional, and multicultural contexts (3MC)*（pp. 835-857）. Hoboken, NJ: John Wiley & Sons.

Jeong, M., Zhang, D., Morgan, J. C., Ross, J. C., Osman, A., Boynton, M. H., et al.（2019）. Similarities and differences in tobacco control research findings from convenience and probability samples. *Annals of Behavioral Medicine*, *53*（5）, 476-485.

Ji, L., Schwarz, N., & Nisbett, R. E.（2000）. Culture, autobiographical memory, and behavioral frequency reports: Measurement issues in cross-cultural studies. *Personality and Social Psychology Bulletin*, *26*（5）, 585-593.

Jobe, J. B., Pratt, W. F., Tourangeau, R., Baldwin, A. K., & Rasinski, K. A. （1997）. Effects of interview mode on sensitive questions in a fertility survey. In L. Lyberg, P. Biemer, M. Collins, E. De Leeuw, C. Dippo, N. Schwarz, et al.（Eds.）, *Survey Measurement and Process Quality*（pp. 311-329）. Hoboken, NJ: John Wiley & Sons.

Johnson, T., Kulesa, P., Cho, Y. I., & Shavitt, S.（2005）. The relation between culture and response styles: Evidence from 19 countries. *Journal of Cross-Cultural Psychology*, *36*（2）, 264-277.

Johnson, T. P., & Bowman, P. J.（2003）. Cross-cultural sources of measurement error in substance use surveys. *Substance Use & Misuse*, *38*（10）, 1447-1490.

Johnson, T. P., Fendrich, M., Shaligram, C., Garcy, A., & Gillespie, S.（2000）. An evaluation of the effects of interviewer characteristics in an RDD telephone survey of drug use. *Journal of Drug Issues*, *30*（1）, 77-101.

Johnson, T. P., & Parsons, J. A.（1994）. Interviewer effects on self-reported substance use among homeless persons. *Addictive Behaviors*, *19*（1）, 83-93.

Johnson, T. P., Pennell, B.-E., Stoop, I. A. L., & Dorer, B.（Eds.）.（2018）. *Advances in Comparative Survey Methods: Multinational, Multiregional, and Multicultural Contexts (3MC)*. Hoboken, NJ: John Wiley & Sons.

Jones, E. F., & Forrest, J. D.（1992）. Underreporting of abortion in surveys of U.S. women: 1976 to 1988. *Demography*, *29*（1）, 113-126.

Josten, M., & Trappmann, M.（2016）. Interviewer effects on a network-size filter question. *Journal of Official Statistics*, *32*（2）, 349-373.

Kalton, G.（2009）. Methods for oversampling rare subpopulations in social surveys. *Sur-*

vey Methodology, 35 (2), 125-141.

Kalton, G. (2014). Probability sampling methods for hard-to-sample populations. In R. Tourangeau, B. Edwards, T. P. Johnson, K. M. Wolter, & N. Bates (Eds.), Hard-to-Survey Populations (pp. 401-423). Cambridge: Cambridge University Press.

Kane, E. W., & Macaulay, L. J. (1993). Interviewer gender and gender attitudes. Public Opinion Quarterly, 57 (1), 1-28.

Kanuk, L., & Berenson, C. (1975). Mail surveys and response rates: A literature review. Journal of Marketing Research, 12 (4), 440-453.

Kappelhof, J. (2015). The impact of face-to-face vs sequential mixed-mode designs on the possibility of nonresponse bias in surveys among non-western minorities in the Netherlands. Journal of Official Statistics, 31 (1), 1-31.

Katz, D., & Cantril, H. (1937). Public opinion polls. Sociometry, 1 (1/2), 155-179.

Khubchandani, J., Balls-Berry, J., Price, J. H., & Webb, F. J. (2016). Community-engaged strategies to increase diversity of participants in health education research. Health Promotion Practice, 17 (3), 323-327.

Kish, L. (1949). A procedure for objective respondent selection within the household. Journal of the American Statistical Association, 44 (247), 380-387.

Kish, L. (1965). Survey Sampling. NY: John Wiley & Sons.

Kitayama, S., & Cohen, D. (Eds.). (2007). Handbook of Cultural Psychology. New York: Guilford Press.

Kitayama, S., Markus, H. R., Matsumoto, H., & Norasakkunkit, V. (1997). Individual and collective processes in the construction of the self: Self-enhancement in the United States and self-criticism in Japan. Journal of Personality and Social Psychology, 72 (6), 1245-1267.

Koch, A. (2018). Within-household selection of respondents. In T. P. Johnson, B.-E. Pennell, I. A. L. Stoop, & B. Dorer (Eds.), Advances in Comparative Survey Methods: Multinational, Multiregional, and Multicultural Contexts (3MC) (pp. 93-111). Hoboken, NJ: John Wiley & Sons.

Kohn, M. L. (1987). Cross-national research as an analytic strategy: American Sociological Association, 1987 Presidential Address. American Sociological Review, 52 (6), 713-731.

Kosterman, R., & Feshbach, S. (1989). Toward a measure of patriotic and nationalistic attitudes. Political Psychology, 10 (2), 257-274.

Krautz, C., & Hoffmann, S. (2019). Cross-cultural application of a practice-oriented acquiescence measure. International Marketing Review, 36 (3), 391-415.

Kreuter, F. (Ed.). (2008). Interviewer effect. In P. J. Lavrakas (Ed.), *Encyclopedia of Survey Research Methods* (pp. 369-371). Los Angeles, CA: SAGE.

Kreuter, F., Presser, S., & Tourangeau, R. (2008). Social desirability bias in CATI, IVR, and web surveys: The effects of mode and question sensitivity. *Public Opinion Quarterly*, *72* (5), 847-865.

Krosnick, J. A. (1991). Response strategies for coping with the cognitive demands of attitude measures in surveys. *Applied Cognitive Psychology*, *5* (3), 213-236.

Krosnick, J. A. (2011). Experiments for evaluating survey questions. In J. Madans, K. Miller, A. Maitland, & G. Willis (Eds.), *Question Evaluation Methods: Contributing to the Science of Data Quality* (pp. 213-238). Hoboken, NJ: John Wiley & Sons.

Krumpal, I. (2013). Determinants of social desirability bias in sensitive surveys: A literature review. *Quality & Quantity*, *47* (4), 2025-2047.

Krysan, M., & Couper, M. P. (2003). Race in the live and the virtual interview: Racial deference, social desirability, and activation effects in attitude surveys. *Social Psychology Quarterly*, *66* (4), 364-383.

Krysan, M., Schuman, H., Scott, L. J., & Beatty, P. (1994). Response rates and response content in mail versus face-to-face surveys. *Public Opinion Quarterly*, *58* (3), 381-399.

Lalwani, A. K., Shavitt, S., & Johnson, T. (2006). What is the relation between cultural orientation and socially desirable responding? *Journal of Personality and Social Psychology*, *90* (1), 165-178.

Lavelle, B., Larson, M. D., & Gundersen, C. (2009). Strategies for surveys of American Indians. *Public Opinion Quarterly*, *73* (2), 385-403.

Lazarsfeld, P. F. (1962). The sociology of empirical social research. *American Sociological Review*, *27* (6), 757-767.

Le, K. T., Brick, J. M., Diop, A., & Alemadi, D. (2013). Within-household sampling conditioning on household size. *International Journal of Public Opinion Research*, *25* (1), 108-118.

Leary, M. R. (1996). *Self-Presentation: Impression Management and Interpersonal Behavior.* NY: Routledge.

Lechner, C. M., Partsch, M. V., Danner, D., & Rammstedt, B. (2019). Individual, situational, and cultural correlates of acquiescent responding: Towards a unified conceptual framework. *British Journal of Mathematical and Statistical Psychology*, *72* (3), 426-446.

Lee, R. M., & Renzetti, C. M. (1990). The problems of researching sensitive topics: An overview and introduction. *American Behavioral Scientist, 33* (5), 510-528.

Lee, S., & Schwarz, N. (2014). Question context and priming meaning of health: Effect on differences in self-rated health between Hispanics and non-Hispanic whites. *American Journal of Public Health, 104* (1), 179-185.

Linden, H. M., Reisch, L. M., Hart, A., Harrington, M. A., Nakano, C., Jackson, J. C., et al. (2007). Attitudes toward participation in breast cancer randomized clinical trials in the African American community: A focus group study. *Cancer Nursing, 30* (4), 261-269.

Lindenberg, C. S., Solorzano, R. M., Vilaro, F. M., & Westbrook, L. O. (2001). Challenges and strategies for conducting intervention research with culturally diverse populations. *Journal of Transcultural Nursing, 12* (2), 3-22.

Lipovetsky, S. (2022). Applied regularization methods for the social sciences. Technometrics, *64* (3), 419-421.

Lipps, O. (2010). Interviewer-respondent socio-demographic matching and survey cooperation. *Survey Practice, 3* (4), 1-3.

Liu, M. (2015). *Response style and rating scales: The effects of data collection mode, scale format, and acculturation* (Doctoral dissertation). University of Michigan.

Liu, M., & Wang, Y. (2015). Data collection mode effect on feeling thermometer questions: A comparison of face-to-face and web surveys. *Computers in Human Behavior, 48,* 212-218.

Liu, M., & Wang, Y. (2016). Race-of-interviewer effect in the computer-assisted self-interview module in a face-to-face survey. *International Journal of Public Opinion Research, 28* (2), 292-305.

Liu, M., & Wang, Y. (2016). Interviewer gender effect on acquiescent response style in 11 Asian countries and societies. *Field Methods, 28* (4), 327-344.

Livert, D., Kadushin, C., Schulman, M., & Weiss, A. (1998). Do interviewer-respondent race effects impact the measurement of illicit substance use and related attitudes? In *1998 Proceedings of the Section on Survey Research Methods* (pp. 894-899). United States: American Statistical Association.

Lohr, S. L. (2021). *Sampling: Design and Analysis* (3rd ed.). Boca Raton, FL: CRC Press.

Lyberg, L. E., & Stukel, D. M. (2017). The roots and evolution of the total survey error concept. In P. P. Biemer, E. De Leeuw, S. Eckman, B. Edwards, F. Kreuter, L. E. Lyberg, et al. (Eds.), *Total Survey Error in Practice* (pp. 3-22).

Lyness, K. S., & Kropf, M. B. (2007). Cultural values and potential nonresponse bias:

A multilevel examination of cross-national differences in mail survey response rates. *Organizational Research Methods*, *10*（2）, 210-224.

Malat, J. R., Van Ryn, M., & Purcell, D.（2006）. Race, socioeconomic status, and the perceived importance of positive self-presentation in health care. *Social Science & Medicine*, *62*（10）, 2479-2488.

Malham, P. B., & Saucier, G.（2016）. The conceptual link between social desirability and cultural normativity. *International Journal of Psychology*, *51*（6）, 474-480.

Manago, B.（2020）. Translating lessons from status characteristics and expectation states theory to survey methods. In P. S. Brenner（Ed.）, *Understanding Survey Methodology*（pp. 87-112）. Cham: Springer International Publishing.

Markovsky, B., Smith, L. R. F., & Berger, J.（1984）. Do status interventions persist? *American Sociological Review*, *49*（3）, 373-382.

Marlow, D., & Crowne, D. P.（1961）. Social desirability and response to perceived situational demands. *Journal of Consulting Psychology*, *25*（2）, 109.

Marsden, P. V., & Wright, J. D. (2010). *Handbook of Survey Research*（2nd ed.）. Bingley, UK: Emerald Publishing.

Massey, M., Chepp, V., Zablotsky, B., & Creamer, L.（2014）. *Analysis of cognitive interview testing of child disability questions in five countries.* Hyattsville: Questionnaire Design Research Laboratory, National Center for Health Statistics, Centers for Disease Control and Prevention.

Meitinger, K. M., & Johnson, T. P.（2020）. Power, culture and item nonresponse in social surveys. In P. S. Brenner（Ed.）, *Understanding Survey Methodology*（pp. 169-191）. Cham: Springer International Publishing.

Messer, B. L., & Dillman, D. A.（2011）. Surveying the general public over the Internet using address-based sampling and mail contact procedures. *Public Opinion Quarterly*, *75*（3）, 429-457.

Middleton, K. L., & Jones, J. L.（2000）. Socially desirable response sets: The impact of country culture. *Psychology & Marketing*, *17*（2）, 149-163.

Millar, M. M., O'Neill, A. C., & Dillman, D. A.（2009）. Are mode preferences real? In *Technical Report 09-003*（pp. 2-41）. Pullman, WA: Social & Economic Sciences Research Center (SESRC), Washington State University.

Miller, K.（2018）. Conducting cognitive interviewing studies to examine survey question comparability. In T. P. Johnson, B.-E. Pennell, I. A. L. Stoop, & B. Dorer（Eds.）, *Advances in Comparative Survey Methods*（pp. 203-225）. Hoboken, NJ: John Wiley & Sons.

Mneimneh, Z. N., Elliott, M. R., Tourangeau, R., & Heeringa, S. G. (2018). Cultural and interviewer effects on interview privacy: Individualism and national wealth. *Cross-Cultural Research*, *52* (5), 496-523.

Murphy, J., Baxter, R., Eyerman, J., Cunningham, D., & Kennet, J. (2004). A System for Detecting Interviewer Falsification. In *the American Association for Public Opinion Research 59th Annual Conference* (pp. 4968-4975).

Nathan, G. (2001). Telesurvey Methodologies for Household Surveys - a Review and Some Thoughts for the Future. *Survey Methodology*, *27* (1), 7-31.

O'Hegarty, M., Pederson, L. L., Thorne, S. L., Caraballo, R. S., Evans, B., Athey, L., et al. (2010). Customizing Survey Instruments and Data Collection to Reach Hispanic/Latino Adults in Border Communities in Texas. *American Journal of Public Health*, *100* (S1), S159-S164.

Olson, K., & Bilgen, I. (2011). The Role of Interviewer Experience on Acquiescence. *Public Opinion Quarterly*, *75* (1), 99-114.

Olson, K., Smyth, J. D., & Wood, H. M. (2012). Does Giving People Their Preferred Survey Mode Actually Increase Survey Participation Rates? An Experimental Examination. *Public Opinion Quarterly*, *76* (4), 611-635.

Olson, K., Smyth, J. D., Dykema, J., Holbrook, A.L., Kreuter, F., & West, B. T. (2020). *Interviewer Effects from a Total Survey Error Perspective*. New York: CRC Press.

Olson, K., Smyth, J. D., Horwitz, R., Keeter, S., Lesser, V., Marken, S., et al. (2021). Transitions from Telephone Surveys to Self-Administered and Mixed-Mode Surveys: AAPOR Task Force Report. *Journal of Survey Statistics and Methodology*, *9* (3), 381-411.

Ostapczuk, M, & Musch, J. (2011). Estimating the Prevalence of Negative Attitudes towards People with Disability: A Comparison of Direct Questioning, Projective Questioning, and Randomised Response. *Disability and Rehabilitation*, *33* (5), 399-411.

Ostapczuk, M., & Musch, J. (2011). Estimating the Prevalence of Negative Attitudes towards People with Disability: A Comparison of Direct Questioning, Projective Questioning, and Randomised Response. *Disability and Rehabilitation*, *33* (5), 399-411.

Ottati, V. C., Riggle, E. J., Wyer, R. S., Schwarz, N., & Kuklinski, J. (1989). Cognitive and Affective Bases of Opinion Survey Responses. *Journal of Personality and Social Psychology*, *57* (3), 404-415.

Paperny, D. M., Aono, J. Y., Lehman, R. M., Hammar, S. L., & Risser, J. (1990). Computer-Assisted Detection and Intervention in Adolescent High-Risk Health Behaviors.

The Journal of Pediatrics, *116* (3), 456-62.

Park, H., & Goerman, P. L. (2018). Setting up the Cognitive Interview Task for Non-English-Speaking Participants in the United States. In T. P. Johnson, B.-E. Pennell, I. A. L. Stoop & B. Dorer (Eds.), *Advances in Comparative Survey Methods: Multinational, Multiregional, and Multicultural Contexts (3MC)* (pp. 227-49). Hoboken, NJ: Wiley.

Pennell, B.-E., Harkness, J. A., Levenstein, R., & Quaglia, M. (2010). Challenges in Cross-National Data Collection. In J. A. Harkness, M. Braun, B. Edwards, T. P. Johnson, L. Lyberg, P. Ph. Mohler, B.-E. Pennell, et al. (Eds.), *Survey Methods in Multinational, Multiregional, and Multicultural Contexts* (pp. 269-98). Hoboken, NJ: John Wiley & Sons.

Pennell, B.-E., Hibben, K. C., Lyberg, L. E., Mohler, P. Ph., & Worku, G. (2017). A Total Survey Error Perspective on Surveys in Multinational, Multiregional, and Multicultural Contexts. In P. P. Biemer, E. De Leeuw, S. Eckman, B. Edwards, F. Kreuter, L. E. Lyberg, et al. (Eds.), *Total Survey Error in Practice* (pp. 179-201). Hoboken, NJ: John Wiley & Sons.

Presser, S., & Stinson, L. (1998). Data Collection Mode and Social Desirability Bias in Self-Reported Religious Attendance. *American Sociological Review*, *63* (1), 137-145.

Pugh, M. D., & Wahrman, R. (1983). Neutralizing Sexism in Mixed-Sex Groups: Do Women Have to Be Better than Men? *American Journal of Sociology*, *88* (4), 746-762.

Rainie, L. (2010). Internet, Broadband, and Cell Phone Statistics. Retrieved from www.pewinternet.org.

Ridgeway, C. L. (2009). Framed before We Know It: How Gender Shapes Social Relations. *Gender & Society*, *23* (2), 145-160.

Ridgeway, C. L., & Correll, S. J. (2004). Unpacking the Gender System: A Theoretical Perspective on Gender Beliefs and Social Relations. *Gender & Society*, *18* (4), 510-531.

Riessman, C. K. (1979). Interviewer Effects in Psychiatric Epidemiology: A Study of Medical and Lay Interviewers and Their Impact on Reported Symptoms. *American Journal of Public Health*, *69* (5), 485-491.

Rizzo, L., Brick, J. M., & Park, I. (2004). A Minimally Intrusive Method for Sampling Persons in Random Digit Dial Surveys. *Public Opinion Quarterly*, *68* (2), 267-274.

Roberts, C. (2007). Mixing Modes of Data Collection in Surveys: A Methodological Review. Working Paper. N/A.

Roberts, M. E., Stewart, B. M., Tingley, D., Lucas, C., Leder-Luis, J., Gadarian, S. K., et al. (2014). Structural Topic Models for Open-Ended Survey Responses. *American Journal of Political Science*, *58* (4), 1064-1082.

Ross, M., Xun, W. Q. E., & Wilson, A. E. (2002). Language and the bicultural self. *Personality and Social Psychology Bulletin, 28* (8), 1040-1050.

Sackeim, H. A., & Gur, R. C. (1978). Self-deception, self-confrontation, and consciousness. In G. E. Schwartz & D. Shapiro (Eds.), *Consciousness and self-regulation* (pp. 139-197). Boston, MA: Springer.

Sakshaug, J. W., Yan, T., & Tourangeau, R. (2010). Nonresponse error, measurement error, and mode of data collection: Tradeoffs in a multi-mode survey of sensitive and non-sensitive items. *Public Opinion Quarterly, 74* (5), 907-933.

Salganik, M. J., & Heckathorn, D. D. (2004). Sampling and estimation in hidden populations using respondent-driven sampling. *Sociological Methodology, 34* (1), 193-239.

Samples, T. C., Woods, A., Davis, T. A., Rhodes, M., Shahane, A., & Kaslow, N. J. (2014). Race of interviewer effect on disclosures of suicidal low-income African American women. *Journal of Black Psychology, 40* (1), 27-46.

Schaeffer, N. C. (1980). Evaluating race-of-interviewer effects in a national survey. *Sociological Methods & Research, 8* (4), 400-419.

Schaeffer, N. C., & Dykema, J. (2011). Response 1 to Fowler's chapter: Coding the behavior of interviewers and respondents to evaluate survey questions. In J. Madans, K. Miller, A. Maitland, & G. Willis (Eds.), *Question evaluation methods: Contributing to the Science of Data Quality* (pp. 23-39). Hoboken, NJ: John Wiley & Sons.

Schatz, R. T., Staub, E., & Lavine, H. (1999). On the varieties of national attachment: Blind versus constructive patriotism. *Political Psychology, 20* (1), 151-174.

Schensul, J. J., LeCompte, M. D., Trotter II, R. T., Cromley, E. K., & Singer, M. (1999). *Mapping social networks, spatial data, and hidden populations.* CA: AltaMira Press.

Schuman, H. (1982). Artifacts are in the mind of the beholder. *The American Sociologist, 17* (1), 21-28.

Schuman, H., & Converse, J. M. (1971). The effects of black and white interviewers on black responses in 1968. *Public Opinion Quarterly, 35* (1), 44-68.

Schuman, H., Presser, S., & Ludwig, J. (1981). Context effects on survey responses to questions about abortion. *Public Opinion Quarterly, 45* (2), 216-223.

Schwartz, S. H. (1994). Beyond individualism/collectivism: New cultural dimensions of values. In U. Kim, H. C. Triandis, Ç. Kâğitçibaşi, S.-C. Choi, & G. Yoon (Eds.), *Individualism and collectivism: Theory, method, and applications* (pp. 85-119). Thousand Oaks, CA: Sage.

Schwarz, N., Oyserman, D., & Peytcheva, E. (2010). Cognition, communication, and culture: Implications for the survey response process. In J. A. Harkness, M. Braun, B. Edwards, T. P. Johnson, L. Lyberg, P. Ph. Mohler, et al. (Eds.), *Survey methods in multinational, multiregional, and multicultural contexts* (pp. 175-190). Hoboken, NJ: John Wiley & Sons.

Schwarz, N., Strack, F., & Mai, H.-P. (1991). Assimilation and contrast effects in part-whole question sequences: A conversational logic analysis. *Public Opinion Quarterly, 55* (1), 3-23.

Scott, C. (1961). Research on mail surveys. *Journal of the Royal Statistical Society: Series A (General), 124* (2), 143-195.

Sedgwick, P. (2014). Non-response bias versus response bias. doi: https://doi.org/10.1136/bmj.g2573.

Shettle, C., & Mooney, G. (1999). Monetary incentives in US government surveys. *Journal of Official Statistics, 15* (2), 231-250.

Shih, T.-H., & Fan, X. (2008). Comparing response rates from web and mail surveys: A meta-analysis. *Field Methods, 20* (3), 249-271.

Shillington, A. M., Woodruff, S. I., Clapp, J. D., Reed, M. B., & Lemus, H. (2012). Self-reported age of onset and telescoping for cigarettes, alcohol, and marijuana: Across eight years of the National Longitudinal Survey of Youth. *Journal of Child & Adolescent Substance Abuse, 21* (4), 333-348.

Shin, E., Johnson, T. P., & Rao, K. (2012). Survey mode effects on data quality: Comparison of web and mail modes in a U.S. national panel survey. *Social Science Computer Review, 30* (2), 212-228.

Sidani, S., Guruge, S., Miranda, J., Ford-Gilboe, M., & Varcoe, C. (2010). Cultural adaptation and translation of measures: An integrated method. *Research in Nursing & Health, 33* (2), 133-143.

Siegwarth, N., Larkin, K. T., & Kemmner, C. (2012). Experimenter effects on cardiovascular reactivity and task performance during mental stress testing. *The Psychological Record, 62*, 69-82.

Singer, E., & Ye, C. (2013). The use and effects of incentives in surveys. *The ANNALS of the American Academy of Political and Social Science, 645* (1), 112-141.

Sirken, M. G. (1970). Household surveys with multiplicity. *Journal of the American Statistical Association, 65* (329), 257-266.

Smith, P. B. (2004). Acquiescent response bias as an aspect of cultural communication style. *Journal of Cross-Cultural Psychology, 35* (1), 50-61.

Smith, T. W. (2011). Refining the total survey error perspective. *International Journal of*

Public Opinion Research, *23*（4），464-484.

Smith, T. W., & Kim, J.（2015）. A review of survey data-collection modes: With a focus on computerizations. *Sociological Theory and Methods*, *30*（2），185-200.

Smyth, J. D., Dillman, D. A., Christian, L. M., & O' Neill, A. C.（2010）. Using the Internet to survey small towns and communities: Limitations and possibilities in the early 21st century. *American Behavioral Scientist*, *53*（9），1423-1448.

Smyth, J. D., Olson, K., & Millar, M. M.（2014）. Identifying predictors of survey mode preference. *Social Science Research*, *48*，135-144.

Snyder, M.（1974）. Self-monitoring of expressive behavior. *Journal of Personality and Social Psychology*, *30*（4），526-537.

Steele, C. M.（1997）. A threat in the air: How stereotypes shape intellectual identity and performance. *American Psychologist*, *52*（6），613-629.

Stoop, I., Billiet, J., Koch, A., & Fitzgerald, R.（2010）. *Improving survey response: Lessons learned from the European Social Survey*. Chichester, UK: John Wiley & Sons, Ltd.

Strack, F., & Martin, L. L.（1987）. Thinking, judging, and communicating: A process account of context effects in attitude surveys. In H.-J. Hippler, N. Schwarz, & S. Sudman（Eds.）, *Social information processing and survey methodology*（pp. 123-148）. New York: Springer-Verlag.

Stryker, S.（1980）. *Symbolic interactionism: A social structural version*. Menlo Park, CA: Benjamin/Cummings Pub. Co.

Stueve, A., O' Donnell, L. N., Duran, R., San Doval, A., & Blome, J.（2001）. Time-space sampling in minority communities: Results with young Latino men who have sex with men. *American Journal of Public Health*, *91*（6），922-926.

Fowler, F. J., & Mangione, T. W.（1989）. *Standardized survey interviewing: Minimizing interviewer-related error*. Newbury Park, CA: SAGE Publications, Inc.

Suzer-Gurtekin, Z. T., Valliant, R., Heeringa, S. G., & De Leeuw, E. D.（2018）. Mixed-mode surveys: Design, estimation, and adjustment methods. In T. P. Johnson, B.-E. Pennell, I. A. L. Stoop, & B. Dorer（Eds.）, *Advances in comparative survey methodss: Multinational, Multiregional, and Multicultural Contexts (3MC)*（pp. 409-430）. Hoboken, NJ: John Wiley & Sons.

Thompson, S. K., & Frank, O.（2000）. Model-based estimation with link-tracing sampling designs. *Survey Methodology*, *26*（1），87-98.

Thye, S. R., & Harrell, A.（2017）. The status value theory of power and mechanisms of micro stratification: Theory and new experimental evidence. *Social Science Research*, *63*,

54-66.

Tourangeau, R. (2014). Defining hard-to-survey populations. In R. Tourangeau, B. Edwards, T. P. Johnson, K. M. Wolter, & N. Bates (Eds.), *Hard-to-survey populations* (pp. 3-20). Cambridge: Cambridge University Press.

Tourangeau, R. (2018). Choosing a mode of survey data collection. In D. L. Vannette & J. A. Krosnick (Eds.), *The Palgrave handbook of survey research* (pp. 43-50). Cham: Springer International Publishing.

Tourangeau, R., Edwards, B., Johnson, T. P., Wolter, K. M., & Bates, N. (Eds.). (2014). *Hard-to-survey populations*. Cambridge: Cambridge University Press.

Tourangeau, R., Kreuter, F., & Eckman, S. (2012). Motivated underreporting in screening interviews. *Public Opinion Quarterly, 76* (3), 453-469.

Tourangeau, R., Michael Brick, J., Lohr, S., & Li, J. (2017). Adaptive and responsive survey designs: A review and assessment. *Journal of the Royal Statistical Society Series A: Statistics in Society, 180* (1), 203-223.

Tourangeau, R., & Rasinski, K. A. (1988). Cognitive processes underlying context effects in attitude measurement. *Psychological Bulletin, 103* (3), 299-314.

Tourangeau, R., Shapiro, G., Kearney, A., & Ernst, L. (1997). Who lives here? Survey undercoverage and household roster questions. *Journal of Official Statistics, 13* (1), 1-18.

Tourangeau, R., & Smith, T. W. (1996). Asking sensitive questions: The impact of data collection mode, question format, and question context. *Public Opinion Quarterly, 60* (2), 275-304.

Treiman, D. J. (1977). *Occupational prestige in comparative perspective*. New York: Academic Press.

Triandis, H. C. (2007). Culture and psychology: A history of the study of their relationship. In S. Kitayama & D. Cohen (Eds.), *Handbook of cultural psychology* (pp. 59-76). New York: The Guilford Press.

Tulving, E., & Thomson, D. M. (1973). Encoding specificity and retrieval processes in episodic memory. *Psychological Review, 80* (5), 352-373.

Urquiza, A. J., Wyatt, G. E., & Goodlin-Jones, B. L. (1997). Clinical interviewing with trauma victims: Managing interviewer risk. *Journal of Interpersonal Violence, 12* (5), 759-772.

Uskul, A. K., Oyserman, D., & Schwarz, N. (2010). Cultural emphasis on honor, modesty, or self-enhancement: Implications for the survey-response process. In J. A. Harkness, M. Braun, B. Edwards, T. P. Johnson, L. Lyberg, P. Ph. Mohler, et al. (Eds.),

Survey methods in multinational, multiregional, and multicultural contexts (pp. 191-201) . Hoboken, NJ: John Wiley & Sons.

Van Herk, H., Poortinga, Y. H., & Verhallen, T. M. M. (2004) . Response styles in rating scales: Evidence of method bias in data from six EU countries. *Journal of Cross-Cultural Psychology*, *35* (3), 346-360.

Vehovar, V., Manfreda, K. L., & Batagelj, Z. (2001) . Sensitivity of electronic commerce measurement to the survey instrument. *International Journal of Electronic Commerce*, *6* (1), 31-51.

Vercruyssen, A., Wuyts, C., & Loosveldt, G. (2017) . The effect of sociodemographic (mis) match between interviewers and respondents on unit and item nonresponse in Belgium. *Social Science Research*, *67*, 229-238.

Watters, J. K., & Biernacki, P. (1989) . Targeted sampling: Options for the study of hidden populations. *Social Problems*, *36* (4), 416-430.

Webster, C. (1996) . Hispanic and Anglo interviewer and respondent ethnicity and gender: The impact on survey response quality. *Journal of Marketing Research*, *33* (1), 62-72.

Weinreb, A. A. (2006) . The limitations of stranger-interviewers in rural Kenya. *American Sociological Review*, *71* (6), 1014-1039.

Weintraub, K. J. (1978) . *The value of the individual: Self and circumstance in autobiography.* Chicago: University of Chicago Press.

Weisberg, H. F. (2005) . *The total survey error approach: A guide to the new science of survey research.* Chicago: University of Chicago Press.

West, B. T., & Blom, A. G. (2017) . Explaining interviewer effects: A research synthesis. *Journal of Survey Statistics and Methodology*, *5* (2) , 175-211.

Williams, D., & Brick, J. M. (2018) . Trends in U.S. face-to-face household survey nonresponse and level of effort. *Journal of Survey Statistics and Methodology*, *6* (2) , 186-211.

Willis, G. B., & Miller, K. (2011) . Cross-cultural cognitive interviewing: Seeking comparability and enhancing understanding. *Field Methods*, *23* (4), 331-341.

Wong, N., Rindfleisch, A., & Burroughs, J. E. (2003) . Do reverse-worded items confound measures in cross-cultural consumer research? The case of the material values scale. *Journal of Consumer Research*, *30* (1), 72-91.

Worcester, R. M., & Kuar-Ballagan, K. (2002) . Who's asking? Answers may depend on it. *Public Perspective*, *13* (3), 42-43.

Yang, Y., Harkness, J. A., Chin, T.-Y., & Villar, A. (2010) . Response styles and culture. In J. A. Harkness, M. Braun, B. Edwards, T. P. Johnson, L. Lyberg, P. Ph. Mohler, et al. (Eds.), *Survey methods in multinational, multiregional, and multicultural contexts* (pp. 203-223). Hoboken, NJ: John Wiley & Sons.

Zelditch, M., Lauderdale, P., & Stublarec, S. (1980). How are inconsistencies between status and ability resolved? *Social Forces, 58* (4), 1025-1043.

Zimmerman, M. A., Caldwell, C. H., & Bernat, D. H. (2002). Discrepancy between self-report and school-record grade point average: Correlates with psychosocial outcomes among African American adolescents. *Journal of Applied Social Psychology, 32* (1), 86-109.